玩转新媒体
数字内容产品策划

◎ 宛 楠 主 编

张新华 杨传卫 副主编

清华大学出版社

北 京

内 容 简 介

新媒体传播技术的发展造成全球媒体格局变迁，"纽约时报"、路透社、英国 BBC 等国外大型媒体集团相继开启了数字化和移动化发展之路。国内移动互联网发展势头迅猛，国家也出台了一系列政策进行产业升级转型引导，出版行业视野更加开阔，融合发展的步伐迈得更大，取得了突出的成效。

本书根据数字出版市场主流产品的特征，为学校数字出版复合型人才培养提供科学规范的产品介绍、策划、制作、运营以及出版物管理等全流程的数字出版产品解决方案。这些数字出版产品包括电子书、交互式出版物、APP 客户端以及公众号等，为学校培养适应现代数字出版所应具有的交叉复合学科特征的人才，提供有效的理论和技术参考。

本书可供高校数字内容领域相关专业教学使用，也可供数字内容产业从业者和爱好者参考。

图书在版编目（CIP）数据

玩转新媒体：数字内容产品策划/宛楠主编.—北京：清华大学出版社，2019（2023.1重印）
ISBN 978-7-302-53229-3

Ⅰ．①玩…　Ⅱ．①宛…　Ⅲ．①电子出版物—出版工作　Ⅳ．①G237.6

中国版本图书馆 CIP 数据核字(2019)第 129387 号

责任编辑：张　弛
封面设计：刘　健
责任校对：赵琳爽
责任印制：丛怀宇

出版发行：清华大学出版社
　　　　　网　　　址：http://www.tup.com.cn，http://www.wqbook.com
　　　　　地　　　址：北京清华大学学研大厦 A 座　　　　邮　　编：100084
　　　　　社 总 机：010-83470000　　　　　　　　　　邮　　购：010-62786544
　　　　　投稿与读者服务：010-62776969，c-service@tup.tsinghua.edu.cn
　　　　　质量反馈：010-62772015，zhiliang@tup.tsinghua.edu.cn
　　　　　课件下载：http://www.tup.com.cn，010-62770175-4278
印 装 者：三河市龙大印装有限公司
经　　销：全国新华书店
开　　本：185mm×260mm　　　　印　　张：14.75　　　　字　　数：352 千字
版　　次：2019 年 11 月第 1 版　　　　　　　　　　　　印　　次：2023 年 1 月第 6 次印刷
定　　价：59.00 元

产品编号：078467-01

编 委 会

前　言

20 世纪末期,高速发展的现代信息技术与文化创意相结合,率先在西方发达国家兴起了数字内容产业;欧美等发达国家和地区已将发展数字内容产业作为重要战略,进一步提升其在全球文化交流中的话语权。2006 年我国在《国民经济和社会发展第十一个五年规划纲要》中,首次在国家层面正式提出鼓励数字内容产业发展;此后,我国出台了一系列政策推动了数字内容产业的蓬勃发展。据《第 42 次中国互联网发展状况统计报告》显示,截至 2018 年6 月,我国网络新闻、网络视频、网络音乐、网络游戏、网络文学、网络直播等用户规模都达到4 亿以上;庞大的消费需求对数字内容产品的数量和质量都提出了更高的要求,呼唤着越来越多的专门人才投身到数字内容产业的洪流中。

为顺应社会经济发展趋势,近年来,我国高校纷纷开设数字出版、数字媒体艺术、数字媒体技术等相关专业,或对文学、新闻学、美术学、广告学、动画、影视等传统专业进行数字化改造,加大数字内容产业领域的人才培养力度。人才培养离不开师资、课程和教材,但是,由于数字内容产品形态更迭迅速、数字内容产品制作技术层出不穷,数字内容领域的教材编写和出版相对滞后,满足不了专业教学和人才培养的需要。所以,数字内容产业领域的专业课程教材建设就成为当前人才培养所面临的一个重要且紧迫的任务。

人才是产业发展的动力,产品是产业发展的基础。基于数字内容产业发展和人才培养的需要,2017 年,北京北大方正电子有限公司和北京印刷学院动议,一起联合多方力量组织策划编写数字内容产业领域的专业课教材,而突破口就从内容产品的制作入手。本书就是数字内容产业领域教材编写的首次尝试,由来自方正电子和北京印刷学院的三位专家共同编写,历经两年完成。

本书的编写努力遵循两个原则:一是实用性,即对数字内容产品力求避免理论性、技术性分析和议论,切中不同产品制作的具体流程、方法和工具,大量采用实际案例图片,进行详细讲解,提高课堂教学和学生自学使用过程的直观性。二是时效性,即在形态丰富的数字内容产品中,选取当下主流且比较成熟的产品类型,如 APP、H5、AR 等,再结合最新的系统工具讲解其实现方法,保障了内容的新颖性。

本书共分为 8 章。第 1 章:概述,界定数字内容和数字内容产品的定义、特点和主要类别,介绍数字内容产业兴起和发展现状。第 2 章:数字内容制作流程和方法,讲述数字内容产品从需求分析到制作、发布等整个流程的主要环节及实现方法。数字内容制作包括五个阶段的基本活动:需求分析、策划选题、产品设计、编辑制作和产品发布。第 3 章:数字素材的加工,讲述不同媒体形式的数字内容素材的加工方法、要求和流程等。所涉及的加工素材包括文字、图片、音频、视频、动画五种形式。第 4 章:数字资源管理,讲述数字内容产品制作过程中数字资源的管理系统、管理流程、管理方法等。第 5 章:数字教学产品的策划与制作，主要讲述当前数字教育活动中所应用的主流教学产品的策划和制作方法，包括形态各异的课件、数字教具、数字教辅等。第 6 章：APP 的设计与制作，主要讲述主流移动应用程序（即 APP）的分类、制作和开发流程、常见功能及实现方式等。第 7 章：HTML 5 的设计与制作，讲述 HTML 5 作品的分类、特点、制作过程；以方正飞翔数字版 7.1 为例，展示了 HTML 5 作品制作的具体步骤。第 8 章：3R 产品的制作，主要讲述基于虚拟现实、增强现实、混合现实三种技术基础上的内容产品的分类；以增强现实为例，讲述这类产品的制作流程和具体方法。

本书内容和整体体例由编写组共同讨论确定，具体撰写分工如下：张新华编写第 1 章，杨传卫编写第 4 章和第 6 章，其他章节内容和整体书稿架构全部由宛楠编写。北大方正电子有限公司的副总裁刘长明、北京印刷学院新闻出版学院院长陈丹等领导为本书的撰写和出版提供了很多指导和支持。由于水平所限，本书存在诸多不足之处，恳请广大读者给予批评、指正。

编　者
2019 年 8 月

目 录

第**1**章

概　述

1.1　内容与数字内容

1.1.1　内容

内容是一个应用十分广泛的词语,在不同的学科领域有不同的含义。在新闻传播学领域,内容指可以传达一定意义的文本、图画、声音、影像等单一媒体或多媒体信息。

内容是意义和符号的统一体。意义是内容所表现和传达的实质,可以指向人类社会和自然界的方方面面。符号是内容表现和传达的方式,包括文字、图画、声音、影像等多种类型。没有意义的符号和没有符号的意义都不能构成内容。例如,在计算机打开状态,家养的小猫跳上键盘,踩过键盘后在屏幕上留下的成串字母或文字符号就不是内容。一个沉浸在思考中的人,如果不通过一定的符号把他的思考过程或结果表达出来,也不能生成内容。

内容与媒介相对应。媒介是内容的承载体,包括介质和形式两个要素。介质是媒介的物理实体。人类历史上所用的媒介众多,有龟甲、兽骨、岩壁、石头、泥板、竹木片、纸张、磁带、光盘和硬盘等。媒介的形式是媒介的呈现方式,例如,纸张作为一种介质,可以制作成图书、期刊、报纸、图片等形式,以承载相应的内容。

内容和媒介构成了媒体。在现代信息技术应用于传媒领域之前,内容与其所承载的媒介是一对密不可分的统一体。但在数字环境下,以数字形态存在的内容可以脱离特定的媒介,自由地与各种媒介组合成新的媒体。例如,古典文学名著《红楼梦》,过去只能借助纸张和印刷技术出版为纸质书籍,现在可以电子格式的形式被发送到各种电子显示终端上进行呈现。

1.1.2　数字内容

20世纪90年代以后,随着计算机和互联网技术的发展与推广,内容产业在欧美等发达国家兴起。1998年,世界经济合作与发展组织在定义内容产业时,将"内容"划分为两个方面:①传统媒体,即一般意义上的多媒体视听和音乐内容,并具有物理维度,如书本、音乐唱片以及以文本实体方式存在的研究报告等。②新媒体,即综合集成的数字化文本、资料、视听内容多媒体服务,并主要依托数字终端或互联网进行传播、销售和发行,典型形态如电子书、MP3音乐文件、新闻、游戏、软件以及在线销售的研究报告等。显然,这是把数字内容界定为新媒体的范畴,在技术和思想上有一定的局限性。

目前,可以把数字内容定义为:通过数字技术进行编码的文字、图像、声音、影像、动画、计算机程序等信息,存储在光盘、磁盘等介质上,并通过互联网或数字终端传输和展示的资源总和。

数字内容是文化创意与数字媒体技术相结合的产物。数字媒体技术的应用,对内容的生产、组织、表现、传播等带来了一系列影响,使数字内容除了具备一般内容的意义和符号的基本属性外,还具有一些新的特性。首先,数字媒体技术降低了内容生产难度,扩大了内容生产的主体规模。内容生产从过去主要局限于社会精英阶层和专门媒体机构,扩展到普通民众;数字内容总量呈现爆炸式增长。其次,数字媒体技术丰富了内容的表现形态和组织形式,超文本、复合文档、多媒体、数据库、计算机应用程序(APP)、小程序等新的内容形态层出不穷。再次,数字内容具有互动性和延展性,可以与用户互动,及时响应用户的需要,还能够根据用户的需求对内容进行增删、重组等。

1.1.3　数字内容的分类

基于不同的标准,数字内容可以划分为不同的类型。不同类型的数字内容在形成与存在形式上有所区别。

按照来源的途径,数字内容可分为原生数字内容和转化型内容。原生数字内容是指自诞生起就以数字形式存在的内容,包括各种电子化、网络化的电子书、电子期刊、电子报纸、网络游戏、网络视频、网络音乐、数据库、应用程序等。转化型内容是指借助专用设备和软件把非数字化内容转换成数字化内容,用标记性语言编辑上网,或用一定的格式存储在电子介质上。如在数字化转型中,许多出版社把本版书通过扫描、识别加工成电子书、数据库等。

按照生成的主体性质,数字内容可分为专业生成内容、用户生成内容、设备生成内容等类型。专业生成内容(Professionally Generated Content,PGC)是由专家或出版社、影视公司、游戏开发公司、研究机构等专门机构创作生产的内容。用户生成内容(User Generated Content,UGC)是指由用户自己创作并在互联网上传播的内容,如一般的博客、微博、"快手APP"上的短视频等。设备生成内容(Device Generated Content,DGC)是由智能化设备驱动生成的内容,它起源于可穿戴领域,由 Flash Unit 闪点提出,代表的是不同的可穿戴终端可以给予用户的不同功能,满足生活各方面的需求,可不断创造出新的生活应用场景。

按照存储载体,可将数字内容分为光盘、磁盘、网络等类型。其中网络内容是网上存在的数字内容,是数字内容中最大的组成部分。

按照表达符号形式,可将数字内容分为文字、图像、声音、视频、动画等类型。

按照出版和传播形式,可将数字内容分为电子书、电子期刊、电子报纸、数据库、网站、计算机应用程序等。

1.1.4　数字内容的特点

(1) 生产性。在知识经济时代,数字内容成为一种必不可少的生产要素,可以满足人类生产、生活的多种需求。就数字内容自身来说,也是一种可以被赋予新形式的资产,可以被重新设计、重新组合、重新包装、重新发布,从而对数字的内容进行重新赋值。同时,数字内容在传播、使用的过程中也可以作为加工对象,被不断地修改、增减,甚至形成新产品。

（2）稀缺性。随着信息技术的进一步发展，人类知识加速增长，数字内容将会越来越丰富。但是作为一种资源，数字内容仍会面临稀缺性的问题。首先，数字内容的创造、开发、管理都需要相应的人力、财力和物力的投入，任何一个行为实体的数字内容资源都是有限的。其次，数字内容的使用价值会随着时间和使用次数的增加而逐渐衰减，因此具有和物质资源类似的稀缺性。最后，对数字内容的利用受各种条件的制约，例如人们的信息处理能力低下、经济承受能力不强、信息基础设施落后等原因，都会造成数字内容需求与供给之间的矛盾。

（3）公共性。数字内容的使用和信息的公共产品属性一样，具有非排他性和非竞争性两个基本特性。一方面，在数字环境下，数字内容的扩散并不能给自身带来任何衰减；另一方面，由于借助数字技术存储和传播信息，数字内容的生产和流通具有高固定成本和低边际成本的特点，对数字内容进行排他性使用的技术或法律成本都很高，从而减低了数字内容使用的排他性和竞争性。

1.2　数字内容产品

1.2.1　数字内容产品的概念

产品是指能够供给市场被人们使用和消费，并能满足人们某种需求的任何东西。包括有形的物品、无形的服务、组织、观念或它们的组合。

数字内容产品是指能够提供给市场，并能满足人们的精神文化需要，基于数字格式的信息内容产品或服务。

数字内容产品是数字技术应用到内容产业后的新型产品形态。与传统的图书、报刊、广播（节目）、电视（节目）等内容产品相比，数字内容的本质没有改变，许多数字内容产品就是传统产品数字化的产物，如亚马逊 Kindle 阅读器上销售的电子书大多是传统出版社提供的数字化图书，中国知网（www.cnki.net）上的学术文献基本上都来自传统期刊。但是，技术手段的革新给数字内容产品的形态及传播、利用的方式都产生了很大影响。网站、电子书、网络游戏、计算机应用程序（APP）、微信公众号、有声书、虚拟现实、增强现实以及混合现实产品等，新的数字内容产品形态层出不穷，数字阅读、付费下载、在线教育、网络直播、有偿问答、知识服务等数字内容产品的经营和服务模式也日益丰富。

1.2.2　数字内容产品的特点

数字内容产品可从物理特性和经济学特性两个维度进行把握。从物理角度看，具有不可磨损性、可改变性、传播便捷性和产品互补性的特点；从经济学角度看，具有消费的个人偏好依赖性、生产成本结构的特殊性、高附加值和时效性等特点。

（1）不可磨损性。不可磨损性是指数字内容产品一旦生产出来，就能永久保持其存在形式。因为数字内容产品不像传统的有形产品，会随着使用时间和频率的增加而磨损，数字内容产品是永不变质的。对于经营者来说，数字内容产品的不可磨损性既有优点也有缺点，优点在于其质量的稳定性；缺点在于数字产品成了"耐用品"，因为用户不会像购买日常消费品一样经常购买，从而导致该产品难以增加销售量。为了解决这一矛盾，数字内容产品生产厂商只有通过不断提高产品性能和扩充产品信息量来将产品升级换代,以吸引更多的新顾客,同时使购买了旧版本的老顾客再次购买新版本的数字内容产品。

(2) 可改变性。该特征使得厂商可以对数字产品进行定制化和个性化。例如,一些管理系统的供应商可以根据用户要求,基于系统的基础功能,通过增加部分特殊功能来适应不同用户的具体业务需要。同样地,软件提供商可以通过软件包对现有用户的低版本软件进行升级,利用数字产品的可改变性来克服由不可磨损性带来的问题。另外,数字产品生产厂商不能控制其产品的完整性,因为制造商在产品售后会失去对其准确性的控制,即消费者在购买了数字产品后,可以对其进行修改、组合等,从而改变了产品的原始文件。数字文件一旦在网上被下载,就很难在用户级上控制内容的完整性。尽管有些办法可以验证数字产品是否被改过,如加密技术和数字签名,但其程度和范围非常有限。

(3) 传播便捷性。该特征是虚拟的数字产品所特有的。虚拟的数字产品通过网络可以在极短的时间内、在不同地区、在不同的消费者之间进行交换和共享,具有非数字产品无法比拟的速度优势。电子邮件是人们理解数字产品速度优势的最佳例子之一。同时,通过在线购买数字产品时,减少了消费者的搜索成本,并可以短时间内通过网络到达消费者手中,缩短了消费者等待产品的时间成本。

(4) 产品互补性。产品互补性通常是指无形的数字内容产品与有形的数字设备之间形成相互补充的关系。例如,亚马逊的电子书与它的硬件阅读器 Kindle,如果没有阅读器,其电子书就无法在移动状态中阅读。构成互补关系的产品结合到一起共同发挥作用,才能给消费者带来巨大的效用。如果两者分开,则任何一种产品的效用都会有很大程度的降低。数字内容产品的这种产品互补的特征,使得厂商在定价时考虑的因素更多。

(5) 消费者的个人偏好依赖性。从传统意义上说,数字内容产品不是"可消费"产品,被消费的是数字产品所代表的思想和用处。任何产品的需求都随消费者的个人差异而改变,而对数字产品的需求则更突出。因此,数字产品的销售更要依赖消费者信息,根据其偏好对消费者进行分类。有必要根据消费者类型或其他身份信息进行产品定制和差别定价,因为数字产品的用途和价值是不同的,对于差别化的数字产品,应根据消费者的评估意见或边际支付意愿而不是边际成本来制订产品价格。

(6) 生产成本结构的特殊性。数字内容产品特殊的成本结构表现在生产首件产品的成本非常高,但是用于复制生产的成本则极其低廉。如拍摄一部大片需要花费几千万元甚至上亿元;研发一种软件需要几个月的时间,且还需投入大量的人力、物力。对于新产品,一旦母体(即第一份)成形之后,用于复制的成本都是很少的,这就说明数字产品的固定成本很高,但复制成本却很低。而且数字产品的固定成本大多属于沉没成本,即若停止生产,前期投入的人力、物力、财力等固定成本将无法收回,不像传统产品那样,停止生产后可以通过折旧等方式挽回部分成本。对于数字产品的可变成本,如果需要生产很大数量的复制,多生产一份副本的成本基本不会增加,使得数字产品的边际成本几乎趋于零。这就使得传统的边际成本定价策略不再适用于数字产品,而应采取其他形式的定价策略。

(7) 高附加值。附加值是附加价值的简称,是在产品原有价值的基础上,通过生产过程中的有效劳动新创造出的价值,即附加在产品原有价值上的新价值。数字内容产品的附加值是指通过技术创新而创造出的科技附加值。数字内容产品的技术知识密集性正是高附加值产品的特征,并且随着网络宽带的普及,数字产品应用也趋于多元化。数字产品的这种高附加值特性,使得更多的厂商投入到数字产品的生产中,竞争更加激烈。这就要求厂商能够更准确地制定价格,除了能弥补前期的沉没成本之外,还能获得更多的消费者剩余。

(8) 时效性。部分内容性产品具有很强的时效性,如新闻、证券、外汇、股票信息等。许多在线游戏在一段时间内很受消费者欢迎,但不久就会有更受欢迎的游戏将它们替代。通常,网络上的某些实时信息需要消费者通过付费来获取,而相对滞后的信息则只需支付较低的费用,甚至免费就可获取。因此,数字产品的时效性就成为影响数字产品定价的一个重要因素。

1.2.3　数字内容产品的分类

根据不同的标准,数字内容产品可被划分为不同的类型。

依据产品功能,数字内容产品可分为信息类、娱乐类、教育类、学术或专业类四个基本类型。

依据产品的用途性质,数字内容产品可分为内容性产品、数字体验和服务两种类型。内容性产品是指表达一定内容的数字产品,主要有新闻、书刊、文学、电影、音乐、慕课等表达形式。数字过程和服务是用户主要利用终端设备,通过互联网进行数字化的交互行为,如远程教育、网络游戏、交互式娱乐等。

依据产品的载体和传播方式,数字内容可分为电子书报刊、网站、计算机软件、应用程序、网络游戏、网络音乐、网络影视等。

1.2.4　数字内容产品的典型代表

随着计算机技术的发展,新的数字内容产品形式层出不穷,这里仅介绍几种主要应用于移动终端的产品。

1. APP

APP 的英文全称为 Application 或 Application Program,是指在计算机设备(台式计算机、平板电脑、智能手机等)上运行的可自由安装的第三方应用程序。

APP 的外观是一个小的快捷图标,可以自由下载安装或卸载;不同的应用程序中有与其功能相适应的内容,通过安装相应的应用程序,使用者可以满足阅读、学习、游戏、娱乐、购物、社交等各种需求。

2010 年前后,随着手机、平板电脑等智能终端的普及,客户端应用程序在各种移动终端设备上很快流行。应用程序的火爆起源于 App Store,原因可归结为苹果公司整个产业生态的构建和运营。苹果产业圈的迅速崛起带动了整个行业的迅猛发展。苹果公司的 App Store 和谷歌公司的 Google Play 应用商店是当前全球最大的两大应用商店。据移动应用数据分析公司 App Annie 2018 年年初发布的报告显示:2017 年,全球 APP 下载量超过 1750 亿次,比 2015 年增长 60%;移动用户在 App Store 及 Google Play 应用商店内的消费超过 860 亿美元,比 2015 年增长 105%。用户平均每天在 APP 上花费的时长为 2 个小时;社交、网游、视频类 APP 在全球广受欢迎。

中国是目前全球最大的 APP 市场。中国有超过 10 亿台移动设备,APP 收入占全球的 1/4,最受欢迎的五种类型是游戏、音乐、购物、社交和通信、视频编辑和播放。这些大都是国内原创发行的。

2. 微信公众号

微信公众号是开发者或商家在微信公众平台上申请的应用账号,该账号与腾讯 QQ 账号互通,通过公众号,传播者可在微信平台上实现与特定群体的文字、语音、图片、视频、图文等的全方位沟通与互动。

微信(WeChat)是腾讯公司于 2011 年年初推出的一个为智能终端提供即时通信服务的免费应用程序。2012 年 8 月,基于微信基础上的微信公众平台上线,可为用户提供"微信公众号"的申请、发送等服务。

微信公众号分为订阅号、服务号、小程序、企业号四种。

(1)微信订阅号。为媒体和个人提供的一种新的信息传播方式,主要功能是在微信侧给用户传达资讯(类似报纸杂志,提供新闻信息或娱乐趣事)。适用于个人、媒体、企业、政府或其他组织。订阅号 1 天内可群发 1 条消息。

(2)微信服务号。为企业和组织提供更强大的业务服务与用户管理能力,主要偏向服务类交互(如 12315、114、银行)。适用媒体、企业、政府或其他组织。服务号 1 个月内可发送4 条群发消息。

(3)微信小程序。提供一系列工具帮助开发者快速接入并完成小程序开发,小程序可以在微信内被便捷地获取和传播,同时具有出色的使用体验。

(4)微信企业号。是微信为企业客户提供的移动服务,旨在提供企业移动应用入口。它可以帮助企业建立员工、上下游供应链与企业 IT 系统间的连接;利用企业号,企业或第三方服务商可以快速、低成本地实现高质量的企业移动轻应用,实现生产、管理、协作、运营的移动化。

微信公众号作为一种新的数字内容产品形式,已经成为发布信息和内容、塑造品牌、联系客户(受众)、获取收入的重要手段,在政府机构、企事业单位、自媒体群体等领域得到了广泛应用。近年来,微信公众号数量随着微信用户的增加不断上涨,呈现出百花齐放的景象。据腾讯公司发布的《2017 微信数据报告》显示:2017 年微信公众号月活跃账号数 350 万个,较 2016 年增长了 14%,月活跃粉丝数 7.97 亿人次,相比于 2016 年增长了 19%。

根据内容和功能,微信公众号可以分为电子商务类、公共服务类、新闻资讯类、娱乐休闲类、视频影音类、教育文化类、行业知识类等多个类别。根据微信公众号运营机构的不同属性,可以将微信公众号细分为政务类、传统媒体和网络媒体类,企业类,社团、商会等组织类和个人类等。目前,由传统媒体与网络媒体机构主办和运营的公众号是微信公众平台上最为活跃的一类账号。"人民日报""新华社""央视新闻"等公众号,凭借积极健康的内容风格、新鲜快捷的新闻资讯、独家独到的观点评论、丰富实惠的线下活动等特点,获得了大量的订阅用户和很高的美誉度。

3. 虚拟现实

虚拟现实(Virtual Reality,VR)技术是一种可以创建和体验虚拟世界的计算机仿真系统,它利用计算机生成一种模拟环境,是一种多源信息融合的、交互式的三维动态视景和实体行为的系统仿真,使用户沉浸到该环境中。虚拟现实是多种技术的综合,包括实时三维计算机图形技术,广角(宽视野)立体显示技术,对观察者头、眼和手的跟踪技术,以及触觉和力觉反馈、立体声、网络传输、语音输入/输出技术等。

虚拟现实技术主要包括模拟环境、感知、自然技能和传感设备等方面。模拟环境是由计算机生成的、实时动态的三维立体逼真图像。感知是指理想的 VR 应该具有一切人所具有的感知。除计算机图形技术所生成的视觉感知外,还有听觉、触觉、力觉、运动等感知,甚至还包括嗅觉和味觉等,也称为多感知。自然技能是指人的头部转动,眼睛、手势或其他人体行为动作,由计算机来处理与参与者的动作相适应的数据,并对用户的输入做出实时响应,然后分别反馈到用户的五官。传感设备是指三维交互设备。

目前,虚拟现实技术在教育培训、影视娱乐、艺术创作、医学、建筑、工业仿真等领域的应用越来越广泛。由虚拟现实技术制作的作品具有多感知性、存在感、交互性、自主性等特征,可以给用户带来多方面的新奇体验。以国内首部 VR 旅行类图书《奇遇》为例,它实现了图书与视频的无缝链接。《奇遇》随书赠送一副 VR 眼镜,读者只需要扫描书中的二维码,就可以观看爱奇艺的 VR 视频,360°全景沉浸式、立体式地体验这 10 段奇遇故事,实现观看视频与阅读图书的完美结合,大大增强了与读者的互动感。

4. 增强现实

增强现实(Augmented Reality,AR)技术是一种将真实世界信息和虚拟世界信息无缝集成的新技术。是把原本在现实世界的一定时间空间范围内很难体验到的实体信息(视觉信息、声音、味道、触觉等),通过计算机等科学技术,模拟仿真后再叠加,将虚拟的信息应用到真实世界,被人类感官所感知,从而达到超越现实的感官体验。

增强现实技术不仅展现了真实世界的信息,而且将虚拟的信息同时显示出来,两种信息相互补充、叠加。在视觉化的增强现实中,用户利用头盔显示器,把真实的环境和虚拟的物体实时地叠加到了同一个画面或空间中。

增强现实技术包含了多媒体、三维建模、实时视频显示及控制、多传感器融合、实时跟踪及注册、场景融合等新技术与新手段,提供了在一般情况下不同于人类可以感知的信息。

一个完整的增强现实系统是由一组紧密联结、实时工作的硬件部件与相关的软件系统协同实现的。它通常具有三个特点:①真实世界和虚拟的信息集成;②具有实时交互性;③在三维尺度空间中增添定位虚拟物体。

AR 技术不仅在与 VR 技术相类似的应用领域,诸如尖端武器、飞行器的研制与开发、数据模型的可视化、虚拟训练、娱乐与艺术等领域具有广泛的应用,而且由于其具有能够对真实环境进行增强显示输出的特性,在许多领域具有比 VR 技术更加明显的优势。例如在电视转播领域,通过增强现实技术可以在转播体育比赛时实时地将辅助信息叠加到画面中,使观众可以得到更多的信息;在娱乐、游戏领域,增强现实游戏可以让位于全球不同地点的玩家,共同进入一个真实的自然场景,以虚拟替身的形式进行网络对战。

AR 技术在图书出版领域的应用也有不少成功的案例。2017 年,人民文学出版社以中央电视台黄金时段首播的《朗读者》节目为蓝本和素材,出版同名图书。该书由中国文联主席、中国作家协会主席铁凝和著名翻译家许渊冲分别作序,全书共收录 70 篇访谈,恢复部分因节目时长被剪掉的精彩访谈;同时对 94 篇文本进行全段全篇扩充,甄别版本、校订节选内容,还增加了"朗读者小传""名家点评"。同时,《朗读者》图书使用 AR 技术实现了文本与节目视频的无缝结合,探索了一条电视节目与图书互动的新路,为读者带来了一种新的沉浸式、立体式的阅读体验。读者只要下载"朗读者 AR"客户端,扫描书中的任何一张图片,即可让静态的图书变成一部"可移动的电视",可观看近 1000 分钟的视频片段,体验观看视频、聆听朗读与阅读文本的完美结合。

5. 混合现实

混合现实(Mix Reality,MR)是通过计算机技术将现实世界与虚拟世界合并,从而创建出一个新的可视化环境。在新环境中,现实世界中的景物与虚拟世界中的景物共存,并能即时互动。

混合现实技术是虚拟现实技术的进一步发展,该技术通过在虚拟环境中引入现实场景信息,在虚拟世界、现实世界和用户之间搭起一个交互反馈的信息回路,以增强用户体验的真实感。

混合现实技术在图书馆、博物馆、网络游戏等领域已有应用。以混合现实游戏为例,它能让玩家同时保持与真实世界和虚拟世界的联系,并根据自身的需要及所处情境调整操作。类似超次元 MR=VR+AR=真实世界+虚拟世界+数字化信息,简单来说就是 AR 技术与 VR 技术的完美融合以及升华,虚拟和现实互动,不再局限于现实,获得前所未有的体验。

6. H5

H5 是 HTML 5 的简称,是超文本标记语言(HTML)的第 5 次修改版。从技术角度看,H5 是实际包括 HTML、CSS 和 JavaScript 在内的一套技术组合。HTML 5 技术能够减少浏览器对插件如 Adobe Flash、Microsoft Silverlight 与 Oracle JavaFX 等的依赖,并且提供更多能有效增强网络应用的标准集。

HTML 是"超文本标记语言"的英文缩写。目前的网页多数都是由 HTML 写成的。"超文本"是指页面内可以包含图片、超链接,甚至音乐、程序等非文字元素。而"标记"是指这些超文本必须由包含属性的开头与结尾标志来标记。浏览器通过解码 HTML,就可以把网页内容显示出来,它是互联网兴起的基础。

H5 在内容传播领域具有适配性高、包容性强、应用面广、传播便利等特点,也赋予网页更好的意义和结构。目前,H5 在新闻报道、生活娱乐、广告营销等领域都表现出较强的传播潜力。

使用 H5 语言直接制作页面需要用户有较深的技术背景,难度较大。但目前市场上出现了一些 H5 编辑器,如兔展、木疙瘩、MAKA、易企秀、人人秀等,它们通过模板化的编辑方式为用户提供了快速简单地制作 H5 页面的解决方案。编辑器为用户提供相应的页面模板或主题框架,在此基础上,用户可随意增添文字、图片、音乐、视频等内容元素设计个性化的 H5 页面,整个过程简单易上手,可以类比 PPT 的制作过程,用户完全不需要具备任何技术背景。制作完成后,用户可以自行将 H5 页面分享至朋友圈等社交网络,也可以通过 H5 编辑器的推广功能扩大作品的传播范围。

1.3 数字内容产业

1.3.1 数字内容产业的兴起

数字内容产业的产生完全得益于网络技术、数字技术、移动技术的发展,以文化产业为依托,是传统内容产业与信息技术融合发展的结果。1995 年西方七国信息会议最早正式提出"内容产业"概念,1996 年欧盟《信息社会 2000 计划》进一步明确其内涵,称内容产业为包括制造、开发、包装和销售信息产品及其服务的行业。

2002 年爱尔兰负责企业、贸易、科学技术和创新的国家政策与咨询委员会在《爱尔兰数字内容产业发展战略》中将创建、设计、管理和销售数字产品和服务以及为上述活动提供技术支持的产业定义为数字内容产业。日本、美国、韩国等国家也定义了数字内容产业并划定了所涵盖的产业。虽然各国对数字内容产业的命名、定义及分类不同,但均是数字化后的信息产品。

在我国,数字内容产业最早出现在 2003 年上海市"政府工作报告"中,是指依托先进的信息基础设施与各类信息产品行销渠道,向用户提供数字化的图像、字符、影像、语音等信息产品与服务的新兴产业类型,包括软件、信息化教育、动画、媒体出版、数字音像、数字电视节目、电子游戏等产品与服务等,是智力密集型的高附加值产业。

目前在我国,数字内容产业主要涵盖八大领域,包括数字游戏、计算机动画、数字学习、数字影音应用、移动应用服务、网络服务、内容软件、数字出版与典藏。其中,移动应用服务、网络服务、内容软件为技术服务产业,其余则为包含产品与服务的内容产业。

近年来,数字内容产业在我国得到高度重视。在 2017 年,数字经济已经成为国家经济稳定增长的主要动力和推动产业创新、技术进步的重要力量。

1.3.2 数字内容产业的发展

十多年来,我国的数字内容产业经历了模仿、起步和发展三个阶段。

第一阶段:模仿阶段(2003—2005 年)。2003 年之前主要是基础设施升级和产业化的数字化阶段。2003 年,上海市政府在"政府工作报告"中首次提出数字内容产业的概念,并制定了一系列发展数字内容产业的战略指标。随后借助于互联网的发展,我国数字内容产业取得了一定的成绩,但无论是产品的数量还是质量都相对不足,主要还是基础设施的建设和升级阶段。也就是说 2005 年之前,我国的数字内容产业基本处于跟踪学习国外、着手发展状态。

第二阶段:起步阶段(2006—2010 年)。经历了 3 年的积累和沉淀,我国数字内容产业逐步脱离模仿阶段,开始进入创新发展阶段。2006 年《国民经济和社会发展第十一个五年规划纲要》中,数字内容产业首次在国家层面正式提出:"鼓励教育、文化、出版、广播影视等领域的数字内容产业发展,丰富中文数字内容资源,发展动漫产业。"针对我国技术落后的特点,选取动漫、广播、影视等门槛较低的行业为突破口,探索适合我国发展的特色道路。在国家政策的鼓励和支持下,我国数字内容产业进入了发展起步阶段,并利用国际性活动如 2008 年的北京奥运会、2010 年的上海世博会等展示自己。

第三阶段:快速发展阶段(2011 年至今)。2011 年《国民经济和社会发展"十二五"规划纲要》明确提出发展"数字内容服务",在文化产业部分提出"大力发展文化创意、影视制作、出版发行、印刷复制、演艺娱乐、数字内容和动漫等重点文化产业"。之后国家出台一系列政策,明确指示各地方政府积极引入投资,加快体制改革,创新发展模式,建设数字内容产业基地,扩大集聚效应,增强我国数字内容产业核心竞争力。

1.3.3 我国数字内容产业的发展现状

随着移动通信、数字化与多媒体等现代传播媒介的高速发展,以数字技术为载体的数字内容产业迅速崛起。新媒体种类的不断延伸以及用户规模的不断扩大催生了广阔的市场空间,为数字内容产业的发展带来了巨大机遇。目前,"泛娱乐"等中国特色的数字内容产业生态初步形成,我国也成为全球最大的数字内容生产、发行与消费市场之一。目前,我国网络游戏用户规模达到 4.42 亿,网络新闻用户规模为 6.47 亿,网络音乐用户规模达到 5.24 亿,网络文学用户达到 3.52 亿。以数字内容为代表的数字经济更是显示出了诱人前景和巨大潜力。

数字内容产业之间存在极强的关联性,它与互联网的共同作用会推进影视业、游戏业、广告等子行业的融合发展,进而带动商业模式的再造和升级。在国家政策不断支持鼓励的背景下,我国数字内容产业的发展蒸蒸日上,目前形成了以数字影音、数字游戏、数字动画、数字学习、数字出版典藏以及其他六大类主体的数字内容产业发展格局,并呈现三大发展特征:一是数字内容产业全面"云"化,并有了实质性进展,数字影视、数字出版、数字音乐已经将"云"落实到用户体验上;二是虚拟平台和实体平台同步发展,实体平台以产业园区为代表,虚拟平台则是借助互联网和移动互联网发展线上数字产业平台,虚拟平台与实体平台交融互补、互相支持;三是商业化模式依旧处于探索阶段,现有的商业化模式过于单一,不够清晰,制约了产业发展。

从分行业角度看,数字影音是我国数字内容产业的最重要组成部分,也最直观,用户最多。互联网技术、影音、影像和语音等功能的日渐成熟,改变了人们通过电视来观看音像影像的方式,越来越多的用户习惯使用移动设备或者互联网观看数字影音,从而极大地促进了数字影音的发展,市场规模也越来越大。截至 2017 年 6 月,我国网络视频用户规模达5.65 亿,占网民总数的 75.2%,其中,手机视频用户规模超过 5.25 亿。网络视频用户规模仍呈现增长态势,网络视频行业进入平稳发展期。截至 2017 年 6 月,网络音乐用户规模达到5.24 亿,占网民总体的 69.8%。其中手机网络音乐用户规模达到 4.89 亿,占手机网民的67.6%,数字音乐已经成为我国数字内容产品的重要组成部分。虽然与发达国家的发展水平还有一定差距,但随着我国网络基础设施的不断完善,数字音乐的市场前景依然广阔。

数字游戏在经历了高速发展后目前开始进入转型期。网游市场规模增速呈现下滑态势,细分市场领域分化严重。2013 年开始,端游和页游市场份额不断下降,手游市场份额迅速上升。2016 年,中国手游市场规模 819 亿元,首次超过端游的 583 亿元,成为第一大细分市场。现阶段,数字游戏主要由电视游戏、计算机游戏以及手机游戏三大部分组成。2017年中国游戏市场实际销售收入达到 2036.1 亿元,自 2014 年出现的收入增长率下滑的情况在 2017 年得以缓解,中国游戏市场表现出良好的发展态势。

数字学习就是学习内容的数字化,包括教学软件、视频、电子课本等。在互联网高度普及的背景下,各大互联网巨头纷纷投资在线教育产业,如阿里巴巴集团投资世界领先的在线教育平台和最大的英语学习机构 iTutorGroup、百度推出在线教育平台、腾讯投资 C2C 在线教育平台传课网等。目前,虽然我国数字学习处于产业发展初期,但发展速度快,市场潜力大。在线教育、手机教育等新产品形态日渐丰富,借助互联网、数字电视和移动设备等平台,数字学习市场前景广阔。另外,国家也出台了相关的在线教育政策及规划,如《国家中长期教育改革和发展规划纲要(2010—2020 年)》提出要联立开放灵活的教育资源公共服务平台,是数字学习发展的主要目标,利用云计算和大数据等先进的技术手段已成为数字学习企业建设的重点。

1.3.4　我国数字内容产业发展中存在的问题

目前,我国数字内容产业化的发展主要存在以下几个问题。

(1) 产业政策不协调。主要原因是我国数字内容产业化的管理结构机构分散,涉及面较广,导致我国数字内容产业领域的管辖存在交叉管理问题。

(2) 产业结构失衡。我国数字内容产业主要有数字影音、数字动画、数字出版、数字游戏、数字学习等,但是数字游戏和数字动画产业的发展远远快于其他行业,数字出版和数字学习等行业目前经济规模和商业模式都还不完善。除了发展结构的不均衡,人才结构也不均衡,如数字动画的技术人员远少于数字游戏的技术人员。

(3) 版权保护不足。为了保护互联网空间中数字内容产品的传播权,我国相继出台了《关于审理涉及计算机网络著作权纠纷案件适用法律若干问题的解释》及《信息网络传播权保护条例》,这在一定程度上保护了网络产品的传播权,但是这两部法规年代已久,虽然《信息网络传播权保护条例》于 2013 年做了修订,但是相对于快速发展的网络技术,立法的速度慢于技术的发展,导致我国网络领域经常处于"法律真空"的状态。

(4) 内容创意开发不足,同质化现象严重。随着网络基础设施的不断完善,内容传播媒介不再是稀缺资源,优质的内容成为运营商争夺的对象,往往导致一部优秀的内容产品遍及各种传播渠道或者出现高度模仿的现象,容易导致审美疲劳。

(5) 政策推动与产业发展偏离。在国家政策导向下,各地方政府也纷纷出台了相应的加强数字内容产业发展的政策,但由于我国各地政府对发展数字内容产业的准备不足,导致政策推动与产业发展脱节。

(6) 法律法规不健全,导致监管效率低下。为了规范互联网的发展,我国相继出台了《互联网信息服务管理办法》《互联网电子公告服务管理规定》《互联网站从事登载新闻业务管理暂行规定》《互联网等信息网络传播视听节目管理办法》《互联网电子邮件服务管理办法》,但这些行政法规由不同的部门制定并执行,存在交叉管理现象,并且没有一部正式的法律法规,约束力相对比较弱,信息的不可靠、产品的低俗化等侵害消费者利益的现象时有发生。

第 2 章

数字内容制作流程和方法

数字内容产品其实是结合了互联网和软件技术的内容表现形式,因为制作技术与传统内容的制作方式不同(比如传统书刊的制作方式是印刷装订,而电子书的制作方式是利用软件进行内容制作),数字内容的制作方法表现出新的特征,但因其仍旧是内容的表现形式,所以相对于其他互联网软件产品来说,数字内容产品的制作过程中还有一个重要的组成部分,即内容的选题策划。

2.1 需求分析阶段

一个产品策划能否成功基于正确的消费需求导向,体现在策划的内容表达和产品形式是否满足目标市场中最终用户的需求。对于消费者的分析,从宏观上看是市场研究的范围,从微观上看是用户研究的范围。这两种方法分析的角度和对象都不同,但是获得需求,以及帮助决策制定者进行正确定位所采用的方法,从具体操作流程上来说,还是有一些相似的。

2.1.1 市场需求调查

市场需求调查主要包括消费者需求量调查、消费者收入调查、消费结构调查、消费者行为调查,包括消费者为什么购买、购买什么、购买数量、购买频率、购买时间、购买方式、购买习惯、购买偏好和购买后的评价等。在策划设计阶段,主要是通过购买目的、使用方式等来确定产品的内容主题以及表现形式。通常的调查方法有以下几种。

1. 观察法

观察法也叫田野调查,是最基本也是最早被使用的市场研究方法。实现形式是调查人员在被调查研究对象所在的区域,在被调查研究对象不知情的情况下,对被调查研究对象的行为和环境以直接观察的方式进行考察,收集和记录资料。例如,市场调查人员到书店去观察图书的种类及消费者翻看和购买的情况。

数字出版产品的销售往往采用网上的渠道,在这样的情况下,调查人员可以在网上商店获得产品销售数量和排名等方面的数据,同时可以通过网上商店的后台管理系统获得产品的统计数据,如被点击次数、平均浏览时长以及浏览时间等情况,获得比人工观察更为精确的数据。

2. 实验法

实验法是调查人员根据调查的要求,将被调查的对象控制在特定的环境条件下,对其行为和态度进行观察、记录以获得相应信息的方法。通常会先选取几个被调查对象认为重要的因素,并对这些因素进行分类、组合,呈现给被调查对象不同的内容,以获得他们的反馈。这些因素可以是数字产品的价格、版本、功能等。实验法主要用在自然条件复杂、容易操作和模拟的市场环境条件下,揭示在自然条件下不易发生的市场规律。

比如不同版本的数字产品无法通过直接的观察获得用户使用的情况,用户使用产品在一个时间段内倾向于只使用某一个版本,那么通过人工部署不同的版本,让用户进行使用,进行集中观察,以获得是否有差异的行为数据。在互联网情况下,更为严谨的做法是 AB 测试,即通过服务器部署不同的版本,分发给不同的用户,并在后台收集用户的使用情况,对于SaaS 类产品和 APP 类产品的分析来说都是很有效的方式。

3. 访谈法

访谈法的主要方式是在一定条件下,与被访谈者进行交谈,以获取其主观看法,了解其使用情况。根据访谈内容的固定与否可以分为结构化访谈和非结构化访谈;根据参加的被访谈者的数量可分为一对一深度访谈和焦点小组访谈。

结构化访谈中,调查人员要设计好问题列表,在访谈时,按照事先设计好的调查表或访谈提纲进行访谈。要以相同的提问方式和记录方式进行访谈,提问的语气和态度也要尽可能保持一致。

非结构化访谈没有固定的模式,但是访谈之前仍旧要明确访谈目的和内容大纲。由调查人员与被访谈者自由交谈,双方可以根据调查的内容进行广泛的交流。如:对某本电子书的内容结构进行交谈,了解在内容方面读者的需求和看法。

焦点小组访谈是通过集体座谈的方式听取被访谈者的想法,收集信息资料,一般 8～12 个人。需要训练有素的主持人以一种无结构、自然的形式与具有代表性的消费者或客户交谈,从而获得对有关问题的深入了解。例如,在开发一种儿童英语阅读电子书时,分别邀请一年级到六年级孩子的父母各两位,集中进行座谈,获得他们对阅读时间、内容题材和阅读方式等方面的信息。

4. 问卷法

问卷法是通过让被调查者填写调查问卷获得所需要信息的方式。首先需要确定需要调查的问题,根据问题特征采取合适的展示方式,形成问卷,一般不采取开放性题目,因为结果的提炼难度较大。在问卷调查中,采样是一个很重要的部分,准确地采样可以获得关注目标客户群的答案,而偏离的样本将会给调查者带来误导。

问卷调查法可以采用实地调查的方式,也可以采用网络调查的方式,它的好处是短时间内可以获得大量的信息,但是作答者在不认真作答的情况下,会给出错误的答案。此外,由于社会赞许性等原因,也有作答者会给出假的回答,从而导致结果的不准确,因此对问卷结果的清洗是很重要的。

2.1.2　用户需求研究

用户需求研究方法主要针对的是产品的目标消费群体,研究的目的一般是了解这个群体具有怎样的特征,对产品的需求点在哪里,如何能够更好地打动这些用户。在策划阶段,用户需求研究可以解决的问题是：①针对特定消费群体开发满足其需求的产品；②利用现有技术可以开发的产品，适合在哪些消费者当中推广；③明确现有产品的优化点。

上述市场研究中的方法都可以用到针对特定目标消费者的用户研究中来。另外，用户需求研究还可以使用以下一些方法来进行。

（1）用户画像。是一种描述目标用户，了解用户诉求，并付诸设计实践的有效工具，以最为浅显和贴近生活的话语将用户的属性、行为与产品属性联结起来。有人说一个产品需要4～8个类型的用户画像，而实际上最多不超过3个用户画像就能保证准确地把握需求，诉诸产品实施。如果某个产品想涵盖所有的男人女人、老人小孩、专家小白、文艺青年，通常这样的产品会比较难以产生和持续，因为当目标群的基数越大，需求越多，功能就必须足够多，而功能太多会导致开发和运维成本过高，并且用户面对如此多的功能时，也会无所适从，可用性大大降低。

（2）用户故事法。确定目标用户后，让目标用户采用讲故事的方式将他们的典型使用场景进行细化，从而获得在特定场景下满足用户需求的功能点，用于进行产品功能设计的参考依据。

（3）行为实验法。由研究人员创造一个半人工的环境测试使用者。这个半人工的环境能够控制一些研究人员想要对照的影响因子，如不同设计界面的阅读物中相同内容的再认率和回忆率。

（4）参与性设计。在产品设计中，让用户主动参与到产品的设计和决策过程中，让用户表达对产品功能的期望以及细节设计的意见，并对随后生产出的各种设计原型进行讨论，结论供产品设计和开发人员参考。

（5）可用性测试。一种被广泛用于互联网产品设计优化的行为实验法。由研究人员将产品进行设定后，邀请被测试者对产品进行使用，完成任务目标。如在电子书商城中找到某本书第32页的图片。在执行任务期间，被测试者可以一边操作一边出声思考，也可专注于完成任务，在完成任务后，对操作过程进行回忆描述。任务完成后，被测试者需要对任务和产品进行评价，包括易用性、满意度等。同时，后台程序会记录被测试者的操作轨迹，包括完成时间、点击次数等，帮助研究人员进行操作分析，得出可用性测试的结论，提出产品优化方案。

2.1.3　需求分析整理

在进行需求收集后，不能一味地认为用户所表达的都是对的，对于收集到的用户需求要进行分析和求证，在去除伪需求的基础上，进行需求的重要性评估，将需求进行优先级的排列，参考产品整体的约束和开发技术能力，将最符合现实情况、最可执行、最有效果、最少风险的需求进行组合排序，结合商业战略思路形成产品最初的设想。

用户的需求多种多样，应对收集的需求进行整理和分类，纳入需求管理工具中，这个工具可以是一个 Excel 文件，也可以是一个需求管理软件。在后续的产品实施过程中，如果有冲突的需求或者不确定的地方，这份需求管理工具中的需求就是最终方案实施的依据。

2.2　策划选题阶段

2.2.1　产品定位

1. 什么是产品定位

在基于市场调研和用户需求分析的基础上,得出产品最初的设想,而产品定位则是进一步针对具体的产品属性进行框定。产品定位是针对消费者或用户对某种产品的某种属性的重视程度,塑造产品或企业的鲜明个性或特色,树立产品在市场上一定的形象,从而使目标市场上的顾客了解和认识本企业的产品。

一般而言,产品定位采用五步法:①目标市场定位(Who);②产品需求定位(What);③企业产品测试定位(If);④产品差异化价值点定位(Which);⑤营销组合定位(How)。这5个方面要回答以下问题。

- Who:我们要把产品卖给谁,也就是说,我们的用户是谁?
- What:我们的用户有什么样的需要?
- If:我们的产品是否能够满足用户的需要?
- Which:我们的产品相比其他产品独特的价值体现在哪里? 如何让用户知道我们的产品就是他需要的那个产品?
- How:如何通过功能的设计来实现产品价值,满足用户需求?

产品定位最直接的结果是产生了产品的独特卖点。产品的独特卖点是指产品不同于其他产品的明显的产品属性和特征,是产品核心竞争力的主要表现。比如提到豆瓣读书,大家都知道里面都是内容质量非常高的电子书;而提到 Kindle,大家都知道这是一个提供多种数字出版物阅读的护眼设备,这就是它们的独特卖点。所以,用户想要阅读高质量的电子书,可以下载注册豆瓣阅读 APP,用户想在保护视力的情况下阅读电子书,那么就会去买 Kindle。

如何才能做好数字出版产品的定位呢? 简单来说,需要注意以下几点。

(1) 产品属性符合用户需求,达到用户的期望值。

用户在选择产品时,并不是严格遵循经济效益,而是根据自己的期望去判断。自从第十届诺贝尔经济学得主赫伯特·西蒙提出非理性人的概念以来,师承于他的理查德·塞勒——非理性消费观念的提出者,也于 2017 年获得了此殊荣。非理性的基本原则是消费者的选择来自于达到他们期望的产品。卡诺指出,达到期望水平的产品,如果满足了,消费者会选择;如果不满足,消费者就不会选择。而远高于消费者期望的产品属性,如果满足了,消费者会非常惊喜并选择;如果不满足,消费者也不会有所不满而放弃选择。

此外,消费者并不是被动地接受事物,对新事物的学习和经验的积累,以及多个同类产品的对比,都会让消费者有更多的想法和比较的余地,他们会选择更好,而不是停留在原有的想法上。

所以,在此基础上,需要把产品定位到让用户眼前一亮、给他们惊喜的程度。

(2) 重视用户的意见,获取用户真实反馈。

在产品雏形推出的关键期,往往最初用户的意见代表了大部分用户的意见。他们会把产品分享给周围的朋友,通过口碑传播,扩大产品的知名度,所以一定要重视最初用户的意见。

由于语言的歧义或者受用户表达能力的限制,我们获取到的某个用户的反馈信息可能并不是他真实的想法,这种情况下,一是可以通过增加用户调查的数量进行平衡;二是可以通过科学的调研方法获取可信度更高的结果。

(3)深入了解用户,注意用户需求的变化。

深度挖掘用户需求是产品成功定位的关键,了解用户的想法和需求,才能做出更适合他们的产品。由于用户本身也在发生变化,随着对产品的熟悉,他们的需求也会发生改变。所以,不仅要在产品定位时了解用户需求,更要随时了解用户需求的变化,以及时调整产品的定位策略。

(4)敢于引导用户的需求,做创新性的产品。

目前数字内容产品市场技术日新月异,发展前景广阔,在新技术、黑科技应用到数字内容产品市场中时,用户反而是最后知道的。新技术往往会带来阅读体验的极大提升,这就要求我们要不断冲破思维禁锢,以创新的精神去开发新的数字出版产品,给用户带来更好的体验和更大的惊喜,突破用户的常规期望值,才能引导新兴市场的方向,更稳定地占领数字出版的市场份额。

2. 产品目标

产品目标是根据用户需求分析,确定所要开发的数字出版产品是为解决用户的哪个问题而进行设计开发的。产品目标包括确定产品要解决的问题、投放平台、产品形态等几方面的内容。确定产品目标是基于用户需求和定位分析,而对产品定位的进一步明确,更是对产品设计和开发的核心指导。

产品目标的确认是在产品定位的基础上,也可以认为是一个整体的产品目标,在此基础上,我们需要将此目标拆分成一个个小的、可操作执行的小目标,形成对产品目标描述的全面补充。

产品的小目标可能会随着技术的进步和方案的调整而随时产生变化,这种变化正是体现了能够快速适应变化的环境的要求。而纵使产品的小目标产生了变化,也不能与产品的大目标产生冲突,如果产品的大目标发生了变化,就变为另外一个产品了。

2.2.2 选题策划

选题是传统纸质出版过程中,出版社(或期刊社)对于准备出版(或发表)的图书(或作品)的一种设想和构思,一般由书名、著译者和内容设想、读者对象以及字数等部分构成;它是编辑工作的基础和前提,在编辑出版工作中具有重要的作用。

由于数字出版产品本身在内容的基础上,外在的表现形式多样且各不相同,因此,在数字出版产品中,我们将选题定义为是对出版产品内容的一种设想和构思,而将产品设计概括为是出版产品外在形式的一种设想和构思。

1. 内容选题

选题的方法一般有以下几种。

(1)热门内容选题

如纸质畅销书的内容可以做电子书的出版,纸质书销量大,电子书的销量一般也会比较好。类似的包括社会热点问题的内容,也可以作为数字出版产品的原始内容,稍作加工后,即成为大家关注的新形式的内容。

这种选题方式的特点是,市场风险性小,能够快速取得经济效益,可以采用制作周期较短的方式进行出版。

（2）市场空白选题

针对现有市场进行调查,收集和分析读者的需求,与潜在读者进行沟通,填补市场需求的空白。

这种做法往往需要前期大量的投入,编辑针对新的内容也需要从头开始。特点是前期投入大,但是这种做法可以把潜在竞争者排除在外,往往会取得意想不到的效果。

（3）框定选题下的选题

在一些情况下,选题需要局限在一定的范围内,如针对大学生学习数字出版的选题,或者是针对学前儿童能力训练方面的选题。此时,由于选题范围已经确定,那么可以在这个范围内进行市场调研,获得用户需要的内容。

在互联网上存在着许多公版的内容,也可以将这些公版的内容进行归类整理,作为选题的参考和内容的储备。

2．产品的选题价值

产品的选题决定了产品存在的价值。选题时需要考虑以下几个方面价值的实现。

（1）文化价值

文化价值作为文化产品的一种形态,应该对人们具有精神上的引导作用。一个好的选题,无论基本立意还是主要内容,都应该是传播先进文化,弘扬社会正气,引人积极向上、奋发进取,体现出明确的引导性,或是意识形态上的引导性,或是思想上的启发,或是道德上的熏陶,或是科学知识的传授,或是几方面兼而有之。

（2）艺术价值

艺术价值主要是指一件艺术品所代表的作者的艺术个性和风格以及所反映出的民族性和地域性。个性越典型,其艺术价值也就越高。作为具备多种表现形式的文化产品,对于数字出版产品形式的设计,应该体现出设计人员独特的风格和特色,这样的产品才是具有艺术价值的。

（3）社会价值

社会价值是指个人及社会组织通过自身的自我实践活动发现、创造社会或他人物质或精神的发展规律及内在矛盾的贡献。判定选题的社会价值,要看该选题是否能解决人们在社会实践中面临的问题,无论是文学作品还是交互式的教学小游戏,都要给社会、给他人带来一定的帮助,实现数字出版产品的社会价值。

（4）经济价值

数字出版产品本质上是文化类型的产物,应该以追求文化价值和社会价值为主。但是作为生产数字出版产品的企业,必须有收益才能存活下去,继续创造出更有价值的产品。所以,策划选题时,必须考虑该产品可以带来的经济效益,为出版机构和出版人员带来相应的回报,提高他们工作的积极性。需要注意的是,不能因为单纯追求经济效益,而忽视了作品的文化价值和社会价值。

选题策划是出版部门适应市场竞争的需要。市场经济是竞争的经济,必然存在优胜劣汰。按照这一规律,出版物走向市场后也必然出现竞争。在日趋激烈的竞争中,竞争的焦点始终是出版物的质量,因为,只有优质的作品才具有生命力,才能在激烈的市场竞争中赢得优势。这就要求出版单位重视策划优秀选题,刻意提高选题质量,把有限的人力、物力、财力集中到社会效益、经济效益俱佳书刊的设计、编辑和出版上,不断推出精品,适应市场竞争的需要。

2.3　产品设计阶段

2.3.1　产品设计的一般流程

数字出版产品包括电子书、数据库、交互式出版物、APP、H5 等,由于产品形态不一样,每种产品的设计流程有很大的差异。不同产品的设计类型的设计侧重点也有所不同,比如电子书的多媒体素材设计是重点,而数据库的数据管理和保护的设计是重点。但是整体来说,数字出版产品的设计主要包含以下几个方面。

1. 框架设计

在产品定位的基础上,能够满足需求的功能模块设计,确定界面风格,设计开发文件编制规范等。

2. 多媒体素材设计

数字出版产品与工具的不同在于,数字出版产品是内容的表现,内容本身可以用文本、图片、视频、音频、动画、虚拟现实和三维动画等多媒体方式呈现,所以在进行产品设计时应该使用何种类型的多媒体,以及用此种类型的多媒体如何更好地表现内容,都是多媒体素材设计的内容。比如图文信息中是否要加入音/视频,文字信息的配图应该采用什么样的图片更合适等。

在设计时,还应该考虑多媒体文件的加工方式,即如何对文件进行加工以满足内容表现的需要。这与产品呈现的平台和承载的设备有关系,需要产品经理与开发者共同来制定。例如,要开发一个手机视频网站,视频的格式可在 MP4 和 FLV 两个格式中进行选择,具体选择哪一种,要根据开发人员使用的播放插件的性质而定。

3. 交互设计

交互设计是指用户使用数字产品时,进行某个操作后的结果反馈,或者是设备状态改变,如手机摇晃时的程序反应。交互设计是与用户互动的重要手段,更是保障用户使用流畅的方法。在交互设计时,一般都需要进行用户操作行为分析,在此基础上进行交互设计有助于用户具有更流畅的阅读体验。

4. 信息架构设计

一个产品中包含的各种信息,如何更好地呈现给客户,是信息架构设计需要解决的问题。包括操作按钮的布局放置、各内容之间链接的快速跳转、页面之间的跳转逻辑以及无障碍阅读等。

5. 功能设计

详细的功能设计,包括检索功能、导航设计、书签安放、阅读过程跟踪、笔记工具条、在线帮助、打印、注释和词典链接等。

6. 数据库设计

数据库是后台记录内容的部分，如何让用户快速、准确地查找与读取数据，是后台支撑系统重要的设计部分。前台展示的内容都以某种形式存储在数据库中，经过编译器的翻译在页面中呈现。科学的数据库结构设计可以让服务器高效地同时处理多个任务。

7. 数据保护方式设计

对出版物进行著作权保护，使之免遭非法复制。策划时，需要选定可采取的技术保护手段。

8. 技术可行性分析

与传统出版不同，数字出版需要很多技术的支持，如大数据技术、云计算功能等。这些技术多为成熟的技术，但是技术的应用范围也存在一定的限制，此时就要考虑产品设计过程中现在的技术是否可以达到要求。

2.3.2　撰写脚本

脚本是指在动画制作、电影拍摄、游戏制作时的依据，或者说故事发展的大纲。例如故事脚本，应该确定好时间、地点、有哪些角色、角色的对白、动作、表情的变化等。由于脚本的类型很多，在本书中就从动画脚本、游戏脚本、拍摄脚本三个类型的制作流程做讲解。

1. 动画脚本

动画在融合出版中占有非常重要的地位，尤其是少儿类教育产品和数字教材产品中，动画更是有着举足轻重的作用。而要做好一个动画，就需要有一个好的动画脚本。

一个完整的动画脚本由动画名称、动画时长、动画主旨、动画分镜 4 个部分组成。

（1）动画名称

动画名称就是指这个动画的主题或者题目是什么，其一个作用是可以作为动画唯一的标识；另外一个作用就是让用户可以快速了解这个动画所讲的内容。在很多动画中，动画的开场都会动态展示出动画的名称。如图 2-1 所示，在动画的开始画面就出现了动画的名称。

图 2-1　动画开始的画面

（2）动画时长

动画脚本中应该明确指出动画的时间，譬如 1 分钟、3 分钟、5 分钟、10 分钟。动画的时长要根据脚本的设计和需求来决定，虽然最终的动画时间和脚本中的时间会有出入，但是出入不应该太大。

（3）动画主旨

动画主旨就是整个动画要表达出什么思想和意义。只有动画的主旨表述清楚了，动画的分镜制作才会有目标和方向。譬如儿歌《水乡谣》的动画主旨可以这样来写：是一首江南风格的乐曲。制作动画时，要突出江南风格的特征，如石板路、小桥流水、风雨桥、乌篷船。乌篷船的摇动，要和歌曲的旋律契合。

（4）动画分镜

动画分镜是动画脚本中最重要的部分，这个部分要描述整个动画制作过程的细节。一个完整的动画脚本应该有多个动画分镜，而每个分镜应该有镜头编号、分镜草图、镜头描述、旁白（字幕）等。镜头编号可以标识出整个动画有多少个分镜。分镜草图大概展示出这个分镜的主场景有哪些元素，方便原画和动画设计师后续制作。镜头描述是指镜头应该怎么动，其中的元素应该有哪些动态效果，譬如人物该怎么动，场景里面的元素该怎么动，需要哪些音效，哪些地方需要特写，哪些需要特效处理（粒子效果、火焰效果、模糊处理、百叶窗切换）等。旁白就是整个动画的字幕和声音，这一部分一是告诉动画设计师画面应该和旁白一致；二是方便声音的录制。

下面就给大家展示一个比较完整的 5 分钟动画脚本，见表 2-1，本动画的主旨是对比美丽的大自然与遭到破坏的大自然的景象。树立保护环境、爱护家园的意识。

表 2-1　"地球，地球，我们的家"分镜头脚本

编号	主 画 面	画面说明	旁白字幕
1		镜头全景转近景，蜜蜂站在花瓣上采蜜	鲜红的花瓣上有我们的家
2		镜头由右向左移动，停在鸟身上，小鸟开心地挥动着翅膀	嫩绿的树桠上有我们的家

续表

编号	主 画 面	画 面 说 明	旁白字幕
3		镜头由左到右平移,最后停在画面这个角度。小鸟挥动着翅膀,蜜蜂在上面摇摆,云朵向右移动,表现鸟在前进	小鸟的翅膀上有我们的家
4		镜头由右到左开始平移,后停在鲸鱼和海豚这里,特写后转全景	洁白的浪花上有我们的家
5		重复 1~4,最后转 5,卡住音乐节奏	啊
6		天空出现乌云闪电,下雨特写后转全景,花朵凋谢后摇摆,蜜蜂表现慌张	假如所有的花都凋谢了
7		特写枯树后镜头转全景	所有的树枝都枯了

续表

编号	主 画 面	画面说明	旁白字幕
8		镜头由左到右平移,小鸟站在枯树枝上叹着气,情绪低落,摇着头,小鸟特写	所有的鸟儿都不飞了
9		镜头特写,乌云、打雷、下雨后转全景淡出,切10,地球在中间旋转,小鸟沮丧	所有的浪花都变黑了,我们的家也就没有了
10		画面切回1～4,注意节奏	
11	 	大象欢快地向花儿喷水,蜜蜂在大象上面挥动着翅膀唱着歌,小鸟在枝头挥手。以上都是特写镜头后转全景,缩小到地球的场景上	好好爱护地球上的生命,好好爱护我们的家,地球只有一个,毁坏了再也没有了,再也没有了

2. 游戏脚本

　　益智游戏在教育类产品中越来越重要,例如"一起作业网",在整个产品中出现了大量的益智类游戏,使小孩子的整个学习过程更加有趣,从而达到寓教于乐的效果。要制作一款好的教育游戏,就需要好的游戏脚本。一个完整的教育游戏脚本,应该包括游戏名称、游戏类型、游戏玩法介绍、游戏界面、游戏题目、动画效果、音效效果、成绩统计等。表2-2是一个英语类的益智游戏的脚本。

表 2-2　游戏脚本

游戏名称	小鸡过河
游戏类型	选择类型
游戏玩法介绍	题目在上方用横栏显示。中间河道有三个石头,三个选项分别在界面下方的三个石头按钮中,根据题目选择正确的答案。界面右边分别显示游戏的生命、分数和倒计时。答错一道题目,生命减一,答错 3 次游戏结束;游戏时间用完时,游戏也结束
游戏界面	
游戏题目	题目 1:What time is it? A:It's 9 o'clock. B:Let's play. C:Hurry! 题目 2:It's 12 o'clock. A:It's time for lunch. B:It's time for breakfast. C:It's time for English class. 题目 3:It's 6:30 a.m. A:It's time to get up. B:It's time for music class. C:It's time to go home. 题目 4:Time for English class. A:I'm ready. B:Let's play football. C:Let's go home. 题目 5:It's 3:00 p.m. A:It's time for PE class. B:It's time to get up. C:It's time to go to school.
动画效果	特效一:河中水会流动; 特效二:单击正确答案——小鸡跳到对应石头上并跳过河,出现"回答正确"字样并进入下一题; 特效三:单击错误答案——小鸡跳到对应石头上却掉进河里; 特效四:闯关成功有烟花特效,失败出现"再接再厉"的字样

续表

音效效果	整个游戏应该有背景音乐,回答正确时有回答正确的音效,回答错误时有错误的音效。游戏闯关成功应该有掌声,失败应该有"再接再厉"的声音
成绩界面	游戏结束界面应该有游戏闯关结果、用户玩游戏的时间、所得的分数等数据

游戏 UI 设计人员根据游戏脚本来设计整个游戏效果图,开发人员根据游戏脚本来开发游戏框架,最后将游戏 UI 更新到游戏框架中,并把游戏题目装载进去,经过测试、修改,最终形成最后的成品游戏。

3. 拍摄脚本

在出版领域,我们经常需要拍一些宣传片、纪录片、访谈片、科普视频等,"杭州 G20"宣传片、"舌尖上的中国""杨澜访谈""走进科学"等视频的拍摄,都需要提前策划好拍摄的脚本,再进行拍摄和制作。那么一个拍摄的脚本应该包含哪些元素呢? 第一应该有拍摄的主题;第二应该有拍摄的旁白;第三应该有对应时间段画面的描述。表 2-3 是以一个新华书店实体店的宣传视频拍摄脚本为例具体说明。

表 2-3　拍摄主题:新华书店实体店的宣传片脚本

编号	时间段	字　　幕	分镜效果
1	00:00—00:05	杭州市新华书店解放路购书中心	字幕黑场
2	00:06—00:11	一日终了,在人们都赶着回家的时候,有些人的一天才刚刚开始	解放路天桥景别,新华书店顾客出门(全景)
3	00:12—00:21	江南,杭州。 这座城市早已因它秀丽的湖光山色、璀璨的历史文化和动人的传奇故事闻名遐迩	杭州素材(自然、梁祝)
4	00:22—00:28	城市发生着日新月异的变化,工作自然不会一成不变	G20 杭州素材(滨江),解放路员工素材
5	00:29—00:32	两年前,我被赋予了新的使命	推眼镜,系上围裙的特写
6	00:34—00:40	午夜时分,这个座位为一名编导准备,易于消化的酵母面包是她的夜晚专属	空座位,酵母面包

续表

编号	时间段	字　幕	分镜效果
7	00:41—00:44	文化沙龙座上宾的她,常来与读者分享自己的灵感和作品	文化沙龙分享PPT
8	00:45—00:50	总会提到恢复高考时,通宵达旦排队买数理化自学丛书的盛况	老资料
9	00:51—00:55	在国货路的老银杏树下,听到了有关读书的悲欢故事	老资料嘈杂人声声效
10	00:56—01:01	她的作品在这里放映着,那棵老树已然成为一种意象	《红》素材资料反录,资深中年人
11	01:03—01:06	清晨时刻,老先生托我找一本《炮声中的电影》	书店查书
12	01:07—01:13	他婉拒了我带过去的椅子,笑称原住民都这样	倚墙读书画面,中景平拍
13	01:14—01:20	隔着柜台,涨红了脸,请营业员拿一本,站着看一天	老素材
14	01:22—01:28	在看不到明确未来的时代,大家都忍受着精神的饥饿	20世纪八九十年代的视频、图片素材特效
15	01:29—01:42	可以光明正大地读书了,35种名著重印上市,巴尔扎克回来了,狄更斯也回来了,杭州人的精神家园从此丰足	老素材新书店环境
16	01:43—01:46	人们或许在这里找到了想要的记忆	杭州人民的生活,杭州景致,一对老夫妇
17	01:47—01:51	这一日,编导似乎对创作有些犯难	摸下巴特写
18	01:52—01:57	老先生来了,取走了他的书,现在,他也习惯了安坐阅读	手部特写,书籍特写
19	01:58—2:02		为老先生加热水,推镜头近景
20	2:03—2:10		老先生发现了编导的凝视,四目相对,点头致意,看起自己的书来,编导顿了顿,重新开始疾书起来。 后背平移出视角
21	2:11—2:15	伴随着我重新烧水的声音,又一天即将逝去	吧台特写中景窗外光斑
22	2:16—2:19	说到底人的一生能经历的事情终归有限	街景延时或者加速高桥拍摄,俯视镜头
23	2:20—2:30	知识的世界能让人超越时间和空间,而书就是那个世界的窗口,书店则是通往窗口的长廊	钢笔内容特写,顾客镜头,购书篮特写
24	2:31—2:35	我喜欢这里,在这里挑一支笔,选一本书,阅读,写字	百新文具馆镜头

编号	时间段	字　　幕	分 镜 效 果
25	2:36—2:44	越来越多的人在这里,遇到一本属于自己的书,给自己勇气,在城市中坚持下去	手部抽书,书架错过镂空镜头,出另外一侧的女性,城市朝阳
26	2:45—2:49	与这本书相遇之后或许能有所改变吧	书籍特写推进画面接平移
27	2:50—2:54	人们抱着这样的想法走进了书店	书店门口老素材
28	2:55—2:59	能够改变自己的书和书店会在哪里呢	十字路口追踪镜头,底部平拍
29	3:00—3:06	解放路 225 号,曾经的文化记忆在此沉淀,新阅读的生命正在悄然生长	新华书店正门员工工作场景定格,特效做旧
30	3:07—3:12	悦览杭州有树可栖 品读新华同书记忆	字幕黑场溅开效果

拍摄人员通过这样的脚本拍摄对应的素材,然后后期制作人员再根据拍摄的素材和收集的素材,用后期处理软件(譬如 AE)进行制作合成,最终形成成片。

2.3.3　制作原型

原型(Protype)来源于互联网设计时,设计人员与开发人员进行沟通所制作的、类似于产品最终效果的文件。按照是否与最终效果具有较高的相似度,可以分为低保真原型(如线框图)和高保真原型(如演示 demo);按照使用的材料可以分为纸质原型、实物原型和程序原型;按照使用方式可以分为在线原型和本地原型。

低保真原型主要用在需求收集和示意、头脑风暴以及前期功能不确定需要讨论的时候。在快速迭代的互联网产品实践中,低保真原型是被经常使用的方式,因为它能够以最小的设计成本快速表达产品需求,同时也能适应在敏捷迭代过程中需求频繁变更、功能优化升级的情况。高保真原型通常被使用在向客户推荐产品,进行功能演示时,此时需要让客户了解产品的优点和最好的效果。在商务沟通环节,高保真原型是一个有利的辅助工具。

纸质原型即画在纸上的原型,通常是低保真原型的一种。实物原型是利用相似的材料模拟最终的实物性质的产品,如用带有图画的硬纸片和镜片组合而成的 VR 眼镜原型,可以让用户模拟操作按键的塑料手机原型等。通常数字内容产品周边的硬件产品需要这种原型制作方式。程序原型是现在最广为使用的一种原型工具,典型的如 Axure、OmniGraffle、墨刀、蓝湖、Mockplus 等,Axure 和 OmniGraffle 来自美国,其他均是国内软件公司开发的原型制作工具。Axure 是国内广为使用的制作 Web 端原型比较好的工具;OmniGraffle 是制作移动端原型比较好的工具;墨刀和蓝湖侧重为设计师提供一个良好的沟通工具;Mockplus 除了专门的移动端特色功能模块的快速生成外,重点是提供原型文件的集中管理和共享功能。

这些原型工具有的提供在线的制作服务如蓝湖,有的需要单机版软件进行制作如Axure。相应的,利用这些工具生成的原型文件既可以在本机查看,也可以发布到网络上进行查看。原型制作工具的功能很强大,在线制作服务的原型可以另存到本地,同时单机版的原型制作软件也提供在线发布预览的功能。

各个软件侧重点不同,在实际数字内容产品的原型制作中,除了灵活运用纸质原型进行设计思想表达、需求收集和确认外,利用原型制作程序快速制作原型进行需求明确和文档备份,是数字内容产品设计人员必须掌握的技能。

　　各种原型制作软件的使用说明,在其官方网站或者程序的帮助文件中均可找到,这里不再一一说明。

2.4　编辑制作阶段

　　内容是产品质量的核心,也是产品设计制作的一个重要组成部分,所以对内容的管理至关重要。数字内容的编辑制作是指对数字内容产品的内容素材进行合理的组织,在这一过程中,不仅包含对素材的加工处理,更重要的是对数字内容产品内容的合理性、合法性进行审核,进而使数字出版内容达到出版发行的标准和要求。在后续素材的组织过程中,则更多地涉及对产品表现形式的丰富,使之更符合用户的使用习惯和期望。

　　数字产品的编辑制作过程是从无到有、从零散无序的素材和内容到有序的整体产品的实现过程。这个过程由素材的收集、审核清理、加工和整合组成。

2.4.1　素材的收集

　　原始的素材有可以直接使用和需要先加工再利用两种,原则是尽可能利用已有的素材进行加工,比如已有纸版出版物的,可以直接利用之前存在数据库中的排版文件,但是需要重新进行文字排版。这里涉及有效的数字资源管理的过程,在第 4 章会对此有详细的介绍。一个好的数字资源管理可以充分利用已有资源,节约成本,加快整体数字产品的制作过程。

　　需要全新制作的素材,可以在原有基础上进行修改,也可从头开始制作。个性化需求比较高的产品中存在这样的情况,比如一些视频和音频,如果有必要,可以重新拍摄和录制,并进行简单的预处理。

　　此外,使用有著作权保护的素材,必须获得著作权人的正式许可方可使用。

2.4.2　素材的审核清理

　　数字产品的出版也必须按照三审三校的要求,进行严格的审查。在内容审核方面,初审应对已经准备好的各种素材在政治性、思想性、科学性、知识性和艺术性等方面进行仔细审核,以保证出版内容的质量。对于发现问题的素材,要及时进行处理,更换素材或者重新修改;具有著作版权的素材,修改要争得作者同意。

　　有些资源由于内容本身不能进行公开展示,这些资源主要有:

- 涉及侵犯他人著作权、名誉权等合法权利的;
- 反对宪法所确定的基本原则的;
- 危害国家安全,泄露国家秘密,颠覆国家政权,破坏国家统一的;
- 损害国家荣誉和利益的;
- 煽动民族仇恨、民族歧视,破坏民族团结的;
- 破坏国家宗教政策,宣扬邪教和封建迷信的;
- 散布谣言,扰乱社会秩序,破坏社会稳定的;
- 散布淫秽、色情、赌博、暴力、凶杀、恐怖或者教唆犯罪的;

- 侮辱或者诽谤他人,侵害他人合法权益的;
- 煽动非法集会、结社、游行、示威,聚众扰乱社会秩序的;
- 以非法民间组织名义活动的;
- 含有虚假、有害、胁迫、侵害他人隐私、骚扰、侵害、中伤、粗俗、猥亵或其他道德上令人反感的内容;
- 含有中国法律、法规、规章、条例以及任何具有法律效力之规范所限制或禁止的其他内容的。

此外,有些资源由于内容本身不适宜进行公开展示,可由管理员进行审核裁定后,决定公开与否。

2.4.3 素材的加工

1. 常见素材的格式

目前,最常用的素材包括图像、文字、视频、音频、动画等,其中静止图像格式多为 BMP、JPG、GIF、TIFF;文字材料是最容易获取和采用的一类媒体资源,而且它的下载速度和网络浏览速度都比较快,多数资源管理平台和内容生产工具都为文字资源提供了良好的支持,比较常见的文字资源格式有 TXT、DOC、RTF、PDF 格式等。

动态资源主要包括各种形式的动画如 GIF 动画、Flash 文件等,视频文件如 FLV、MP4、MPEG、AVI、RM 等,音频文件如 MIDI、MP3、RM、ASF 文件等。

2. 素材的加工方式

每种素材的加工都由特定的工具来完成,有些素材的加工甚至多种工具都可以完成。素材加工工具大多为单机版软件,如图片加工工具 Photoshop、Illustrator,视频加工工具 Aftereffect、iMovie 等。也有在线的素材加工工具,如 png 格式图片加工工具 Tineye,自动文字排版网站等。在后面的章节中会重点对不同类型素材的加工方法进行介绍。

2.4.4 素材的整合

根据产品目标的不同,会有不同的素材整合需求。整合的方式需要进行统一的设计,制定整合标准,对内容资源有完善的标注,方便开发时的提取和应用。例如一个 AR 教材,既包含文字和图片,又包含 AR 的阅读文件和客户端文件;再比如一个在线教学课程网站,可能包含课程电子书、视频、教学课件、试题库等以文字和视频类型的素材为主的资源。

这些素材不是简单地组合在一起,整合时需要涉及不同类型的资源,每个资源采用什么格式,需要根据平台特点进行选择,同时要按照用户的使用场景,对素材呈现的先后顺序进行组织,这个过程中重要的参考依据是在设计过程中制作的脚本文件,并需要参考原型来进行效果的评估。

将加工好的素材按照之前的设计,由技术编辑进行组合加工。在这个过程中,如果技术编辑发现有设计、素材加工等方面的问题,需要沟通进行调整。

编辑制作中,需要通过文档组织、文件合并、技术生成和质量检查等过程。

文档组织是指根据选题策划和产品设计的要求,将相关文档,如电子书的封面、扉页、目录、正文、图片、视频、音频以及其他需要链接的素材,或者是数据库的内容资源,进行收集并检查其完整性和正确性。组织的目标是利用收集文档的共同的某个属性来支持产品目标和设计理念。

　　文件合并是指将上述收集完整的文档,按照常用的文件管理方式,进行分门别类地放置,比如自己手动创建不同的文字和图片文件夹,或者是将资源统一放入数据库管理系统中。

　　技术生成是指利用技术手段,将所有的文件通过格式转化或者是代码的引用,生成具有产品功能特色的一个新的结果。比如在电子书生成过程中,会利用电子书制作软件生成一个新格式的、包含多种元素的电子书;而 APP 生成过程中,会利用 APP 制作平台或者通过代码的编写生成一个新的 APP。这个阶段会有很多交互功能的设计和制作,如电子书的索引和书签、数据库的查找、APP 的评论提交等。

　　与纸质出版物不同,数字出版物除了内容的审核外,还需要对数字产品的质量进行检测,具体包括不同终端和浏览器版本的适配性、交互功能是否正常、各种链接跳转的正确性、界面中各个元素是否在浏览器中正常显示、检索和导航时相关内容的调用是否正确;如果有内置的行为记录程序,如阅读历史、计时、计分等,要检查这些功能是否可以正常运行。

2.5　产品发布阶段

　　数字出版产品编辑完成之后,可进行多种形式的发布。如果是在线发布成 Web 网站,则复制和发行过程为同一个过程;如果是发布成客户端,那么用户可以自己下载后安装使用,复制发行的过程是软件下载的过程。

　　在正式发布之前往往会进行内部发布,也就是在小范围内进行产品发布,这种做法的好处,一是可以小范围内获得用户的使用反馈,作为产品优化的来源;二是可以防止因重大错误而对企业品牌造成不良的影响,有利于迅速调整战略,扭转局势。

第 3 章

数字素材的加工

3.1 文字的加工

文字材料是最容易获取和采用的一类媒体资源。文字资源的下载速度和网络浏览速度都比较快，多数资源管理平台和内容生产工具都为文字资源提供了良好的支持。文字资源同时还可以展示出丰富的内容和与主信息相关的辅助内容。此外，还可以对文字材料进行适当修改，以便适应自己的需求。

3.1.1 常见的文字格式

比较常见的文字资源格式有以下几种。

(1) TXT 格式：即纯文本格式。这种文字格式的优势在于它采用 ASCII 编码，具有很好的跨平台特性，文件所占的存储空间较小，便于在网络上进行访问和浏览。其缺陷在于利用这种格式所存储的文档是不能有任何格式的文档，因此这种格式的文档又称为无格式文档。这也就意味着这种格式的文档不能对文字和段落进行任何修饰，不能在文档中插入表格和图片。各种文字处理软件都支持它的编写，常见软件有 Windows 中的写字板、记事本和 Microsoft 公司的 Word 等文字编辑软件。

(2) DOC 格式：是由 Microsoft 公司开发的一种文档格式。其优势在于利用这种格式制作出的文档可以进行丰富的修饰、美化工作。例如，可以改变文字的大小、字体和颜色，对某个段落进行修饰，插入图形图像、表格和特殊符号等。这些功能基本可以满足各科教师在教学中的需要。由于该格式文件包括大量对图、文、表的处理，所以文档所占的存储空间较大。制作这种格式文档的软件主要是微软公司的 Word。此外，Windows 自带的写字板也可以对 DOC 格式的文档进行编辑，但它所提供的功能要比 Word 简单。

(3) RTF 格式：是一种非常流行的文件结构。这种格式从表面上看和 DOC 格式的文档一样，也可以对文档进行丰富的修饰。但这种文档与 DOC 格式的文档不同之处在于RTF 文档对于文档的格式处理上与 DOC 文档不同，由于出现得比较早，可以为多种数字处理软件所支持，也可以被多种文档编辑器编辑。可以用于制作帮助文件，而且网上的文件也常常采用这种格式的文档。制作和编辑这类文档的软件主要有 Windows 的写字板和微软的 Word，Lotus 公司的 Notes 系列软件。

(4) PDF 格式：是 Adobe 公司定义的电子印刷品文件格式。这种格式的优势在于它可以集扫描、文字识别、添加链接、创建索引、表页管理及动态控制为一体，可以将文字、字型、格式、颜色及图形包装为一个文件,集成度高,是转发电子文件的一种理想形式。在互联网上的很多电子印刷品,如说明书、手册、论文等,都是 PDF 格式。这种格式的文件一般可以由 Adobe 公司的 Acrobat 创建,用 Adobe 公司的 AcrobatReader 阅读。

3.1.2　文字的表现形式

作为最古老的信息媒介,文字是最为常用的信息传递的手段,文字更是普遍存在于人们接触到的各种出版物、包装、电影等媒体中,并影响着人们接受信息的方式和感受。

文字本身作为信息传达的一种方式,不仅是通过文字的内容含义,文字的形状、颜色和大小等都是信息传达的一部分,表现为文字设计领域所说的字形和字体。

文字的加工软件包括我们通常使用的 Micro Office 的 Word,WPS 的文字编辑工具,这两者主要用于文字内容的编辑;对文字的字形编辑软件有 Adobe 系列软件中的 Photoshop 和 Illustrator,以及专业的字体设计和编辑软件。

使用不同的文字表现形式,可以使用现有的字体进行直接套用,如蒙纳、方正、华文和汉仪出品的各类字体,也可使用上述字形编辑软件自行编辑,在对字形进行编辑时,其实质已经是在对类似于文字的图片进行编辑了。

3.2　图片的加工

3.2.1　常见的图像格式

图片是数字内容中非常重要的一种类型,因为图像可以非常直观形象地把要表达的意思展现给用户,从而让数字内容产品更加丰富。

目前,最常用的图像格式为 BMP、JPEG、PSD,动态图像格式为 GIF。

(1) BMP 格式是用于 Windows 的位图格式,它又可分成单色 BMP、16 色 BMP、256 色 BMP 和 24 位 BMP 等格式。这种格式可以完好地展示出图像的原有面貌,并且 BMP 格式是最不容易出现问题的格式,DOS 与 Windows 环境下的图像处理软件都支持这种格式。其缺陷在于由于采用这种格式的文件没有经过压缩,因此文件所占用的存储空间太大,不适于在网上传输。

(2) JPEG 格式。随着网络的流行,现在越来越多的静止图像采用 JPEG 格式,JPEG 格式是一种有损的失真图像格式,采用 JPEG 有损压缩方法。JPEG 比 RLE 方法复杂,但能产生相当高的压缩率,生成的文件较小,便于在网络上传输。这种格式的缺点在于压缩后的图形图像损失了一定的像素,不宜于展示图像中的细节。可以对这种格式的文件进行编辑的常见软件是 Adobe 公司的 Photoshop,同时 Photoshop 还提供了把其他格式的图像转存为 JPEG 格式的功能,方便用户使用。

(3) PSD 格式是 Adobe 公司开发研制的 Photoshop 专用的图形图像格式,现在被广泛应用在各个方面。其优势在于由这种格式可以制作出画面非常优美的图形图像;可以对图像进行分层处理;可以对已有图像实施多种多样的特殊效果,以便于满足各种需求。其缺点在于文件所需存储空间较大,因此不适于在网络上进行传输。对这种格式的文件进行编辑最常见的软件是 Adobe 公司的 Photoshop。此外还要注意,虽然 PSD 格式的文件可以分层存储，但资源中的有些 PSD 文件只有一层，不能再进行分层处理。

（4）GIF 格式是一种常见的跨平台的图像格式。GIF 格式的文件目前有 GIF89a 和 GIF87a 两种版本。这种格式的文件优势在于文件比较小，适于在网络中使用和传输。同时，GIF 格式还支持动画，也就是说可以把多张图片按一定的顺序显示从而形成动画。这种动画是简单意义上的小动画，但是基本可以满足网络上的需要，因此成为网页制作中大量使用的动画形式。这种格式的缺点在于由这种格式所产生的图形图像最多只能有 256 种颜色，也就是说 GIF 格式的文件不可能含有丰富的色彩信息。可以对这种格式的文件进行编辑的软件主要有：Adobe 公司的 Photoshop、Animator 等。

此外，还有其他的有关图形图像的格式，如 TIFF、PCX、PNG 等，在这里就不再一一叙述了，如有兴趣，可以参看其他相关书籍。

3.2.2 图片的应用场景

常见的图片绘制及编辑软件有 Photoshop、Illustrator、CorelDRAW、Painter、Easy Paint Tool SAI 等软件。

下面将从图片在数字内容产品应用的 6 个主要场景（教材插图、医学数字产品的插图、少儿插画、机械制图、科普知识插图、教育游戏配图）进行讲解。

1. 教材插图

不管是中小学阶段的语文、数学、英语教材，还是大、中、专的教材，里面都有大量的插图。如基础教育一本教材中的插图（见图 3-1 和图 3-2）和高等教育教材中的插图（见图 3-3 和图 3-4），这些插图在制作数字内容产品的过程中都是必不可少的元素，让整个数字内容产品更有表现力、更加丰富。

图 3-1　基础教育的教材插图（1）

图 3-2　基础教育的教材插图（2）

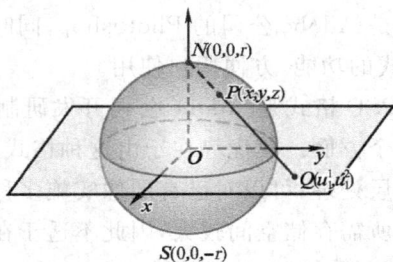

图 3-3　图片在高等数学中的应用（1）

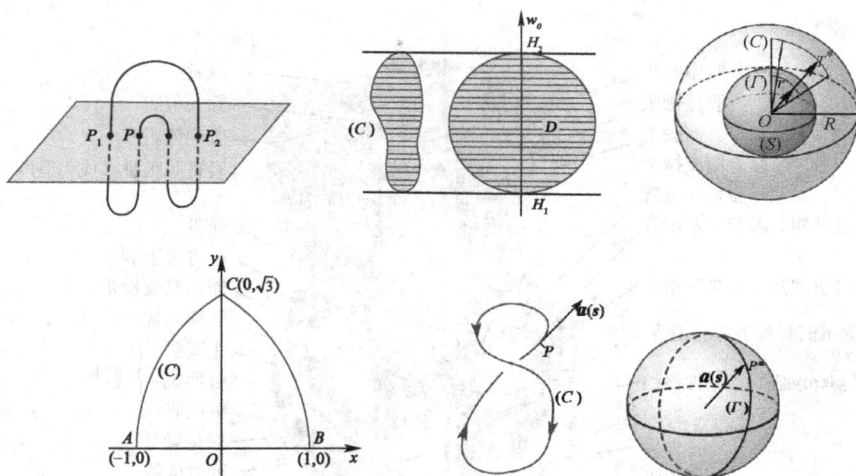

图 3-4　图片在高等数学中的应用(2)

2. 医学数字产品的插图

随着绘图工具和绘图技术的发展,越来越多的医学内容产品采用更加逼真的彩色医学绘图,增加了产品的真实性、易用性和趣味性,如图 3-5 和图 3-6 所示。

图 3-5　医学数字产品配图(1)

3. 少儿插画

随着国家二胎政策的放开,少儿图书市场迎来了一波又一波的红利,不管是少儿类的故事绘本,还是少儿类的科普读物,都做得越来越精美,形式也越来越多样化。市面上的少儿读物大多图文并茂,如图 3-7 所示,还有很多立体书、AR 图书也吸引着孩子们的眼球,见图 3-8。

4. 机械制图

随着我国科技的不断发展,我国已经是名副其实的制造业大国。尤其在国家提出"中国制造 2025"的愿景后,中国在智能制造方面表现出了强劲的发展势头,这个过程中离不开出版行业的有力支撑。现在制造类的专业书籍越来越多地出现了更加逼真、立体的机械制图,图 3-9 所展示的是一个机械 3D 显示图。

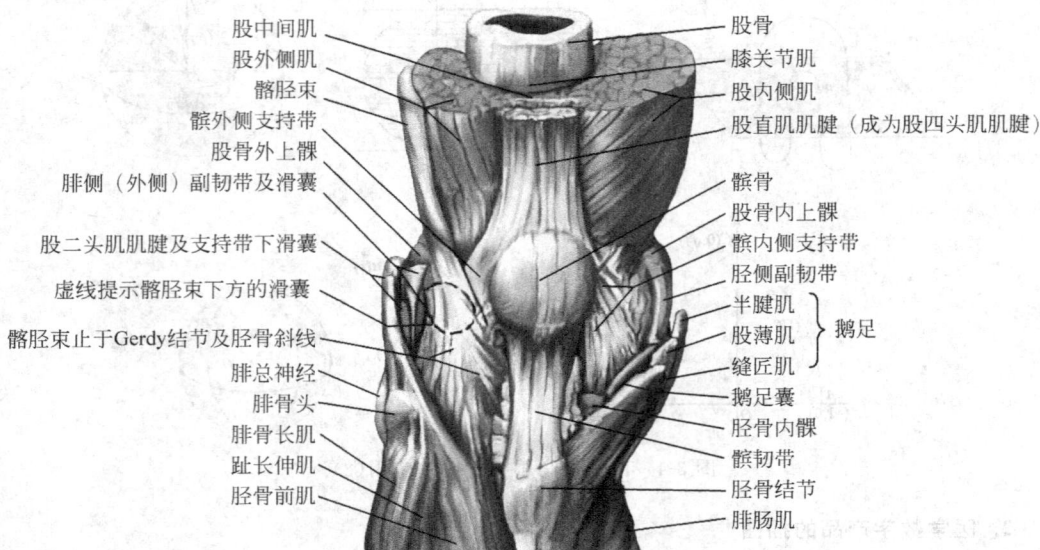

股中间肌
股外侧肌
髂胫束
髌外侧支持带
股骨外上髁
腓侧（外侧）副韧带及滑囊
股二头肌肌腱及支持带下滑囊
虚线提示髂胫束下方的滑囊
髂胫束止于Gerdy结节及胫骨斜线
腓总神经
腓骨头
腓骨长肌
趾长伸肌
胫骨前肌

股骨
膝关节肌
股内侧肌
股直肌肌腱（成为股四头肌肌腱）
髌骨
股骨内上髁
髌内侧支持带
胫侧副韧带
半腱肌
股薄肌　}鹅足
缝匠肌
鹅足囊
胫骨内髁
髌韧带
胫骨结节
腓肠肌

图 3-6　医学数字产品配图（2）

图 3-7　少儿绘本插图

图 3-8　AR 立体书图片

图 3-9　机械 3D 显示图

5. 科普知识插图

科普知识涵盖了科学领域的各个方面，无论是物理、化学、生物等学科，还是日常生活，无不涉及科学常识。而图片在科普知识类产品中的应用也无处不在，是科普知识类数字产品的重要组成部分。从图 3-10 中可以看出，这类图的逼真效果比较高。使科普知识的传递更加准确、生动和有趣。

图 3-10　《春泥计划》科普知识产品配图

6. 教育游戏配图

益智类游戏在儿童们的成长过程中扮演着很重要的角色，如何能让儿童们寓教于乐，在快乐中学习，掌握知识，是越来越多的数字内容产品应该考虑的问题。图 3-11 所示为英语学习益智游戏，图 3-12 所示为数学学习益智游戏。

图 3-11　英语学习游戏配图

图 3-12　数学学习游戏配图

3.3　音频的加工

3.3.1　常见的音频格式

与文字资源相比,声音能够更好地引起受众注意,维持注意力。在传播过程中适当使用一些悦耳动听的音乐,还可以为受众创造一个良好的氛围。

常见的音频文件格式有以下几种。

(1) WAV 格式是最基本的音频文件格式。在个人计算机的 Windows 环境中最常用的语音数据格式是 WAV,文件的扩展名为.wav。WAV 格式主要采用一种称为"波形音效"的声音处理方式,即把外部声音直接转化为数字信号存储起来,需要时再转化为模拟信号输出。声音的数字化,即捕获、采样、压缩、还原等量化都是通过声卡进行。声卡把声音的各种变化信息(频率、振幅、相位等)逐一转换成 0 和 1 的电信号记录下来,其记录的信息量相当大,其具体大小又与记录的声音质量高低有关。早期的声卡只能记录 8 位数据,目前已基本使用 16 位,采样频率可为 44.1kHz(CD 音质)、22.5kHz(调频广播音质)及 11.025kHz(电话音质)。若记录语言信号时设置的记录方式为 8 位、11.025kHz、单声道,记录量是每秒几 kHz,而录制音乐的要求则高得多,要达到 CD 音乐标准,必须使用 16 位、44.1kHz 的立体声方式,这时每秒的数据量为 172KB,一首 5 分钟的歌曲要占 50.6MB(每分钟约 10MB)。最常用的播放器是 Windows 自带的录音机。

(2) MIDI 格式又称为 MID 格式。个人计算机 Windows 系统下较常用的是 MIDI 格式,扩展名为.mid。MIDI 是一个乐器数字接口文件,其记录方法与 WAV 完全不同,MIDI 格式文件没有记录任何声音信息,只是发送给音频合成器一系列指令,这些指令说明了音高、音长、速度、变调等信息,也就是说 MIDI 格式文件存放的是合成音乐的谱。人们在声卡中事先将各种频率、音色的信号固化下来,在需要一个音时就到声卡里去调那个音,所以,MIDI 的文件体积都很小。但是,这种发音方式限制了声音频率的多样性,因此,这种格式的声音非常单调。MIDI 本身没有内置声音,音源由其他的键盘乐器或其他音源器提供。声音输出时,可以输出到具有 MIDI 功能的声卡(现在所有的声卡都支持 MIDI 功能),然后再由音箱发声。

(3) MP3 格式是目前最受欢迎的音乐文件格式,它具有容量大、音质好的特点。MP3

利用 MEPG Audio Layer 3 技术,将 WAV 文件压缩,压缩比可达到 12∶1。虽然有压缩比较大,但是 MP3 对声音质量的损耗非常小,音质基本不变,一般情况下人的听觉是不易察觉的。由于 MP3 接近 CD 的音质,而文件的大小只有 WAV 格式文件的 1/12,占用的空间较小,有利于在网络上传输,所以,随着互联网的日益普及,MP3 越来越广泛地得到应用,成为互联网上音乐文件事实上的标准格式。

(4) RAM 和 RM 格式:在网络上实时欣赏音乐、听新闻广播和看电视,是很多人的一个美好愿望。目前开发的这种格式的文件就属于这种网络实时播放文件。它的优点是压缩比比较大(大于 MP3),音质也较好,不只可以播放声音,而且还可将视频一起压缩进 RAM 文件里。这种格式文件的缺点是,由于目前国内的网络状况,要完全实时播放这些文件(特别是信息量巨大的视频信号)还不太现实。用于播放这种格式声音最常用的播放器是 RealPlayer。

3.3.2　音频的应用场景

2017 年到 2018 年,可以说是知识服务爆炸的一年,大量的知识服务类产品如雨后春笋般涌入市场,并且很多知识服务平台都取得了非常不错的成绩,其中音频付费在其中占着非常大的比重。譬如中小学阶段的教育产品纳米盒,有声书平台喜马拉雅、蜻蜓 FM、懒人听书等,音频课程知识服务平台得到、分答、知乎,还有专注出版行业的百道学习、中信书院、樊登读书会,自媒体生态类产品吴晓波频道,在线教育平台技术服务商 Edusoho,知识服务平台技术服务商小鹅通等。

音频对于数字内容产品来说有着不可替代的作用,人们可以一边打扫卫生一边听书,也可以躺在沙发上闭着眼睛欣赏音乐,人们还可以在拥挤的地铁上戴上耳机学习各种知识。常见的音频格式有 MP3、WAV、WMA、OGG、VOC、IFF、AIF、AU、SND、VOX、MIDI、RM、ASF 等,常用的音频处理软件有 Audition、GoldWave、格式工厂、QQ 音影等。下面从教材教辅音频、有声书平台音频、动画视频配音、游戏音效、知识付费课程音频 5 个领域的应用进行讲解。

1. 教材教辅音频

以前磁带作为教材教辅音频最主要的载体,成为一个时代的印记。随着移动互联网时代的到来,移动设备成了音频重要的载体,而且呈现出来的形式更加多样化。这些音频有的装载在 APP 里,有的搭载在微信公众号里,有的装载在小程序里,有的只需要一个二维码就可以扫描出对应的音频。音频的类别也是多种多样,有的是和教材完全配套的音频,类似点读笔,如图 3-13 和图 3-14 所示;有的是模拟考试的音频;有的是拓展练习的音频;有的是接入第三方口语与语音评测接口进行口语练习的音频。总之,音频加上移动互联网,有了更多的可能,也有了更大的想象空间。

2. 有声书平台音频

有声书作为纸质书之外的另一个流量入口和变现方式,受到了大量出版商的热捧。据不完全统计,全国大大小小的有声书平台超过 200 个,其中比较有名的是喜马拉雅、蜻蜓 FM、懒人听书、中信书院、樊登读书会、酷听听书等。现在还创新出一种新的听书方式,就是将一本书经过精读、整理,浓缩到一个 5 分钟的音频里面,让读者以较短的时间获取整本书的精华内容和核心思想。图 3-15 是有声书平台的节目列表,图 3-16 是有声书的听书页面。

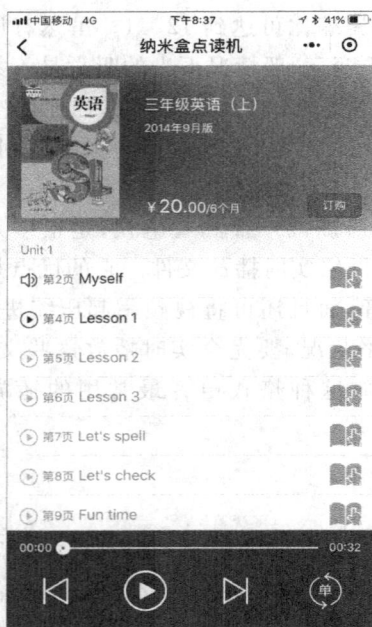

图 3-13　和教材配套的音频类产品的课程目录

图 3-14　和教材配套的音频类产品的课程展示

图 3-15　有声书的节目列表

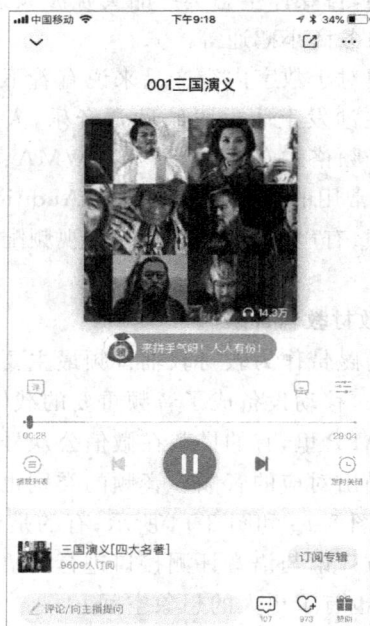

图 3-16　有声书的听书页面

3. 动画视频配音

动画有很多种类型,如语文教材的情景动画、英语教材的场景动画、数学教材的讲解动画、少儿的故事动画、诗词动画、科普动画等。动画中的画面一定要和声音同步,这样的动画才会更加生动、严谨。一般动画视频中的配音都需要提前把录音的文字整理好,然后让专业的配音人员，用专业的设备录制出品质最佳的声音。

4. 游戏音效

一款好的游戏，除了有精美的画面、友好的交互、合理的游戏脚本，还应该有好的用户体验。而游戏音效在用户体验中占据着画龙点睛的作用。下面以图 3-17 所示的这款教育类游戏为例进行讲解。

图 3-17　连线游戏

这个游戏是一个连线游戏，将身上数字加起来等于 10 的两只青蛙连起来。当鼠标选中一只青蛙时，会有一种选中的音效，当选择另外一只青蛙，如果选对了，会有正确的音效；如果选错了，会有错误的音效。如果 5 道题目全部选对，会有恭喜通关的音效；如果错了 3 道题目，那么会有闯关失败的音效。整个游戏也可以配上欢乐轻快的背景音乐（背景音乐声音不能太大，否则会影响到游戏本身）增加趣味性。由此可见，游戏音效对游戏体验有着至关重要的作用。

5. 知识付费课程音频

"得到"作为知识付费的一个明星产品，得到了众多用户的青睐。"得到"是一个主要靠卖音频课程的知识付费平台，让知识载体不仅仅停留在纸质书上，而是可以让用户通过移动设备轻松获取知识，不仅可以通过看，还可以通过听，大大提高了获取知识的丰富性和便捷性。到目前为止，越来越多的个人和机构把自己的音频课程上传到该平台，从而让更多的人获得知识的同时，也让自己的知识直接变现成为可能。比如"得到"平台的"宁向东清华管理学课"，以及"香帅的北大金融学课"都有十多万人的订阅量，给作者和平台带来了巨大的收益，这在传统出版行业是完全不敢想象的。

3.4　视频的加工

在融合出版领域，视频是数字资源的重要形式，人的眼睛接收了超过 90% 的信息，视频是人们最容易接受和喜爱的出版形式。

3.4.1　常见的视频形式

视频资源一般所占的存储空间较大，播放时需要特定的播放器。随着技术的发展，视频文件可以以特殊方式（如流的方式）在网上进行传输。

常见的视频格式有 MP4、MKV、3GP、WMV、MPG、MPEG、VOB、AVI、MOV、DAT、FLV、RM 等。常见的视频处理软件有 After Effects、Premiere、Vegas、会声会影、爱剪辑等。

（1）AVI 格式是指支持音频视频交叉存取机制（Audio Video Interleaved）的格式。交叉是指视频（Video）和音频（Audio）交错存储在录像数据文件中。这种存储格式使数据文件装入内存的速度非常快，播放动态视频或动画的效率非常高。AVI 的回放无须硬件的支持，使用纯软件就可以实时解压缩（当然播放声音还需要声卡）。制作 AVI 文件可以通过视频采集卡采集外部视频信号，也可以通过一些软件如 Animator、Flash、Premiere 来制作自己的视频文件。还有一些软件（如 SnagIt、ScreenCamera、豪杰屏幕录像机等软件）可以将计算机屏幕上的一切活动记录下来存储成 AVI 文件。

（2）MOV 是苹果公司的 QuickTime for Windows 软件上使用的视频文件，是多媒体视频文件中一种重要的文件格式。QuickTime 原来是 Macintosh 系列计算机中的一种视频文件，现已移植到 Windows 环境下。Macintosh 系列计算机在一些专业领域（其中包括数字视频）比 Windows 系列的计算机要先进。许多专业数字视频编辑软件（如 Premiere）原来都是在 Macintosh 计算机上运行的。事实上，许多运行在 Windows 下的多媒体软件都是先在 Macintosh 平台上开发，然后再移植到 Windows 平台上。这种现象为 QuickTime 视频文件的流行创造了条件。

（3）MPGE 格式是压缩视频的基本格式。MPEG 格式采用的 MPEG（运动图像专家小组）标准是用于多媒体的动态视频压缩标准，分为 MPEG Ⅰ 和 MPEG Ⅱ 两个标准。现在的 VCD 采用的是 MPEG Ⅰ 标准，DVD 采用的是 MPEG Ⅱ 标准。MPEG Ⅰ 标准通过视频压缩可以满足 320 像素×240 像素的分辨率，每秒 30 帧的速率传输要求。如果要求全屏播放，在性能不高的视频卡环境下会出现马赛克和模糊现象。

（4）DAT 格式是由 VideoCD 或 KaraokeCD 数据文件获得的。这种文件可以进行全屏播放，其分辨率为 350 像素×240 像素，大小与 AVI 或 MOV 格式相差无几。由于这种文件的帧率要高得多，加上由 CD 音质的伴音，所以整体的观看效果要好得多。

按照视频本身的大小，视频可以分为长视频和短视频；按照视频的应用场景，视频可以分为娱乐视频、宣传广告视频、知识型视频等。

3.4.2　长视频和短视频

长视频如电影、电视剧，或者是系列讲座的加工编辑，一般需要综合性的视频处理软件。在视频加工过程中，要考虑图像和声音两个方面，有时还要通过添加字幕对视频内容进行辅助解释。在内容的衔接上，可以设计不同的转换效果；在内容的剪裁和制作上，根据表现方式进行顺叙、倒叙和插叙。一般由专业的内容策划团队进行文案策划和后期制作。

短视频是随着互联网快速消费型内容兴起而出现的一种形式，一般在新媒体上进行传播，时长约为几分钟。短视频的制作也可以采用和长视频一样复杂的制作方式，整体效果制作精良，但是通常短视频的制作比较简单。现在有很多短视频传播和制作的软件，如抖音、快手、秒拍、微博、西瓜视频等。利用手机快速地制作一个短视频进行传播，对于具有时效性的新闻来说是很好的传播方式。同时，短视频制作并没有特定的表达形式和团队配置要求，具有生产流程简单、制作门槛低、参与性强等特点,所以对于短视频的内容质量的管理是一个新的难题。随着短视频内容的兴起,更多制作团队的加入,短视频整体质量表现也越来越好。

3.4.3　不同场景下的视频

视频的出版可以满足人们生活、工作、学习各个方面的需要,如生活中以娱乐为主的电影、电视剧和综合节目类的视频,以学习为主的科普视频和公开课视频等。

大家对于生活中以娱乐为主的视频都比较熟悉,如电影院、在线视频网站、手机视频APP 等。电影院以单一视频形式的播放为主,即电影;在线视频网站和手机视频 APP 则视频类型形式多样,内容广泛。下面着重介绍工作和学习场景下常见的视频应用形式,主要包括微课视频、在线课程、宣传片、科普视频。

(1) 微课(Microlecture)是指运用信息技术,按照认知规律,呈现碎片化学习内容、过程及扩展素材的结构化数字资源。微课的核心组成内容是课堂教学视频(课例片段),同时还包含与该教学主题相关素材课件、学生反馈、教师点评等辅助性教学资源。微课的特点是:教学时间短、教学内容少、资源容量小、资源组成/结构/构成情景化、主题突出、内容具体、成果简化、多样传播、反馈及时、针对性强。制作微课视频时需要注意的是视频相关数字资源的同步制作,一个知识点是一个视频,尽量精简。

(2) 随着知识付费的兴起,慕课、公开课、直播等在线课程受到越来越多人的青睐,用户也慢慢接受了为知识去付费,为技能去付费。现在比较有名的公开课有网易公开课、腾讯课堂、沪江 CC 课堂、新浪公开课等,几乎涵盖了生活、工作方方面面的在线课程。

除了知名的大型在线课程平台,现在机构和个人也可以搭建属于自己的在线课程平台。比如 edusoho 网校系统,生物基因课程就采用了 edusoho 提供的技术架构,搭建了属于自己个人的在线课程平台,见图 3-18。

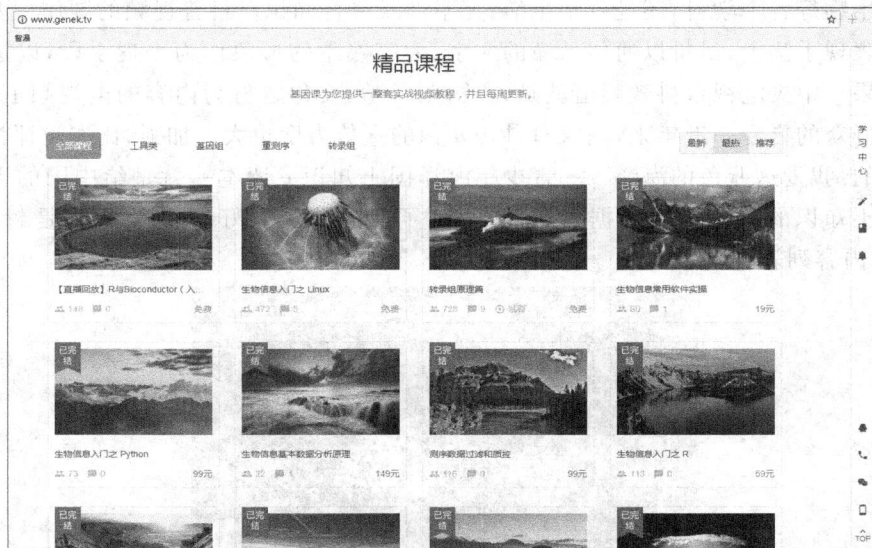

图 3-18　edusoho 网校系统的个人在线课程平台

从某种程度上来说,在线课程视频是微课的集合,微课是某个知识点的视频,而在线课程则包含了某一个课程中的所有知识点。因此,除了对相关资源的加工外,在线课程视频制作的重点在于对知识点和视频内容的标引,让学习者可以快速定位到需要学习的知识点,并了解本节课中所包含的主要知识点。知识点的加工可以以视频字幕的形式进行展示,也可以以视频网站中专门的知识体系控件的形式和视频进行关联展示。

(3)宣传片(Propaganda Film)是有针对性、有秩序地进行策划、拍摄、录音、剪辑、配音、配乐、合成输出制作的成片,目的是声情并茂地展示企业或者产品的特色,从而赢得目标用户的好感和信任。常见的宣传片有企业宣传片、产品宣传片、活动宣传片、形象宣传片等,如图 3-19 所示。一般宣传片的制作方式分为需求沟通、策划、拍摄脚本编写、现场拍摄、后期包装合成、交出成品几个步骤。2018 年俄罗斯世界杯,冰岛队守门员导演的冰岛世界杯宣传片就在网络媒体上引起了热议。

图 3-19　宣传片

(4)科普知识视频是指用视频的形式来解释各种科学现象和日常生活中紧急情况的处理方法,从而达到普及科学知识的目的。科普知识涵盖了科学领域的各个方面,无论是物理、化学、生物等各个学科,还是日常生活,无不涉及科普知识。科普视频的制作主要在于视频内容的表现手法上,尽量以通俗易懂的文字、大家熟悉的形象作为表现手段,以达到更好的传播效果。中央电视台科教频道就是以教育、科学、文化题材为内容的电视频道,受到了广大人民群众的喜爱。近年来,国家对科普知识的宣传力度也大大加强,比如被评为中华优秀出版物的《我爱这蓝色的海洋——青少年海洋国土知识 e 读本》,就是给中国的青少年普及海洋国土知识的科普知识数据库产品,得到了业界的一致好评。图 3-20 是封面截图,图 3-21 是内容列表。

图 3-20　《我爱这蓝色的海洋——青少年海洋国土知识 e 读本》封面

图 3-21　《我爱这蓝色的海洋——青少年海洋国土知识 e 读本》视频列表

3.5　动画的加工

动画技术较规范的定义是采用逐帧拍摄对象并连续播放而形成运动的影像技术。不论拍摄对象是什么，只要它的拍摄方式是采用逐格方式，观看时连续播放形成了活动影像，它就是动画。动画是一种综合艺术，它是集合了绘画、漫画、电影、数字媒体、摄影、音乐、文学等众多艺术门类于一体的艺术表现形式。动画在出版和教育领域有着很多的应用场景，比如教材情景动画、儿歌动画、知识点动画、少儿故事动画、古诗词动画，下面从动画在数字出版和教育的 5 个应用场景做一个介绍。

3.5.1　常见的动画格式

动画是教学活动中一种非常重要的资源，也是娱乐的一种重要资源形式。利用计算机制作出的动画能够表现出许多用语言较难说清的细节，教师可以利用这些专门为教学所制作的动画向学生解释或者表现一些教学中难以清楚叙述的教学内容，可以更好地帮助学生理解抽象的知识内容。

常见的动画格式有以下两种。

（1）FLI 格式：是目前比较流行的动画格式，通常是 AutoDesk 公司 Animator、3ds Max、3D Studio 所制作的动画格式。早期版本的 FLI 只支持很少的色彩。新版本的格式文件和分辨率都有所提高，动画文件的扩展名也改为 FLC。在 Windows 中播放 FLC 动画文件一般需要用到 AutoDesk 公司提供的专门播放程序 Auto Desk Animator Player for Windows 和相应的 MCI 驱动程序。在 Authorware 等课件编辑软件中都可以支持这种动画。

（2）Flash 格式：是由 Macromedia 公司的 Flash 动画编辑软件制作而成的。该动画格式的优点是可以支持交互，色彩丰富。并且这种格式的动画是一种矢量动画，所以它所占用的存储空间很小，可以在网络中以流方式进行播放。但是这种网络形式的播放需要有相应的插件支持，这个插件可以在 Macromedia 的官方网站上免费下载。这种格式动画的缺点是由于它是一种新出现的动画文件格式，所以一些老版本的多媒体制作软件没有提供良好的支持。但是随着软件业的不断发展，将来支持这种动画文件的软件会越来越多。此外，要注意 SWF 动画不可以进行再编辑，因为它并不是源文件，SWF 动画的源文件格式是 FLA，

FLA 是可以进行再次编辑的。

3.5.2　应用场景

1. 教材情景动画

最近几年一直在提倡电子书包的概念,目的是让教师的教学可以更加高效,让学生的学习形式更加便捷。电子书包中很重要的一个产品形态就是数字教材。数字教材是以教材为母版,利用互联网技术,将文字、图片、音频、视频、微课、课件、情景动画等富媒体资源融合到教材中去,从而形成一种和教材同步的互联网产品。数字教材可以在课堂上使用,也可以供学生线下使用。教材的情景动画在整个数字教材中有着举足轻重的作用。

下面以小学语文的《小壁虎借尾巴》举例,纸质教材中只有大篇的文字和两三幅插图,传统的学习方式,是教师先把课文给学生们念一遍,然后再一个段落一个段落给学生讲解。小学生只能通过想象去理解整个故事。但如果把《小壁虎借尾巴》这样的课文故事通过策划制作成情景动画,就可以让小学生在动画中学习整篇课文,一是增加了学习的趣味性;二是可以更加深刻地理解课文,从而使学习效果更佳。下面就展示教材情景动画的部分关键画面。

(1) 小壁虎尾巴被蛇咬了,如图 3-22 所示。

图 3-22　小壁虎尾巴被蛇咬了

(2) 小壁虎向小鱼借尾巴,如图 3-23 所示。

图 3-23　小壁虎向小鱼借尾巴

（3）小壁虎向黄牛借尾巴，如图 3-24 所示。

图 3-24　小壁虎向黄牛去借尾巴

（4）小壁虎向小燕子借尾巴，如图 3-25 所示。

图 3-25　小壁虎向小燕子借尾巴

（5）小壁虎自己长出了尾巴，如图 3-26 所示。

图 3-26　小壁虎自己长出了尾巴

2. 儿歌动画

　　儿歌中蕴含着丰富的自然知识和生活常识，是帮助孩子认识事物、了解世界的媒介之一。儿歌集合了许多朗朗上口的经典曲目，它们语言活泼、歌词丰富，并呈现出鲜明的音乐性和节奏感，是培养孩子乐感和审美的重要途径。通过童音原声的演唱和高品质的音效，能让宝宝在轻松、欢快、自然的状态下聆听歌声,感受音乐魅力。这里要举的一个典型例子是贝瓦儿歌,贝瓦儿歌是贝瓦网旗下的产品,它是集儿童歌谣、经典儿歌、三字经、古诗为一体的儿歌汇合,具有动画精美、节奏欢快、语言简单、易学易懂等特点,如图 3-27 和图 3-28 所示。儿歌和动画的结合是一种完美的结合,建议从事少儿出版或者有音乐教材的相关出版社尝试一下这样的产品形态。

图 3-27　儿歌动画(1)

图 3-28　儿歌动画(2)

3. 知识点动画

传统的知识点都是教师在课堂上讲解,或者通过录制成知识点微课的形式进行展示,如果能将知识点通过动画的形式进行展示,一是可以让学生在轻松快乐的氛围中掌握知识;二是可以增加学生学习的积极性和乐趣。业内做得比较知名的是洋葱数学,洋葱数学由专业教研团队和资深教师组成,专注于为中小学生提供科学、有效、有趣的在线数学辅导,如图 3-29~图 3-31 所示。

图 3-29　知识点动画(1)

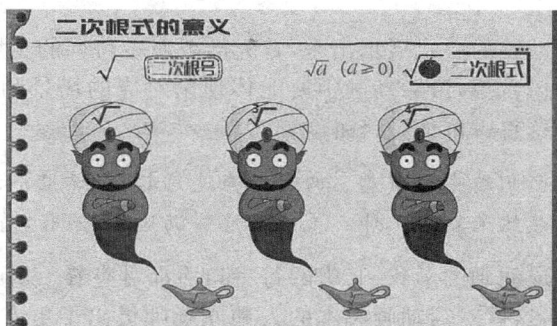

图 3-30 知识点动画(2)

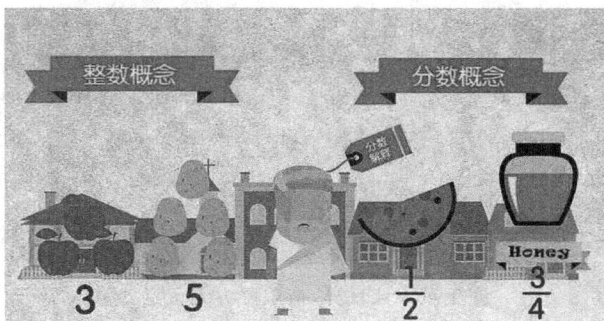

图 3-31 知识点动画(3)

4. 少儿故事动画

在线下的书店、图书馆,儿童区都会有很多的少儿类绘本,周末父母都会带着小孩去体验。随着互联网技术和多媒体技术的发展及普及,越来越多的少儿故事动画横空出世,并且得到了很多少年儿童的喜爱,原本只能通过一页一页看静态的绘本,现在可以直接通过动画的形式来观看更多的故事。少儿故事动画形式活泼,画面精美,让少年儿童更加容易接受。由智瀑科技制作的少儿类故事动画《树洞里的朋友》(见图 3-32),讲的就是小兔子、小鼹鼠和小熊三个小动物之间的友谊,鼓励少年儿童认识更多新朋友,并学会分享。

图 3-32 少儿故事动画之《树洞里的朋友》

5. 古诗词动画

将一首古诗词运用动画的形式展示出来，首先需要对古诗词的意境有深刻的理解，其次整个原画的画风要有古风古韵，最后动画中要能体现出对应的场景和人物形象的特点。下面就以《渔家傲·秋思》这首古诗词进行讲解。

塞下秋来风景异，衡阳雁去无留意。四面边声连角起，千嶂里，长烟落日孤城闭。

浊酒一杯家万里，燕然未勒归无计。羌管悠悠霜满地，人不寐，将军白发征夫泪。

这首古诗词要制作成动画的形式，其中的每一句话都对应着一个画面，每一个画面都要阐释出整首诗词的意境，这就对写动画脚本的人和原画师提出了更高的要求。动画的部分画面如图 3-33 所示。

塞下秋来风景异，衡阳雁去无留意。

四面边声连角起，千嶂里，长烟落日孤城闭。

浊酒一杯家万里，燕然未勒归无计。

图 3-33　古诗词动画之《渔家傲·秋思》

羌管悠悠霜满地，

人不寐，

将军白发征夫泪。

图　3-33（续）

　　其中的每一句诗词都对应着一个画面，让学生对每一句诗词都有画面感，理解更加深刻。标准的声音加上生动的画面，让整首古诗学起来更加简单。

3.5.3　动画制作流程

1. 明确需求

　　首先要明确做一个什么样的动画，动画要表达什么样的中心思想，针对的人群是谁，想要什么样的风格，用在什么地方，需要 2D 还是 3D，只有弄明白了这些因素，才算真正把握住了动画的整体需求。很多时候，有些因素自己也把握不准，那就需要和动画制作方多进行交流、沟通，这样可以防止后面少返工。

2．制作动画脚本

明确了需求,接下来就需要制作动画脚本。在本书2.3.2小节我们已经讲过了如何制作一个完整的动画脚本以及在制作动画脚本中需要注意的事项。这里要补充的是在制作动画脚本的过程中,写脚本的人需要和动画设计师、录音负责人多进行交流、沟通,第一要保证所有的脚本效果动画设计师技术上都可以实现;第二旁白部分要简洁得体,不能有任何语病或者错别字。脚本写好后,需要给需求方和设计师、录音负责人都进行审核,三方都认为脚本没有问题了,方可进入下一个环节。

3．创作原画、录音

当脚本确定好之后,原画师就要根据脚本上的分镜头要求,一个分镜头一个分镜头地去创作,包括分镜头中每个人物、动物的动作帧序列,动态物体的动画帧序列等。原画师在创作的过程中要保证风格的统一,并且要随时保持和动画设计师沟通。在原画师开始创作原画的同时,录音负责人就可以根据动画脚本录制对应的旁白内容,录制的过程中要保证音频的高品质。

4．制作动画

常见的2D动画制作软件有 Flash、ImageReady、Premiere、After Effects、SimpleSVG、Animo、Comicstudio、Toonz 和 US Animation 等。

常见的3D动画制作软件有 Maya、3ds Max 等,国外流行的还有 Softimage|XSI 和 Lightware,后期合成与特效在国内可用的基本上有4个软件:After Effects、Combustion、Shake 和 DFusion。

原画设计师画好分镜头脚本,录音文件也完成后,动画设计师就要根据动画脚本开始制作一个一个的分镜头,然后把音频和字幕同时嵌入到动画中去。在制作过程中,动画设计师需要随时和脚本制作人员、原画师进行沟通交流,保证动画的细节能够表现到位。整个动画基本完成后,就要对动画的特效进行添加,比如每个分镜头的过渡特效,画面中的粒子效果的添加,刮风下雨的音效添加等。

在2D动画制作过程中应该注意以下问题。

(1)要明确动画的舞台大小,也就是动画的尺寸,这个尺寸要根据动画使用的场景而决定。比如要用在PC端还是移动端,动画的尺寸是不一样的。

(2)要明确帧速率(fps)是12还是24,因为帧速率直接决定动画的流畅程度。

(3)音频应该同步为数据流,这样可以保证拖动进度条时不会重音。

(4)将图片导入到动画制作软件中时,要选择无损压缩,允许平滑,这样动画中的图片才不会有锯齿。

(5)动作设计。场景中自然景物要动,画面要丰富一些,比如花草随风飘动、鸟叫的声音等;人物与动物要设计眨眼、说话、挥手、摇头等动作,动作要根据录音掐时间。适当设计一些镜头的移动伸缩,可以让画面动感更强。

(6)动画制作的过程中切记不要跳帧,循环动作需要回到初始状态。不能有穿帮的情况出现。

5．测试修改,最终成片

动画第一版制作好后,需要测试人员进行测试、动画脚本人员进行确认,并提出修改意见,直到整个动画验收通过。

整体流程如图 3-34 所示。

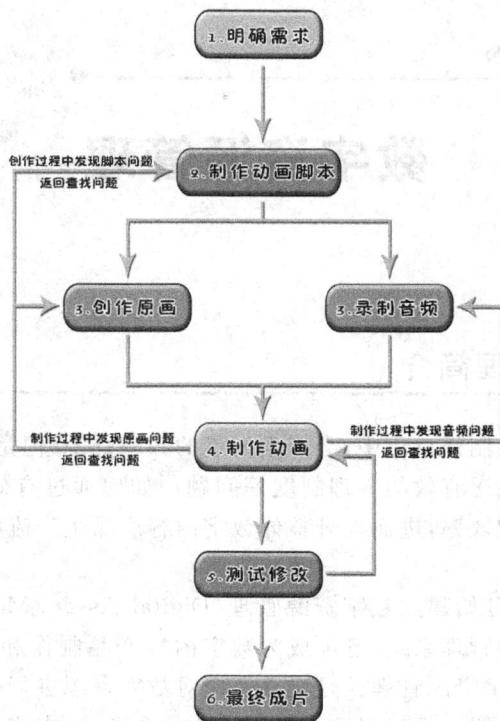

图 3-34　一个完整的动画流程

第4章

数字资源管理

4.1 数字资源管理简介

在进行数字内容产品制作过程中,会产生大量的数字资源,但是这类数字资源存在利用率低、分类标准不规范、缺乏有效的管理制度等问题。如何通过有效的数字资源管理手段,提高资源的使用率和管理效率,进而提升整体数字内容产品生产流程,是一个值得思考和实践的问题。

近年来,国内外已经开始建立数字资源管理(Digital Assets Management,DAM)系统,如何建立成功的数字资源管理系统,已经成为数字内容产品制作和管理过程中不可缺少的一部分了。简单来说,数字资源管理就是建立一个对数字资源进行归档和检索的大数据库,而数字资源就是前面所介绍的任何以数字形式表达的图形、文本或者多媒体文件。

DAM 系统的关键部分是一个可以进行检索和浏览的大数据库,它甚至能存储用来搜索数据库的手段,并能将数字文件转化为不同的文件格式以供用户调用或者下载。

通常情况下要制定数字资源的规范要求、检查要求、档案管理规定、保密管理规定、资源使用规范等一系列资源管理的规定,以保证资源的有效加工使用。

首先要规定电子文档的排版环境,包括计算机操作系统和排版软件版本;规定质量要求,包括正文排版文件和 PDF 文件;制定接收规范,包括文件命名规范、提交文件要求、版本说明文件。目前一个典型的出版单位的数字资源文件通常包括纸书、书版文件、PDF 文件等各种文档格式的文件,通过数字资源的外包加工可以生成 XML 数据库条目、EPUB 文件及适合手机的 MOBI 文件。

4.2 数字内容资源的管理流程

数字内容资源管理流程通常也是资源的数字化加工流程,首先是资源的收集与检查、资源上传入库、资源更新、资源质量抽检、版本及分类与归档、资源备份与交接。

数字内容的加工目的是为数字内容产品的运营服务,为数字产品的策划与制作服务。因技术和人力限制,数字资源的加工有时需进行外包加工,此时更体现出数字资源统一管理的重要性。外包数字资源管理中一般包括筛选加工目录、建立元素描述规范、确定加工要求、加工质量检查和验收、签订数字资源加工合同、签订数字资源保密协议。

各类数字资源、文件格式各不相同,展现形式也不同,那么如何更好地进行管理呢？通常是按照资源的不同类型,采取不同的资源管理方式。

从数字内容资源管理的全流程角度,数字内容资源管理可分为资源采集加工、资源库管理、资源内网展示及应用三大部分,分别从资源的前期采集,到入库后的资源加工管理,再到后期的资源发布应用,各个环节提供完整的数字内容资源管理解决方案。

4.2.1　数字资源的采集

按照数字资源的来源可以分为内容采集和外部采集;按照资源本身的特点可以分为单一资源采集和批量资源采集;按照采集方式可以分为手工采集和自动采集。

1. 内部采集和外部采集

(1) 内部采集,主要针对机构内部零散的资源,由采集人员联系资源所有者,对数字资源的所有情况进行统计,并进行系统化组织,将资源进行收集、整理、分类和预处理,从而完成内部零散资源系统化组织的过程。

(2) 外部采集,一般是为了某个主题的资源建设,进行内容和资源的补充,比如教师为补充课件内容到网上针对性地收集有用的图片或者视频素材。进行外部采集时,需要标注资源的来源、采集时间等。

2. 单一资源采集和批量资源采集

(1) 单一资源采集(图书、期刊、图片、音频、视频)。由采集加工人员建立资源基本元数据信息,并通过采集客户端上传其资源文件,例如图书资源的原始排版文件、插图、封面、相关音频文件等。

(2) 素材资源批量采集。针对图片、音频、视频素材类资源,调用采集客户端实现批量的上传入库。

(3) 结构化加工数据的批量采集。由第三方数据加工公司将历史资料加工为 Docbook XML 及附件的形式,再通过采集入库程序实现结构化 XML 资源包的批量上传、数据标准校验及入库。

(4) 与机构其他业务系统的数据同步。如与 ERP 系统同步资源信息,与第三方系统的集成衔接采用接口方式来实现。一般需要程序开发人员进行代码级别的修改和配置才可完成。

3. 手工采集和自动采集

(1) 手工采集是常用的资源采集方式,由专门工作人员进行。

(2) 自动采集。在需要进行大规模外部资源采集时,往往采用计算机爬虫程序进行自动获取,并由计算机自动进行数字资源的格式处理,直接导入资源管理系统中。采集人员在采集之前需要制定采集规范,如采集文件类型、采集内容字段、采集时间范围、采集对象、存储字段等,并在采集之后对采集结果进行抽检,以保证采集的效果。

如果采集到的资源带有附件,则需要同时进行采集,并进行标记整理,不符合格式要求的附件格式,需要进行格式转换或者直接去除。根据数字资源管理规范,有秩序地将采集到的资源上传至资源管理系统,完成采集的工作。

4.2.2　数字资源的标引

不同类型的数字资源的属性不尽相同,比如视频的属性可能有时间点的概念,图片则不会有时间点的区分，而声音则不会有图片所展示的色彩属性，但是它们有共同的属性，比如名称、制作时间、文件格式、制作者等。因此，为每种类型的资源建立标引规范是很有必要的。

建立标引规范，要确定有哪些需要标引资源的属性，这些属性的表现形式如何。比如资源的名称可能包含文字、字母和数字，也就是文本，而资源的制作时间则是一个精确到某年某月某日的日期，资源的上传时间则是一个精确到某年某月某日几分几秒的时间。

对数字属性的标引，按照属性的表现形式，需要采用不同的输入方式。比如分类可以在固定的几个类型中进行选择；日期可以用日期控件进行选择；名称和作者等文本类型则需要输入；而附件类型则需要上传文件。这些输入方式保证了标引人员能够快速有效地进行资源的属性标引。

在操作过程中，由于采集人员对数字资源的熟悉程度较高，了解详细，所以往往也是由采集人员来担任标引人员。

4.2.3 数字资源的加工

有些数字资源直接上传保存就完成了它的价值，而有些数字资源还需要在网页中进行资源的展示，所以资源需要加工成为可以在线播放的格式。

此外，有些较大的资源可以拆分成不同的子主题，既有利于整个资源体系的展示，也有利于资源的在线播放。对于类似主题的资源，可以截取其中的某一部分组合成为某个新的主题的资源，达到资源的深度加工。这些资源的拆分重组也是数字资源加工的一个方面。文件的拆分组合可以借助于修改文件的编辑器，也可以利用程序员编译好的程序进行批处理。有些资源管理软件自带格式转换的插件，这样可以省去加工人员的资源加工时间。

4.2.4 数字资源的内容管理和发布

数字资源采集加工之后，如果知识静静地被存储在服务器中，没有人知道，那就完全浪费了这些资源的价值，这和资源被采集加工之前的状态没有本质的区别。如果想让资源发挥它的价值，就要给它一个展示的机会。

资源审核与发布是审核管理人员对已采集、标引加工的资源进行人工审核的过程，包括对资源采集，标引加工结果的完整性、准确性、有效性等方面的审核。

审核通过的资源标记为已发布状态，可在机构内网进行发布或供第三方系统调用。审核不通过则回退至采集或标引状态，由采集加工人员修改处理后再次提交审核，如图 4-1所示。

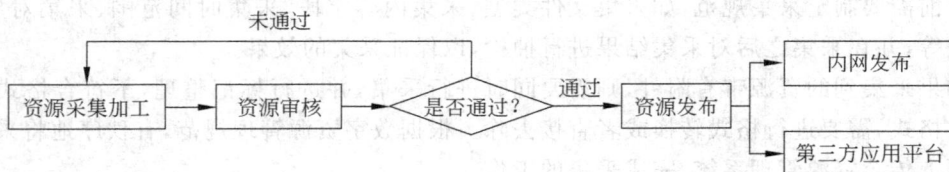

图 4-1 审核流程

整个系统的展示应用部分为机构内部用户提供对内容资源存储平台中多种数据源内容

的多种形式检索和导航；提供按权限进行资源下载；提供资源的统一发布和统一展现；主要侧重于资源信息的发布、提供资源下载服务，以及资源在线阅览功能。

4.3　数字资源管理的作用

1. 提高内部资源的使用效率

（1）通过资源库的建设，实现生产实践过程中各类电子资源和部分互联网资源的统一管理，并集中向内部人员进行资源展示，提高资源的利用率，促进内部的知识交流。

（2）整合内部各种资源，实现各种资源的共享，完成信息的高效交换，避免重复进行类似主题电子资源的建设，提升内部数字资源的建设能力，为数字资源的完善和补充提供有效支撑。

2. 为外部人员查看和利用资源提供方便

将散落的资源有效地组织起来是一个将系部内部无序资源进行有序化的过程，后期通过内网或者外网发布功能，可以将资源有序地展现给内部师生用户或者外部用户。这个过程也是将隐性知识显性化展示的过程，可以最大限度地发挥零散资源的价值，而不是被埋没和遗忘。

3. 提升自身信息化管理水平

资源库的建立无疑也是提高自身数字化教学水平的一个重要方式。建立统一的资源管理中心，逐步并系统地进行数字化整合，构建数字内容加工与管理的智能化信息系统，提高自身竞争力。

4.4　数字资源管理系统介绍

数字资源管理系统通常也称为资源库，它是一个集数字资料、电子图书、电子音像等多位一体管理的网络应用软件，是数字信息资源共享服务中心。以学校为例，数字资源管理系统是架构校园实验室信息开放共享的核心框架，实现实验电子教材资料、电子图书及多媒体资源的阅读与管理，是信息发布和资源共享的互动平台。

4.4.1　管理系统的功能

一般的数字资源管理系统可以实现数字资源的采集、管理和发布功能，可分为系统管理和用户管理等。

1. 数字资源采集加工功能

数字资源的采集以线上线下相结合的方式为主，通过部门或机构制定相应的数据资源管理政策，在固定周期内数字资源所有者将自己的资源集中上交给采集人员。由采集人员对资源进行清洗、整理、分类、保存和上传到数字资源管理系统中。

在上传文件过程中，对数字资源的基本属性进行标引，以保证资源后期加工处理的方便性。为方便资源采集，一般提供可批量导入各种数字资源的功能。

数字资源的加工包含资源的深度标引、知识体系构建和文件拆分、子文件内容标引等。

数字资源上传到资源管理系统后，所有的资源组成数字资源库。在资源库的基础上，可以通过资源的发布功能,为用户提供一个面向知识管理、知识检索、知识学习、知识传播的数字化共享、学习和教育的资源中心。资源发布到内网或者外网,外部用户可以搜索特定类型的资源,按照导航进行资源浏览,进行资源的在线浏览和下载。

2. 系统管理和用户管理功能

为支撑数字资源管理系统的正常运行,通常系统需要具备以下功能。

(1) 数字资源(电子图书、声音资源、视频资源、软件资源)分类、增加、修改、删除、推荐以及用户阅读权限的分配管理,实现企业、学校内部数字资源的共享和开放,实现知识的共享和传承。

(2) 自定义资源功能:设置数字资源和资料的类别,便于分级分权管理。

(3) 权限设置功能:通过定义用户权限、功能权限、用户组权限等快速完成权限的定制。

(4) 用户中心功能:系统中每个用户都可以收藏自己喜欢的数字资源。

(5) 资源在线阅览功能:管理系统有客户端和网页端两种方式,客户端的用户可以使用内嵌的浏览器,进行各种格式的资源阅览;网页端的资源管理系统,可内嵌部分格式类型的资源浏览器,进行部分格式的资源阅览。

(6) 多账号并发阅览:传统的纸质资料只供一人阅读,无法满足多人同时阅读。电子图书则摆脱了这种限制,一份电子资源可供多人同时在线浏览,真正实现了资源开放共享。

4.4.2　数字资源管理系统的整合优化

采用数字出版全流程业务系统辅助资源的加工和管理,可以将数字资源管理系统的功能发挥到最大效用。此项的核心内容是对存量资源数字化加工及新增资源同步数字化,用以实现数字内容资源的汇聚与可控,支持对存量及新增资源进行数字化转化、标注和结构化加工,可实现纸质出版产品与数字出版产品的同步生产。数字内容经标引加工后,可以生成满足跨平台、多终端、多渠道发布格式要求的数字出版物,实现出版企业对资源的可控性。

这种做法的特点是在设计、建设出版机构的整体应用软件和网络平台的同时,实现让所有的软件系统具备标准化和开放性,能支持出版社选择任何其他更加适用的、遵循开放和标准的其他第三方软件,保证今后任何同样标准的、开放的软件系统能与已建立的系统无缝对接。

此类系统通常包括数字化加工软件、内容资源管理系统、产品发布平台、版权资产管理系统。此类系统可以独立运行或配合使用,可以结合资源管理系统进行整个业务流程的管理及加工审核统计,同时碎片化后的数据需要导入并存储到资源管理系统,才能实现资源的有效管理。

当系统建设完成后,数字资源可以开展网络化应用,将读者从传统的固定地点、固定模式中解放出来,使读者随时随地通过互联网形式进行学习。可根据服务对象不同,分为 2B 服务(对机构用户服务)和 2C 服务(对个人用户服务)。建成 B2B 服务模式,以镜像服务模式为学校、公共图书馆、科研单位等机构提供服务。通过电子商务环节建成 B2C 电子书服务模式,适应公众读者网络化阅读的需要。

4.4.3　数字资源管理系统建设的步骤

图 4-2 所示为数字资源管理体系建设的步骤。

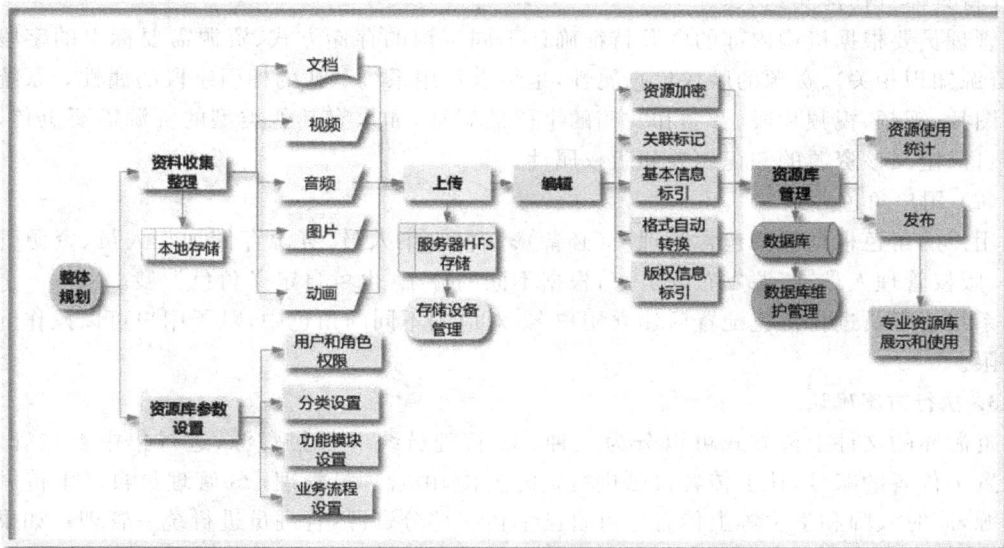

图 4-2　数字资源管理系统建设步骤

1. 管理员进行资源管理的整体规划

进行资源管理系统的建设,首先要根据系统的使用需求进行规划。总体来说,资源系统展示的是机构自有的各类资源,系统会有一个默认的按照资源格式进行的分类,在此基础上,机构可以按照不同的主题进行资源的展示,可以按照不同子机构所自有的资源类型进行分类,也可以按照不同的主题进行资源的分类,比如各实训资源库,还可以按照学科带头人负责的课题组进行分类。可以按照图 4-3 的分类方式对资源库中的资源进行分类,确认分类体系。

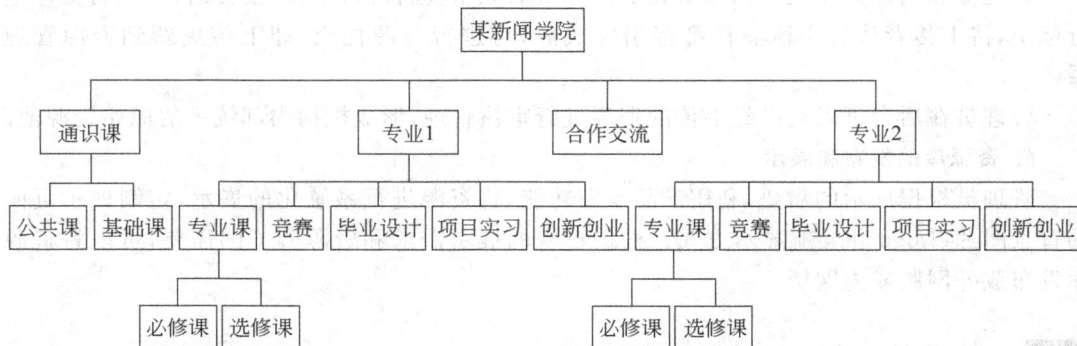

图 4-3　某新闻学院的资源管理的整体规划

2. 资源管理功能和参数设置

整体规划确认后,根据管理系统功能确认执行方案,确定管理系统整体功能架构和用户角色分工。

（1）管理系统功能架构

管理员根据整体规划设定业务流程，比如资源采集、编辑、标引、发布、关联、审核等操作，并将具体责任落实到人。

管理员要根据机构内部的资源特征确认不同资源的存储方式、资源需要标引的字段属性（资源知识相关）、资源的版权信息属性，也可以采用系统默认的标引字段的属性。系统中含有图片、视频、视频片段、音频和文档的字段的属性，如果有其他类型的资源需要上传，则需要自己定义该资源的知识属性和版权属性。

（2）用户角色分工

用户的角色根据需要包含管理员（必备）、资料收集人员、资源存储加工人员、资源管理人员、版权管理人员、资源发布人员等，根据不同的分工，也可自定义角色类型。

系统管理员进行角色配置后建立用户名，对应到不同的角色中，赋予用户可以操作的功能权限。

3. 执行方案确认

资源库的文件上传方式可以分为三种：①管理员统一收集资源，进行集中上传管理；②设置上传者的账号，让上传者自己进行资源上传，由管理员管理；③管理员自己上传一部分资源，同时教师和学生等上传者也可自己上传一部分资源，管理员进行统一管理。如果采用后两种方式，需要事先内外部相关部门人员之间沟通好，分配好账号和权限。

4. 收集原始文件阶段

（1）管理员与内外部相关部门人员进行沟通，包括但不限于利用通知、会议、培训等进行资源收集动员和上传宣讲工作，鼓励内外部相关部门人员公开自己的资源。

（2）根据工作人员的反馈，预估上传资源的量，准备相应容量的数据存储设备，用来存储收集到的资源。

（3）在数据收集过程中，需注意和内外部相关部门人员确认收集资源的明细，并按照一定的分类规则对原始文件进行分类存储。

5. 原始文件上传和资源管理阶段

管理员和内外部相关部门人员在资源库中对原始资料进行上传，上传后，可以对资源进行标引，待上传者认为字段属性都标引完成后，可进行资源提交，即上传更新到资源管理系统。

管理员在后台可以对已经上传的资源进行审核管理，形成机构内部统一的原始资源池。

6. 资源库的发布和展示

管理员根据展示的需要，利用产品发布功能，将资源进行系统化的展示，定制展示页面的背景图片、Logo 和导航显示方式。根据自身的展示需求和资源阅览的需要，可以将资源库发布成外网版或内网版。

4.5　数字资源管理系统实例演示

下面以方正高校院系校本资源库为例，对数字资源管理系统的各个功能进行演示和说明。

4.5.1　系统介绍

方正高校院系校本资源系统是基于方正智汇知识服务系统 V3.1 系统改造的产品,能够满足院校和系部在资源管理和资源展示方面的需求。主要包含资源采集、标引加工、审核发布和资源库管理几大模块的功能。

1. 系统特点

优化资源管理系统各资源库功能和交互逻辑,提升多媒体资源、知识资源的加工与管理能力,以适应多媒体及知识服务的应用需求。

系统对资源的加工标引进行流程管理,一般分为采集、标引、审核、发布四个流程节点,支持流程权限控制,保证资源加工结果的最终正确性和资源的安全访问控制。

可自定义资源的属性字段及资源的知识标引体系,可自定义资源的标引字段、检索字段、列表字段和显示字段。

基于用户中心的 UI 界面设计,兼容主流浏览器,提高产品易用性和使用体验。

2. 资源特征

系统主要针对校本资源库的特色进行定制开发,比如院系保存的历史电子资源、在实际教学过程中产生的资源和购买的数字资源等。

系统能够按照资源的类型支持以下类型资源的管理。

(1) 图片

图片格式的文件主要来源于学院在教学、竞赛、学术科研、项目合作和活动等过程中有关的图片文件,这些文件的格式可以包括 jpg、jpeg、jpe、jfif、jp2、j2k、jpc、j2c、tif、tiff、gif、png、bmp、eps、dcs、tga、pcx、pcc、pcd、ai、psd、pdd、ps、odfx 和 ftpx 等,其中系统可实现 jpg、jpeg、jpe、jfif、eps、tif、gif、png、bmp、psd、pdf、tga、pcx 和 pcd 的在线预览,支持所有格式文件的下载。

其中同一个主题下的多个图片可以组成一个组图。组图具有自己的属性特征,标引人员可以对组图进行标引,加工人员可以添加或者减少组图的组成图片。

(2) 视频

视频格式的文件主要来自学院在教学、竞赛、学术科研、项目合作和活动等过程中有关的视频文件,这些文件的格式可以包括 avi、vob、dat、asx、mpg、wmv、flv、mp4 等,其中系统可以实现全部这些格式视频的在线播放,并支持这些类型视频的在线加工,支持所有格式文件的下载。

视频加工过程中可以选取特定时间段的视频片段,对视频片段的内容进行标引,系统会自动将视频片段保存为一个新的视频文件,并建立与主视频之间的关联。当用户查看主视频时,会看到相关的视频片段信息,而查看视频片段时,也会看到主视频的信息。

(3) 音频

音频格式的文件主要来自学院在教学、竞赛、学术研讨、项目合作和活动等过程中有关的音频文件,这些文件的格式可以包括 mp3、wma、3gp、aiff、wav 和 au 等,其中系统可以实现 mp3、wav、3gp、aiff、wma 格式音频的在线播放,支持所有格式文件的下载。

(4) 动画

动画格式的文件主要来自学院在教学、竞赛和活动等过程中有关的动画文件,这些文件的格式可以包括 flv、swf、fla 和 rar 等,系统可以实现 flv 和 swf 格式文件的在线播放,可以对 flv 格式的动画进行编辑加工,支持所有格式文件的下载。

动画加工过程中,可以选取特定时间段的动画片段,对动画片段的内容进行标引,系统会自动将动画片段保存为一个新的动画文件,并建立与主动画之间的关联。当用户查看主动画时,会看到相关的动画片段信息,而查看动画片段时,也会看到主动画的信息。

(5)活动信息

活动信息主要指学校内部和外部活动产生的相关信息。活动信息的采集支持直接编辑,复制文本进行粘贴,在编辑时可以上传图片和表格,可关联相关的活动视频和音频,进行活动的多方位展示。系统支持上传 xml 格式的文件,上传 xml 格式的文件时,需要有固定的格式要求,如图 4-4 所示。

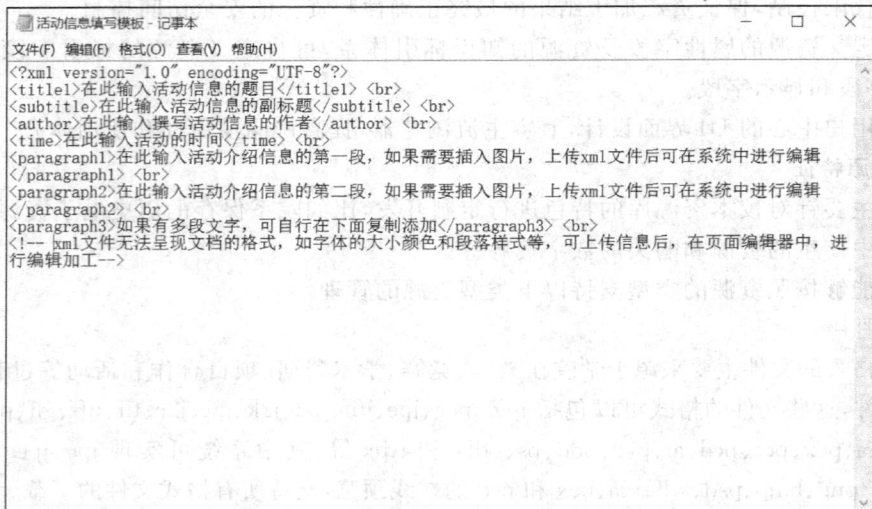

图 4-4　xml 格式的源文件

按此格式文件上传后可实现的效果如图 4-5 所示。

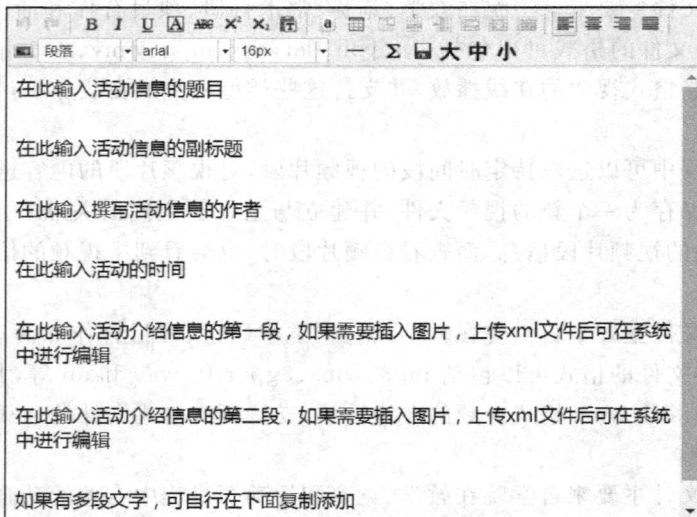

图 4-5　xml 格式的文件显示的效果

在文档编辑器中可以对上传的 xml 格式的文件进行格式和内容的调整,后期在标引过程中可以再次对内容进行编辑修改。

(6) 电子文档

电子文档格式的文件主要来自学院在教学、竞赛、学术研讨和项目合作等过程中有关的文档,这些文件的格式可以包括 doc、docx、txt、ppt、pptx、xls、xlsx、pdf、wps 和 xml 等。系统能够实现 doc、docx、txt、pdf 和 xml 的在线阅览,并可对 xml 格式的文件进行编辑,支持所有格式文件的下载。

(7) 电子书

电子书格式的文件主要来自学生和教师在教学、实践和竞赛以及对外合作等过程中产生的电子书,这些电子书的格式可以包括 epub、dpub、mobi 和 chm 等。目前,暂不提供电子书格式文件的预览功能,但是可以下载后观看。

(8) 网页作品

网页格式类的文件主要来自学生和教师在网页设计和制作教学、实践和竞赛以及对外合作等过程中产生的网页作品。这些网页的格式可以包括 html、css、js、jsp、php 和 rar 等,可以是单个的网页文件,也可以是一个网站的整个文件夹,整个文件夹上传时需压缩到一个 rar 压缩包文件中。

目前,暂不提供网页的预览功能,但是系统能够获得网页中的文字内容,用户可以下载后观看。

(9) 设计原型

设计原型类的文件主要来自学生和教师在网页设计教学、实践和竞赛以及对外合作等过程中产生的过程文件。这些原型的格式可以包括 html、jpg、psd、rp、sketch、mp 和 rar 等,可以是一个设计图片、一个低保真的 rp 或者 sketch 文件、单个的网页展示文件,也可以是一个高保真网站原型的整个文件夹,整个文件夹上传时需压缩到一个 rar 文件压缩包中。

目前,系统能够提供图片类原型的展示功能,暂不提供其他类原型文件的预览功能,但是系统能够获得单个网页原型中的文字内容,全部资源用户都可以下载后观看。

(10) 毕业设计

毕业设计主要是学生毕业时进行毕业设计所产生的各类成果。其中开题报告和毕业论文可以是 doc、pdf、docx 和 wps 中的任何一种文件格式,而毕业设计可以是一个视频、一系列图片、一部电子书,或者是一个网站。

学生毕业设计的管理以学生毕业设计主题为中心进行资源的组织,采集人员需要对毕业设计主题进行新建标引,然后利用文件管理功能对毕业设计相关的作品进行集中上传。这样,一个以毕业设计为主题的各类资源的组合就形成了。

毕业设计的封面可以采用毕业设计作品作为封面,也可以采用毕业生本人的头像,在毕业成果库进行展示时比较有纪念意义。

(11) 项目实习作品

项目实习是学生实习或者是进行对外合作项目时所产生的各类成果。成果的类型非常多样,可以是一个视频、一系列图片、一部电子书,或者是一个网站。项目实习作品库是学生实践操作能力的一个集中展示。

学生项目实习作品的管理以实习项目或者对外合作项目为主题进行资源的组织,采集人员需要对项目主题进行新建标引,然后利用文件管理功能把与项目相关的所有成果集中上传。项目实习作品的封面可以采用项目实习成果的封面,或者是学生自行设计的封面。这样,一个以特定实习主题或者是合作项目主题为中心的各类资源的组合就组成了一个项目实习作品。

(12) 创新创业作品

创新创业作品是学生在进行学校内部创新项目或者进行自我创业时所产生的各类成果。成果的类型非常多样,可以是一个视频、一系列图片、一部电子书,或者是一个网站。创新创业作品库是学生综合创新以及组织领导能力的一个集中展示。

学生创新创业作品的管理以创新项目或者创业项目为主题进行资源的组织,采集人员需要对项目主题进行新建标引,然后利用文件管理功能把与项目相关的所有的成果进行上传。创新创业作品的封面可以采用项目成果的封面,或者是学生自行设计的封面。这样,一个以特色创新主题或者学生自主创业主题为中心的各类资源的组合就组成了一个创新创业作品。

3. 自定义资源库

除了上面介绍的 12 种文件外,系统还支持自定义文件类型,如学校需要某个大赛的专门文件类别时,可设置这个大赛的专门文件类型,并在此基础上进行资源采集、加工和管理等。

在进行自定义资源库时,需系统设计人员规划设计该类资源的属性,表现为不同的字段名称,进而需要确定字段的类型及资源的展示方式,初步完成资源库的设计工作。

资源库的建设工作通常需要在软件服务工程师的辅助下进行,如果系统管理员有较高的计算机和数据库素养,那么系统管理员也可以自己完成自定义资源库的建设。

在资源库建设完成后,需要及时与管理人员确认效果,进行微调,以保证最佳的使用效果和展现方式。

4.5.2 资源的采集

资源采集是将各类校本资源上传入库的过程,参与角色是采集加工人员。资源采集包括以下两种方式。

(1) 单一资源采集(新建文件)。由采集加工人员建立资源基本元数据信息,并通过采集客户端上传其资源文件,例如图片、音视频、电子文档、混合文档等。采集加工人员直接通过浏览器上传资源文件。

(2) 素材资源批量采集(批量上传)。针对图片、音频、视频等素材类资源,调用采集客户端实现批量的上传入库。

资源采集工具的特点如下。

(1) 采用 FTP 上传。

(2) 采用类似 Windows 资源管理器操作界面,有良好的易用性。

采集人员登录院系校本资源库系统,选择"资源管理"下的资源管理子模块,进入资源列表页。

一般有新建和批量上传两种资源的采集方式,如图 4-6 所示。

图 4-6　上传资源

1. 通过新建进行单个资源上传采集

单击"新建"按钮,进入"新建"对话框,此时可以看到资源上传页面,如图 4-7 所示。

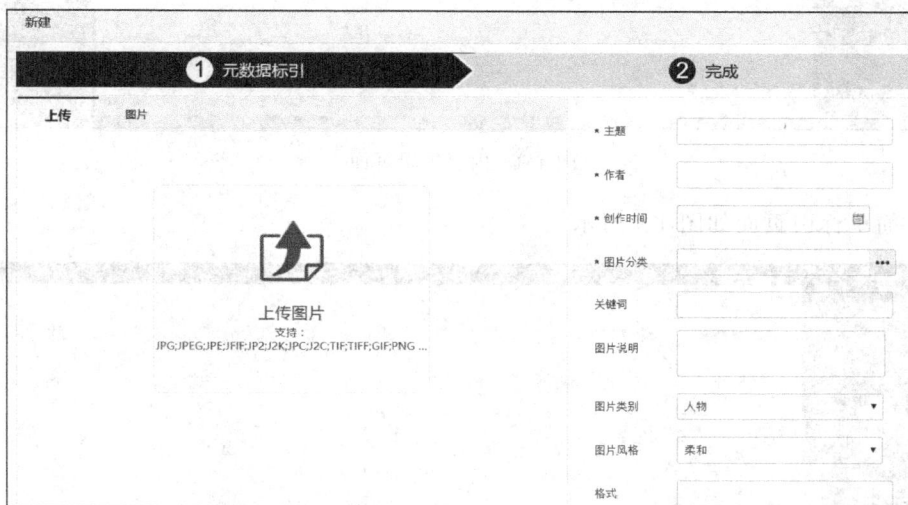

图 4-7　新建页面

（1）单击左侧上传文件区域,在弹出的资源管理器页面中选择需要上传的资源,上传完毕,该页面会显示所上传的部分格式的文件,如图片、文本、音视频、动画等,电子书、网页原型等无法预览的格式会显示已经上传成功。

（2）多次上传资源文件,后面的资源文件会覆盖前面的资源文件。

（3）采集人员可对资源文件进行简单的元数据标记,如标题、作者、创建时间、大小等。名称默认为上传文件的名称。

（4）单击"保存"按钮,将资源文件和文件信息保存到服务器,完成资源的采集。

2. 通过新建文件对单个资源编辑进行采集

这里存在两种情况,一种是直接对资源内容进行编辑,还有一种是先对资源进行简单的标引后,补充相关附件内容。

（1）内容编辑页面,如图 4-8 所示。

① 填写采集资源的全部内容。

② 对资源文件的属性进行简单的元数据标记,如标题、作者、创建时间和大小等。

③ 单击"保存"按钮,将资源文件和文件信息保存到服务器。

④ 单击"下一步"按钮,提示成功,单击"确定"按钮或者关闭当前弹出窗口,可完成资源的采集。

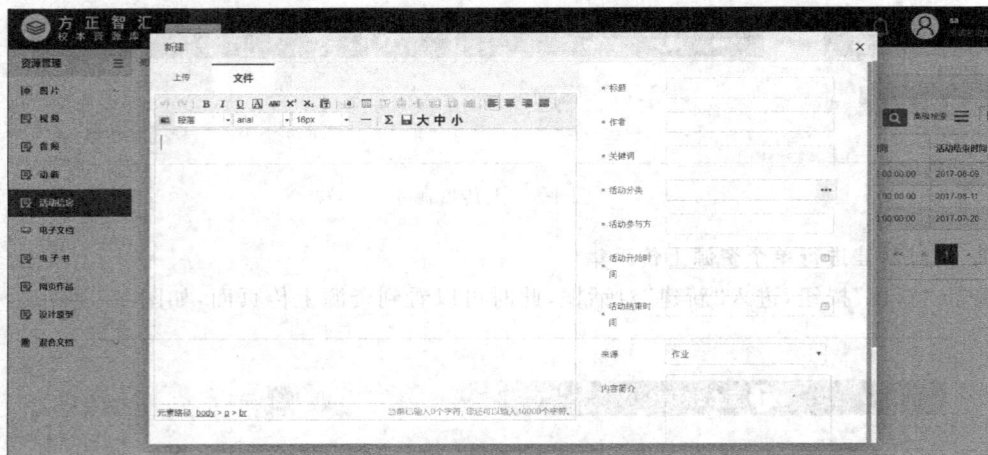

图 4-8　内容编辑页面

（2）简单标引页面如图 4-9 所示。

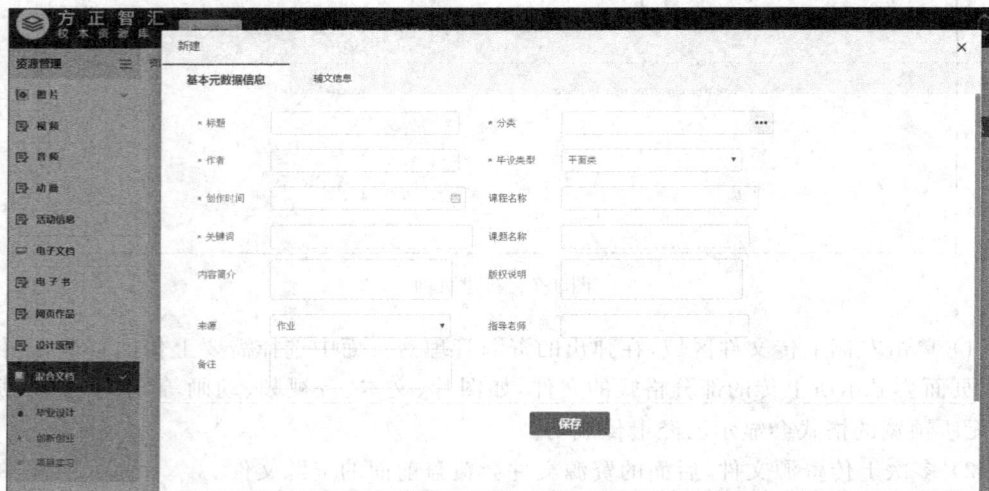

图 4-9　简单标引页面

① 对资源文件的属性进行简单的元数据标记，如标题、作者、创建时间、大小等。

② 对资源的辅文信息进行编辑。

③ 单击"保存"按钮，将资源文件和文件信息保存到服务器。

④ 单击"下一步"按钮，提示成功，单击"确定"按钮或者关闭当前弹出窗口，可完成资源的采集。

3. 批量上传多个资源文件

批量上传多个资源文件时需要用到批量上传功能。单击"批量上传"按钮，进入"批量上传"页面，如图 4-10 所示。

（1）在批量上传页面单击右侧采集分类树中的分类节点，选择需要上传的分类名称，上面显示可以上传的文件格式名称。

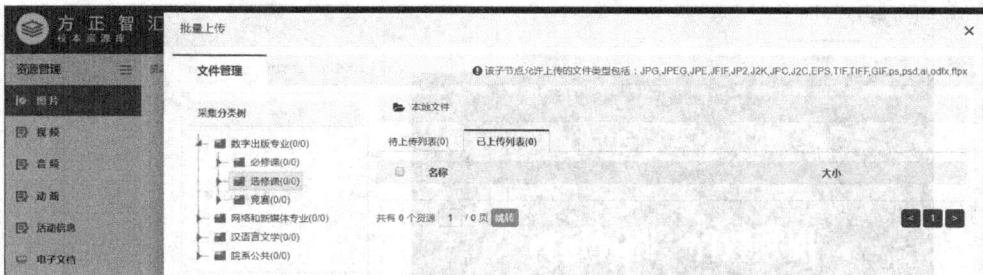

图 4-10　批量上传页面

（2）单击"本地文件"按钮，在弹出的资源管理器页面选择一个或者多个文件进行上传。

（3）选择文件后，在"待上传列表"中选择文件进行上传，如果上传失败，可单击进行重复上传。

（4）如果选择错了文件，可单击"删除"按钮，删除上传的文件。

（5）也可选择多个文件，进行批量上传或者删除。

4.5.3　资源的标引加工

资源标引是加工人员对资源库中的各种成品资源、素材资源以及碎片化资源的标引与标注。在资源采集过程中有部分的标引已完成，因此往往资源采集人员和加工人员会合并为资源采集加工人员的角色。

对于资源的元数据信息标引，不同资源具备不同的元数据字段。系统管理员可在后台管理中对字段进行自定义扩展。

1. 单个文件标引

采集人员登录院系校本资源库系统，选择"资源管理"下的资源管理子模块，进入资源列表页面，如图 4-11 所示。

图 4-11　资源列表页面

在资源文件列表中选中需编辑的资源文件，单击"标引"按钮，选择"元数据标引"选项，进入文件标引页面，如图 4-12 所示。

填写名称和各类属性对应的值，单击"保存"按钮，该资源文件进入资源库。

2. 资源文件的批量标引

选择"资源管理"下的"资源文件管理"，进入资源列表页面，如图 4-11 所示。

选择同一个状态下的多个资源文件，可进行批量标引。如果选择的文件在不同的状态，

图 4-12　文件标引页面

则无法进行批量标引。

　　单击"批量标引"按钮,选择"元数据标引"选项,进入批量标引页面,进行元数据标引,如图 4-13 所示。

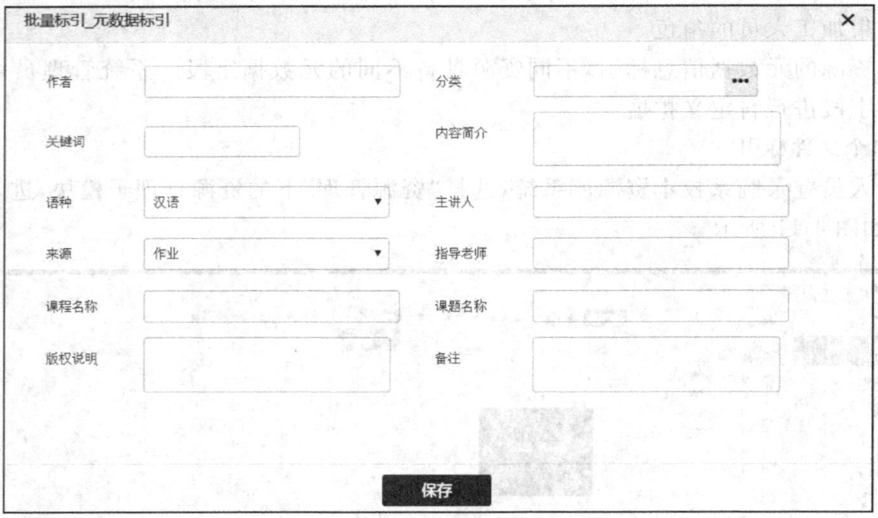

图 4-13　批量标引页面

　　在批量标引页面进行各类属性对应的值的填写,单击"保存"按钮,相关信息更新到资源库中。

　　3. 视频和动画资源的加工

　　校本资源库提供对视频动画资源的片段截取和加工,可以选取某个时间段的视频或者动画,进行相关属性的标记,从而保存为小的视频片段或者动画片段。

　　单击"资源管理"中的"资源文件",进入资源文件资源列表页,选中需要加工的视频或者动画资源文件，单击"视频加工"按钮，系统弹出加工页面，如图 4-14 所示。

图 4-14　视频加工页面

加工步骤如下。

（1）单击文件进度条，进度条中自动标识所获取的节点。

（2）单击"获取"按钮，系统获取两个节点间的片段。

（3）对每个资源片段单击"编辑"按钮，编辑片段名称、作者、描述等信息。

（4）单击"保存"按钮，经过加工的资源文件片段进入资源库。

4. 活动信息资源的加工

对于活动信息可进行二次加工，在资源的浏览页面单击"编辑"按钮，可对活动信息进行修改和保存，如图 4-15 所示。

4.5.4　资源的审核

资源审核是审核管理人员对已采集、标引加工的资源进行人工审核的过程，包括对资源采集、标引加工结果的完整性、准确性、有效性等方面的审核。采集人员和加工人员对资源进行标引加工完毕，提交资源后，审核人员可对标引完毕的资源文件进行审核。审核通过的资源标记为已发布状态，可在院系内网发布。审核不通过则回退至采集或标引状态，由采集加工人员修改处理后再次提交审核。

进行审核时，可单击文件名称进行文件和标引信息的预览，也可双击缩略图，进入图 4-16 所示预览页面。

（1）审核通过，可单击"发布"按钮，资源文件发布到内部资源库。

（2）审核不通过，可单击"回退"按钮，图片退回给图片标引加工人员进行重新标引

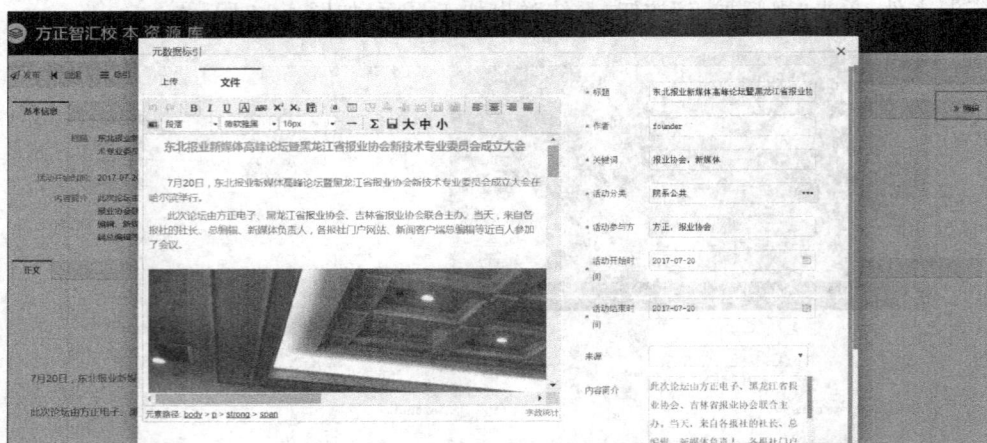

图 4-15　活动资源加工

图 4-16　审核预览页面

加工。

（3）审核不通过，也可审核员自己对标引信息进行修改，可单击"标引"按钮，对图片标引的信息进行修改，修改完毕保存后，单击"发布"按钮，则图片会被发布到网站上。

4.5.5　资源发布

资源内网发布是在采集、加工之后为资源的发布应用提供服务，提供将资源制作为产品并发布的功能。

在内网发布平台可提供资源的一键跨库检索、分类检索、高级检索；提供关联资源的关联展示，以某一资源为入口可以浏览关联到该资源的所有图片、多媒体等相关资源；提供对多媒体文件的在线试看、试听等功能。

总库管理用于对专业数据库前台显示内容的管理配置，主要包括对前台导航设置和字段设置。通过该部分设置，可实现对子库前台页面的导航方式、检索结果聚合方式、排序方式、检索字段、显示字段等内容进行设置。

1. 前台导航配置

进入专业数据库后台管理系统,单击"发布平台"→"发布平台管理"→"发布平台配置"选项,选择"导航配置"选项,进入对该数据库前台导航数据内容的查看页面,如图 4-17 所示。

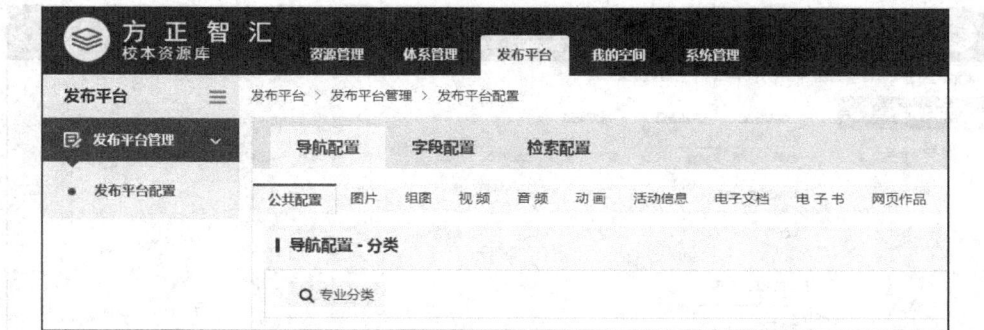

图 4-17　资源导航配置

需要添加分类导航时,单击"体系管理"→"分类类型管理"→"公共配置"选项,在某一分类的管理页面,选择"是否支持通用分类"选项,如图 4-18 所示。

图 4-18　分类导航配置

该分类即可在前端页面展示,如图 4-19 所示。

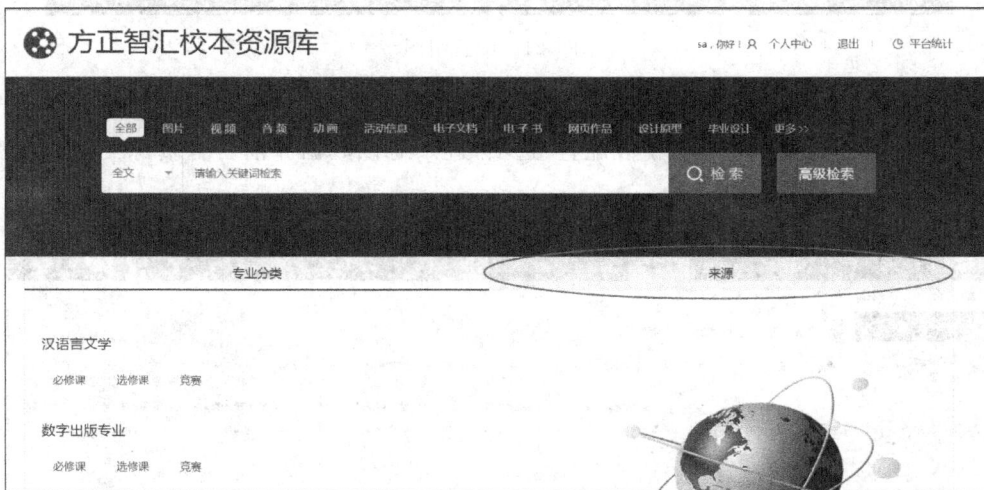

图 4-19　通用分类展示

选择"不支持通用分类",则该分类不会在前端页面展示。

2. 检索类型设置

分别单击"图片""视频""音频""电子文档""毕业设计"等选项卡,用于配置前台数据库搜索框上方可被检索的资源类型,如图 4-20 所示。

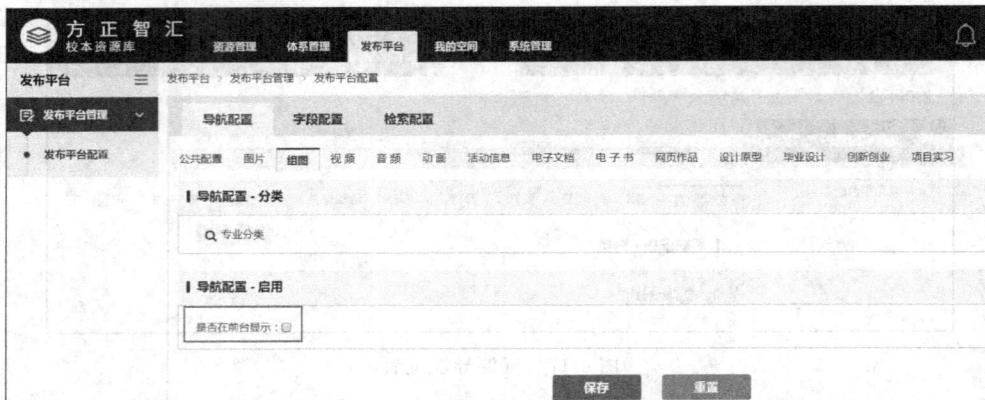

图 4-20　检索类型设置

如不想让组图的检索在前台显示,就取消选中"是否在前台显示"复选框,则前台的资源搜索框中不会出现组图的搜索选择项,如图 4-21 所示。

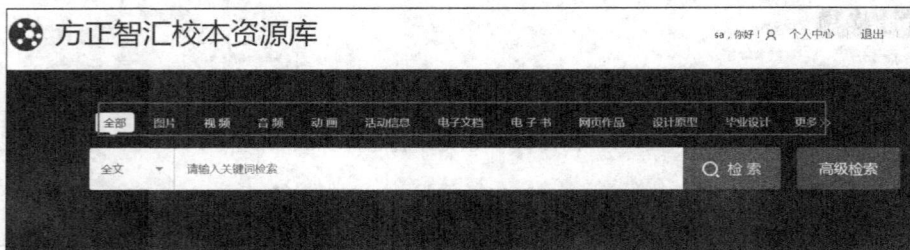

图 4-21　配置组图

3. 前台字段显示配置

在"前台配置管理"中单击"字段配置"选项,进入对该数据库前台各资源类型显示字段的配置页面,如图 4-22 所示。

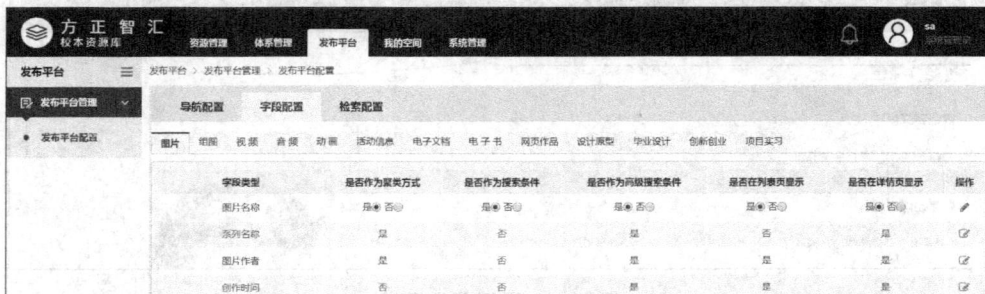

图 4-22　前台字段显示配置

字段配置用于设置对于各种资源类型,其属性字段是否作为聚类方式、是否作为检索条件、是否作为高级检索条件、是否在列表页显示和是否在详情页显示,如图 4-23～图 4-27 所示。

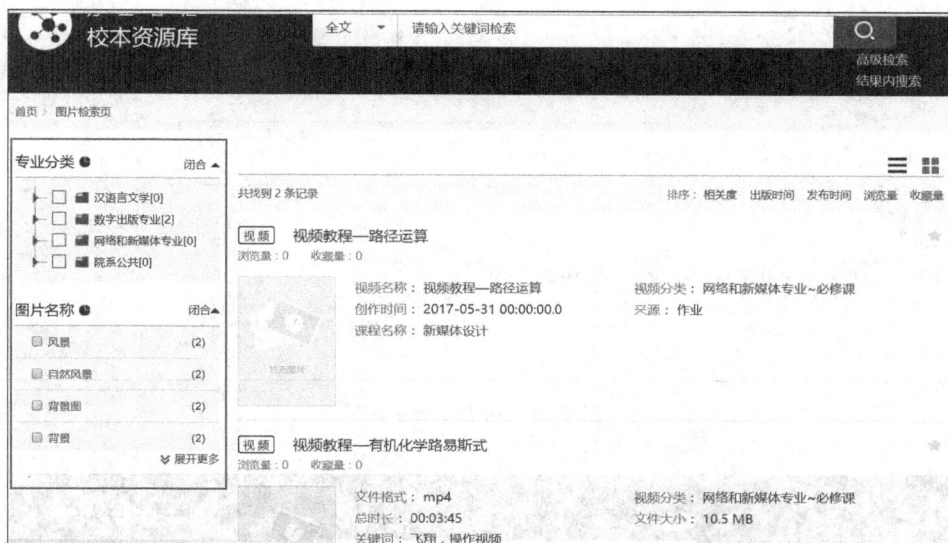

图 4-23 作为聚类方式

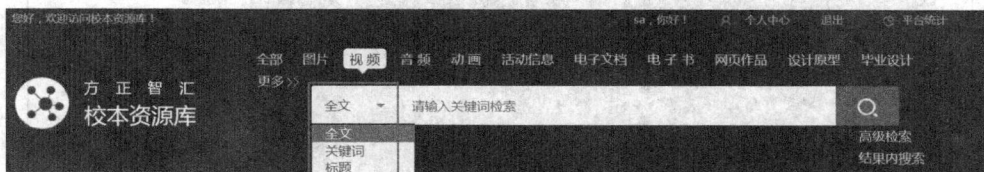

图 4-24 作为检索条件

图 4-25 作为高级检索的条件

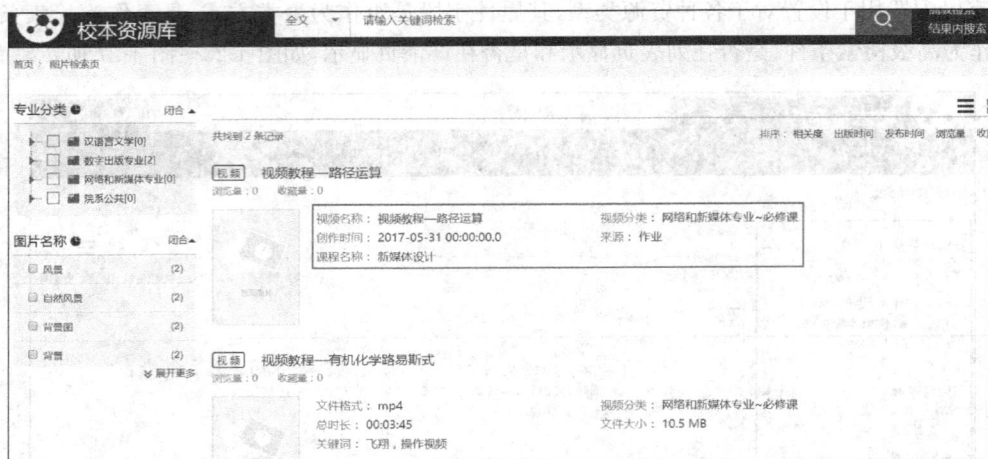

图 4-26　列表页展示图

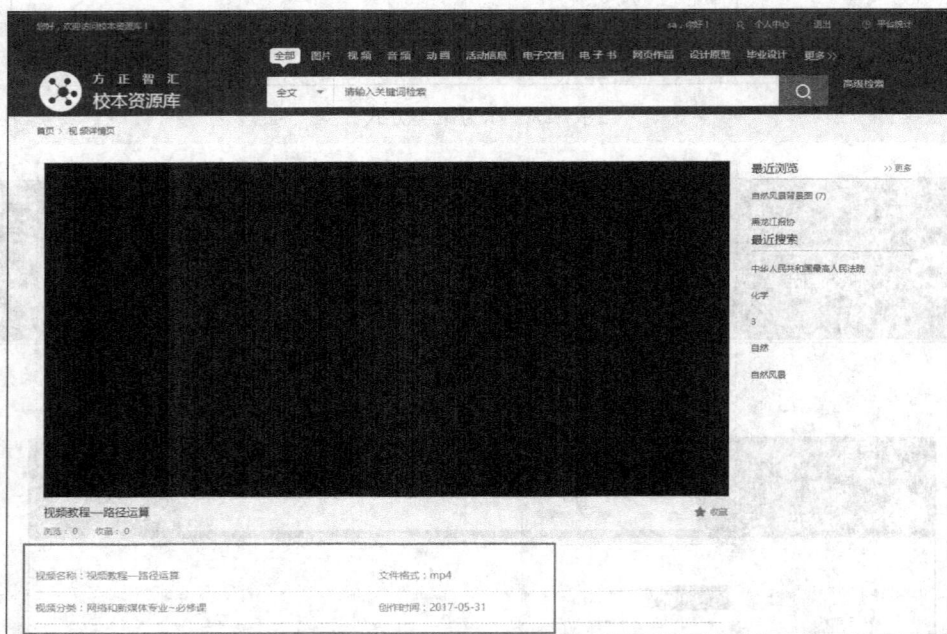

图 4-27　详情页展示图

4.5.6　分类管理

分类管理用于分类类型下分类树的详细编辑。选择"体系管理"→"分类管理"选项,进入分类管理页面,如图 4-28 所示。

单击左侧分类树某分类类型小三角,展开该分类类型的分类树。单击某分类节点,可查看该分类节点详情。

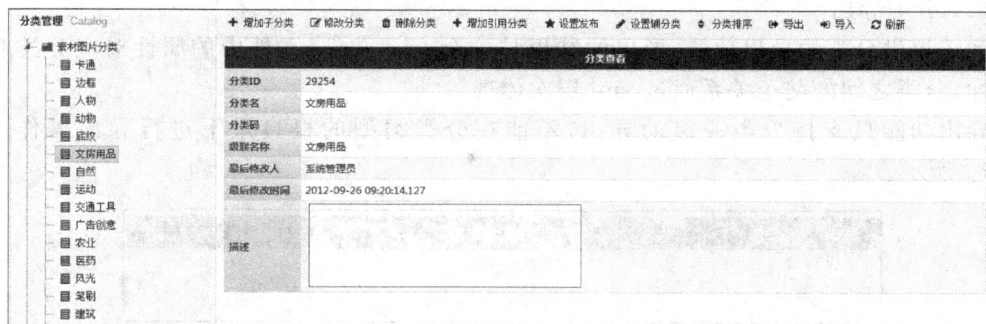

图 4-28　分类管理页面

1. 修改分类

单击上方"修改分类"按钮，页面刷新为修改分类页面，用户可以编辑修改分类名称和分类描述，单击"确定"按钮，保存修改结果，如图 4-29 所示。

图 4-29　分类编辑

2. 导入、导出

（1）分类导入

可以将定义好的 xml 分类数据文件导入系统中。选中分类节点，单击"分类导入"选项，如图 4-30 所示，进入分类导入页面。

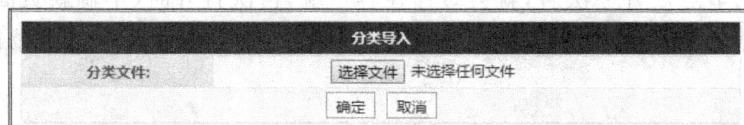

图 4-30　分类导入页面

选择导入的本地 xml 文件，单击"确定"按钮上传保存。保存时，分类的上下级关系根据 xml 文件的结构层次决定。

说明：导入分类的父分类为选中的分类。导入时文件的扩展名必须是 xml，格式必须正确，否则无法导入。

（2）分类导出

系统提供分类的导出功能,导出的结果是一个 xml 文件,文件中的属性对应分类对象的属性,分类之间的父子关系通过 xml 层次体现。

导出功能只支持分类一级的导出,不能在分类类型的根目录下进行导出操作。如图 4-31 所示。

图 4-31　分类导出页面

导出时选择"是否包含子孙节点"时,导出所有的子孙分类,否则只导出本身。单击"确定"按钮分类导出,分类导出后提示用户下载保存分类文件。

3. 排序

分类排序和分类类型的排序相同,分类排序是对同一父分类下的子分类进行的排序。排序完成后会同步刷新左侧的父分类节点,如图 4-32 所示。

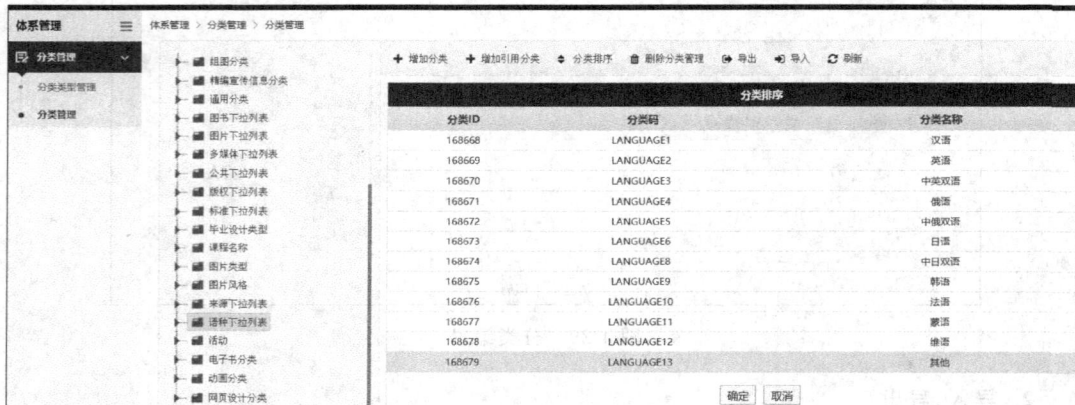

图 4-32　分类排序页面

4. 刷新

分类树上的节点展开一次后,就会缓存在客户端,再次打开时(不刷新页面的情况下)使用的是缓存数据,刷新可以从服务器取得最新的数据,比如其他人的增加或修改都可能导致分类的变化。

4.5.7　系统管理

系统管理用于管理可登录专业数据库后台的机构和管理员用户,并对所做修改刷新缓存,使修改生效。单击页面的"系统管理"选项卡进入该功能模块。

1. 机构管理

机构管理用于管理可登录后台管理系统的机构,这里的机构也可以理解为部门、小组等。一个机构的可操作字段包括机构名称、机构代码和机构类型。

一个机构含有多个用户,所以在添加用户前,需要有其所属的机构,如果没有,则需要先新建机构。机构管理包括添加、删除和修改机构。

选择左侧"用户管理"菜单进入用户管理页面,左侧为对应的机构和用户树,右侧为操作菜单栏及操作面板区,如图 4-33 所示。

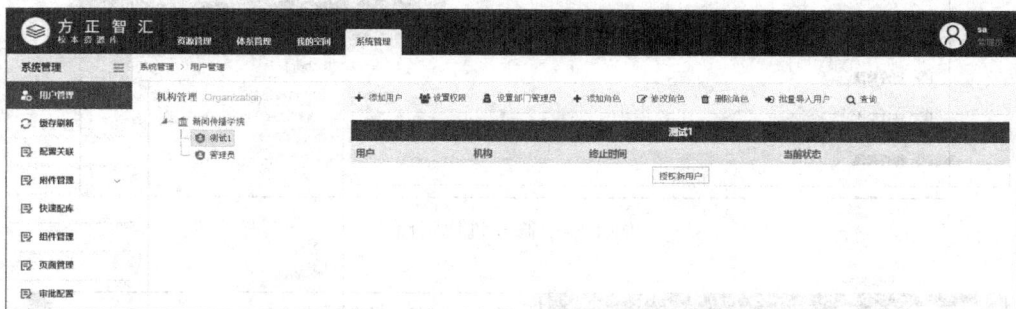

图 4-33　机构管理页面

- 左侧区域:机构和用户列表树,展示系统机构和用户及其从属关系树。
- 右上侧区域:对系统机构或用户的操作菜单栏。
- 右下侧区域:单击操作工作栏中的操作按钮对应的操作面板。

（1）添加机构

选择左侧某个机构,在右侧操作菜单栏中单击 ✚ 添加机构 按钮,页面如图 4-34 所示。

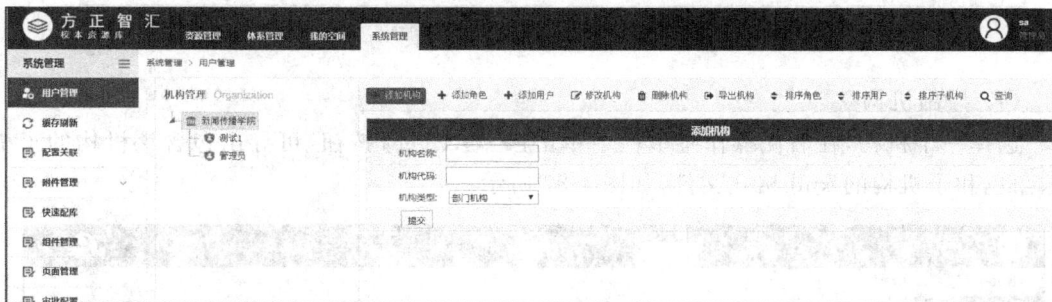

图 4-34　添加机构页面

填写机构名称、机构代码,选择机构类型,单击"提交"按钮,则在对应节点下方创建新机构,作为所选机构的子机构存在。

（2）修改机构

对于已经存在的机构,可以修改机构名称和机构代码。选择机构后,在右侧菜单栏中单击 ☑ 修改机构 按钮,如图 4-35 所示。

修改机构名称、机构代码、机构类型等信息,修改后单击"提交"按钮可保存修改内容,"修改机构"页面与"添加机构"页面相同。

（3）删除机构

选择一个机构,在右侧操作菜单栏中单击 🗑 删除机构 按钮,即可删除机构以及机构中所包含的子机构和用户,如图 4-36 所示。

图 4-35　修改机构页面

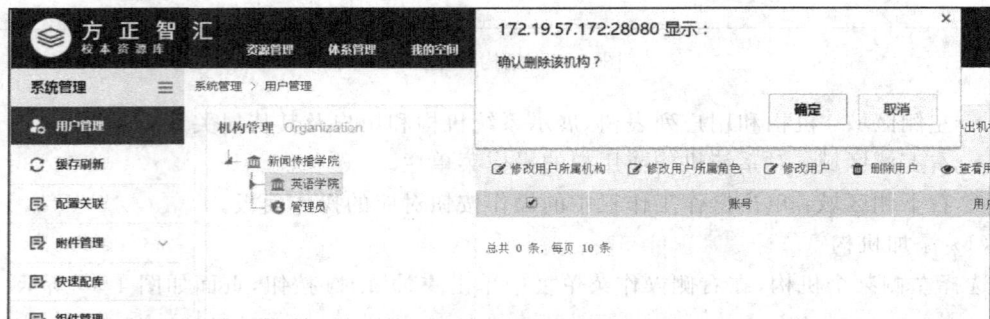

图 4-36　删除机构页面

（4）导出机构

选择一个机构，在右侧操作菜单栏中单击 ➡ **导出机构** 按钮，可导出包含该机构的子机构、角色和子机构的 xml 格式文件，如图 4-37 所示。

图 4-37　导出机构页面

（5）导入机构

选择一个机构，在右侧操作菜单栏中单击 ➡ 导入机构 按钮，可弹出导入机构的文件选择弹窗，选择需导入的文件，提交保存后可导入机构。

2. 角色管理

系统为后台用户提供角色管理的功能，一个用户可以有一个或多个角色，例如工作平台的测试角色、标引角色、管理员等。通过角色管理，可设置角色及角色权限并对系统用户授权或回收角色，从而对不同用户操作后台系统的权限进行灵活控制。

（1）添加角色

选择左侧某个机构或角色，在右侧操作菜单栏中单击"添加角色"按钮，填写角色名称，单击"提交"按钮，则在机构对应节点下方创建新角色或生成平级新角色，如图 4-38 所示。

图 4-38　添加角色页面

（2）修改角色

选中待修改的角色，单击"修改角色"按钮，可修改选中角色名称，修改后单击"提交"按钮，如图 4-39 所示。

图 4-39　修改角色页面

（3）删除角色

选中待删除的角色，单击右侧菜单栏中的"删除角色"按钮，可删除选中的角色，如图 4-40 所示。

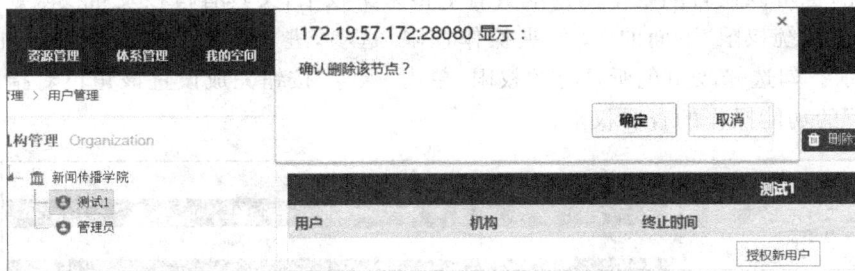

图 4-40　删除角色页面

（4）设置权限

选中需设置权限的角色，单击右侧菜单栏中的 设置权限 按钮，下方出现该角色可设置权限的系统，如图 4-41 所示。

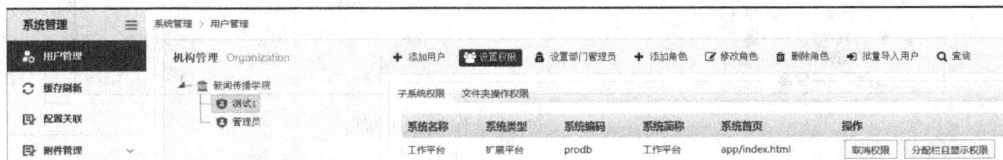

图 4-41　权限设置页面

① 分配栏目显示权限。通过栏目显示权限分配，能够让用户获得一级功能模块及下属子目录的查看和使用权限。比如系统管理功能只分配给系统管理员，采集人员就不会有系统管理功能。

单击"子系统权限"下面的"栏目显示权限"选项，进入子系统栏目权限分配页面，如图4-42所示。勾选修改角色所具有的权限，单击"保存"按钮完成设置该角色对指定系统的指定栏目的查看权限。

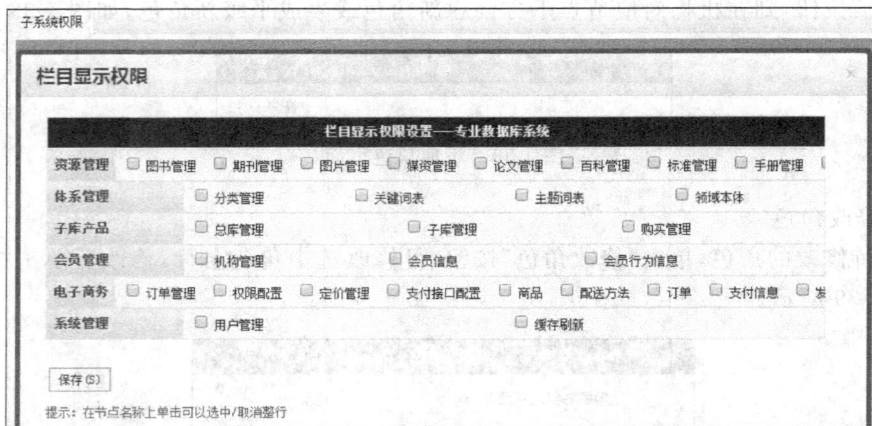

图 4-42　栏目显示权限页面

② 文件夹操作权限。每个一级功能模块以及下面的子栏目都包含具体的功能操作，如标引、提交、回退等，文件夹操作权限可设置这些功能的显示及操作权限。比如采集人员角色具有资源的上传采集权限，但不会有审核人员角色才有的发布权限。当然根据具体操作人员的情况，也可以设置同一个用户既具有上传采集权限，又具有审核发布权限。

单击"子系统权限"下面的"文件夹操作权限"选项，进入子系统栏目权限分配页面，如图4-43所示。勾选修改角色所具有的权限，单击"保存"按钮完成设置该角色对指定系统的指定栏目下的功能操作的查看权限。

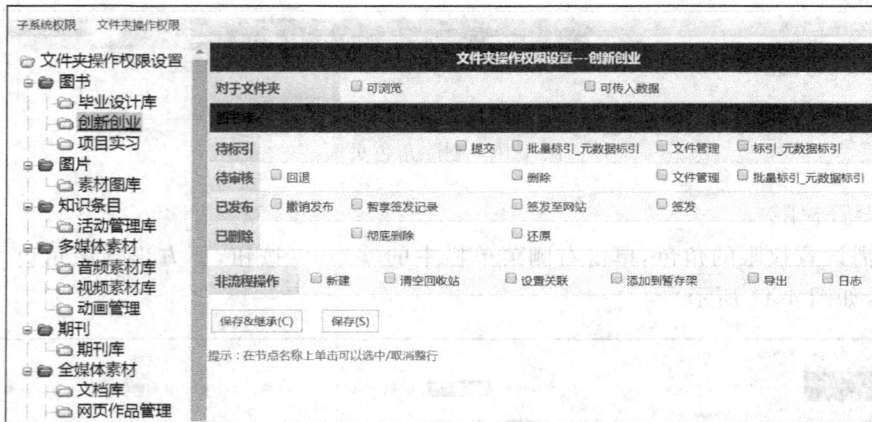

图 4-43　文件夹操作权限页面

(5) 回收权限

选中需回收权限的角色,右侧面板显示该角色对应的用户列表。单击用户对应的"权限回收"按钮,则该用户被取消角色,不再具有该角色所具备的权限,如图 4-44 所示。

图 4-44　回收权限页面

(6) 修改权限有效期

① 选中需回收权限的角色,右侧面板显示该角色对应的用户列表。

② 单击某个用户对应的"有效期修改"按钮,修改该用户被授权的有效期。

③ 单击"提交"按钮,完成对用户权限有效期的设定,如图 4-45 所示。

图 4-45　修改权限有效期页面

(7) 授权新用户

① 单击"授权新用户"按钮,进入新用户权限添加页面。

② 选择一个用户,设定有效期,即完成为该用户设定角色权限有效期,如图 4-46 所示。

图 4-46　授权新用户页面

3. 用户管理

有了机构后,就可以在该机构下添加用户,每个用户可以拥有一个或者多个角色。

（1）查看用户

单击用户所在的机构,选择需要查看的用户,如图 4-47 所示。

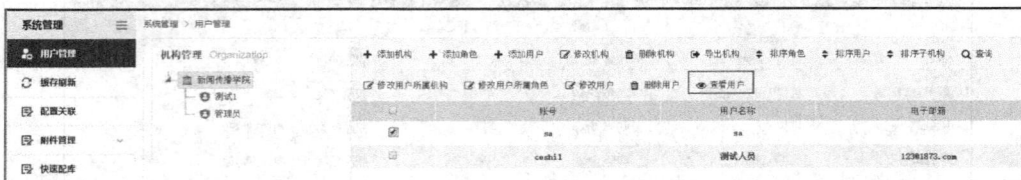

图 4-47　查看用户页面

新弹出页面显示该用户的登录账号、所属部门名称、邮箱地址、电话号码等信息,同时显示该用户的角色名称,如图 4-48 所示。

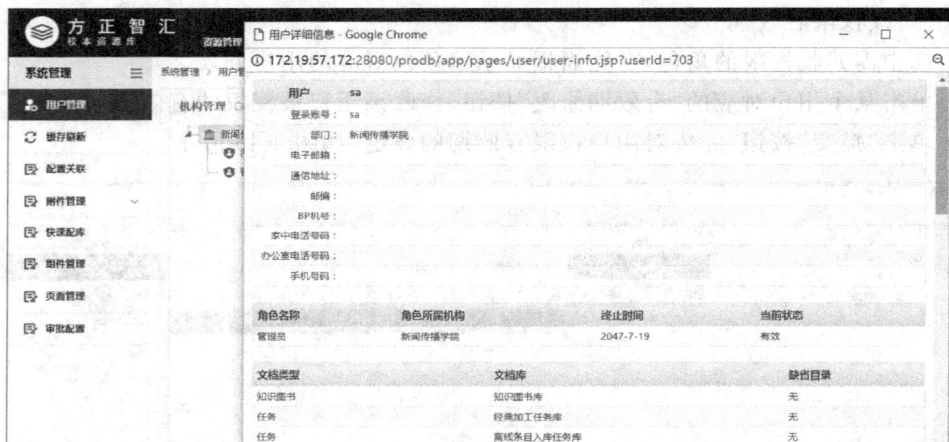

图 4-48　查看用户页面

（2）添加用户

选择左侧某个机构或者角色,在右侧操作菜单栏中单击“添加用户”按钮,进入新建用户页面,如图 4-49 所示。

填写用户名称、登录账号和密码、联系方式等,单击“提交”按钮,完成新用户的添加。

（3）修改用户

选中用户所在的机构名,选择需要修改信息的用户,单击“修改用户”按钮,可修改选中用户的信息,其中用户的账号不允许修改。修改用户的页面与添加用户一样,修改后单击“提交”按钮即可,如图 4-50 所示。

（4）删除用户

选中用户所在的机构名,选择需要删除的用户,单击上方菜单栏中的“删除用户”按钮,可删除选中的用户,如图 4-51 所示。

（5）设置/修改用户角色

选中用户所在的机构名,选择需要设置角色的用户,单击上方菜单栏中的“修改用户所

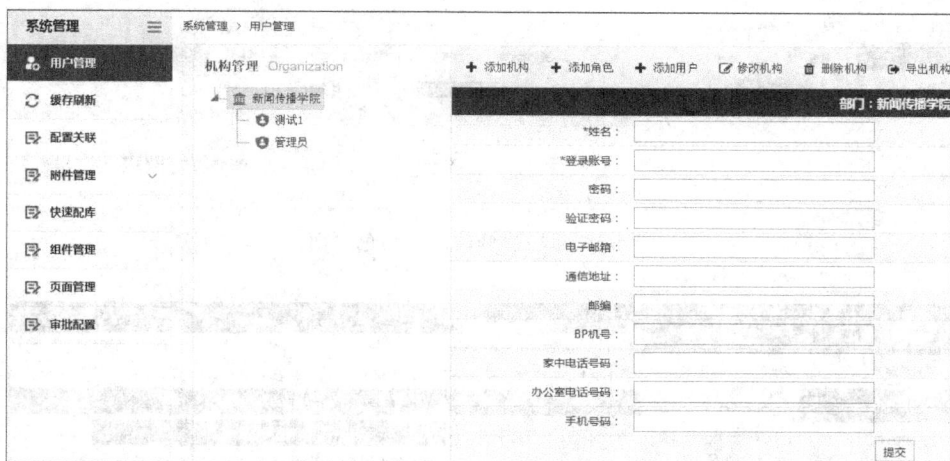

图 4-49　添加用户页面

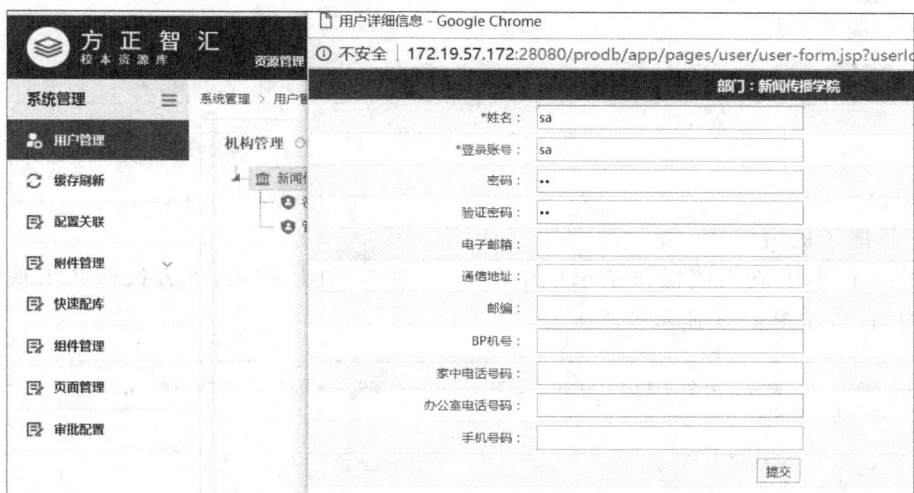

图 4-50　修改用户页面

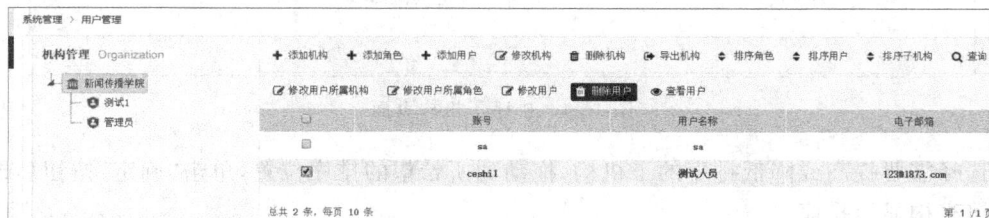

图 4-51　删除用户页面

属角色"按钮,如图 4-52 所示。弹出为该用户分配角色的页面,如图 4-53 所示。

选择需要为该用户分配的角色;设置其角色有效期;单击"确定"按钮进行保存,完成该用户角色的设置或者修改。

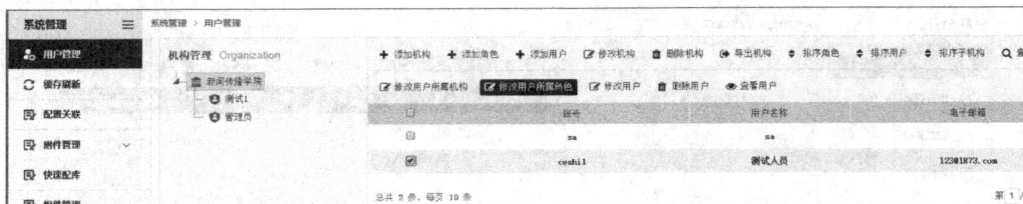

图 4-52　设置/修改用户角色页面

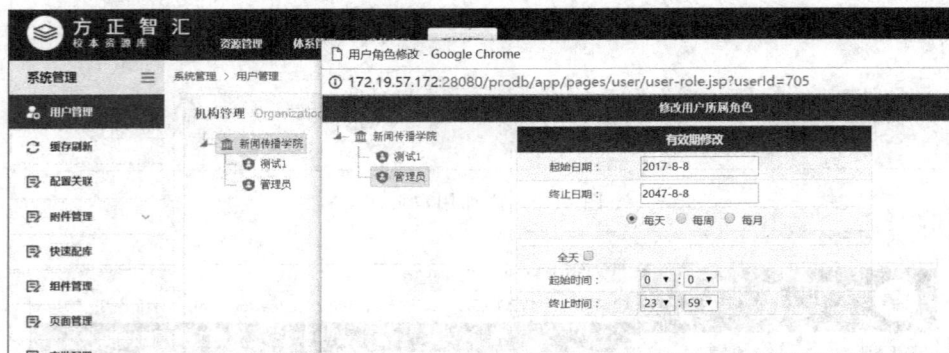

图 4-53　分配角色页面

4. 排序

（1）排序子机构

选择一个机构，在右侧操作菜单栏中单击 ⬍ **排序子机构** 按钮，下方操作区出现该机构的子机构列表，如图 4-54 所示。

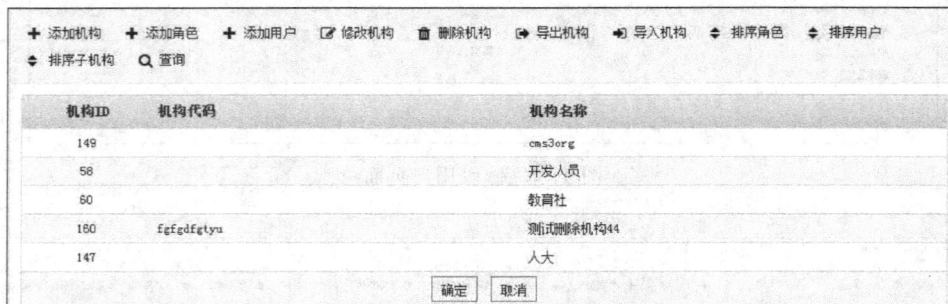

图 4-54　排序子机构页面

选择需要提高或降低排序的子机构，拖动到所希望的排序位置，单击"确定"按钮后即可保存子机构显示排序。

（2）排序角色

选择一个机构，在右侧操作菜单栏中单击 ⬍ **排序角色** 按钮，下方操作区出现该机构的角色列表，如图 4-55 所示。

选择需要提高排序或降低排序的角色，拖动到所希望的排序位置，单击"确定"按钮后即可保存角色显示排序。

图 4-55　排序角色页面

（3）排序用户

选择一个机构，在右侧操作菜单栏中单击 ♦ 排序用户 按钮，下方操作区出现该机构的用户列表，如图 4-56 所示。

图 4-56　排序用户页面

选择需要提高排序或降低排序的用户，拖动到所希望的排序位置，单击"确定"按钮后即可保存用户显示排序。

5. 配置关联

配置关联用于提供对不同文档库之间字段关联关系的添加、编辑、删除等操作，为资源管理中查看相关的资源做准备。包括源文档库、目标文档库、关联字段、关联逻辑等。

通过"系统管理"→"配置关联"进入配置关联页面。

（1）关联列表查看

进入配置关联页面，默认显示已配置关联列表，如图 4-57 所示。选择源文档库和目标文档库，可筛选出符合条件的配置关联记录。

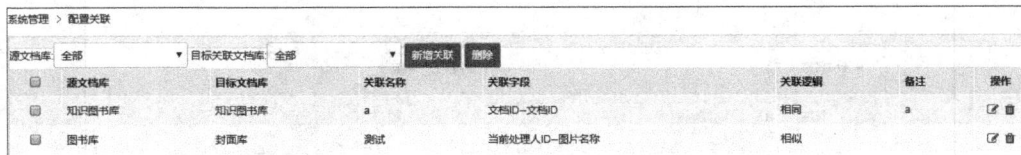

图 4-57　关联列表查看页面

（2）新建关联

在配置关联列表页，单击"新增关联"按钮，系统弹出新增关联窗口，如图 4-58 所示。

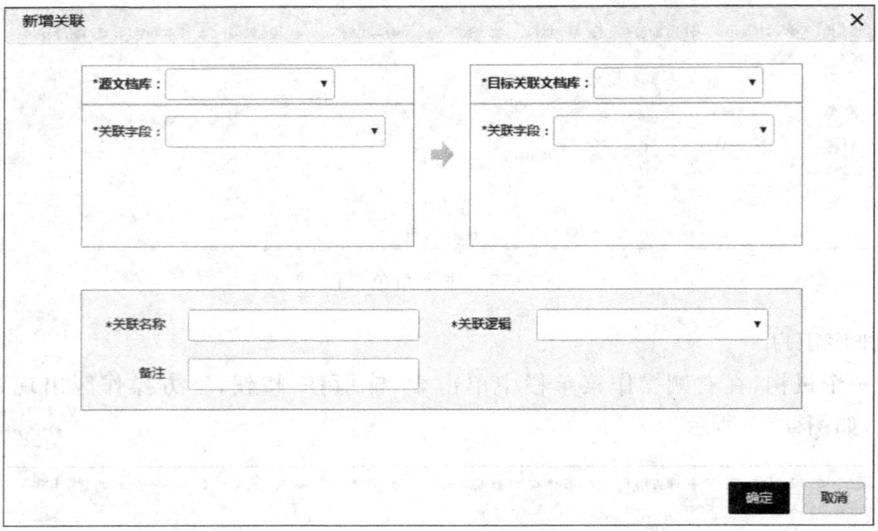

图 4-58　新增关联页面

　　选择源文档库及所设置的关联字段、目标关联文档库及其与源文档库关联的字段,填写关联名称、选择关联逻辑,单击"确定"按钮,页面刷新后,设置关联列表中显示该新增关联记录。

　　关联逻辑有相同、相似两种,选择"相同"表示源文档库的所选字段必须与目标关联文档库的所选字段值完全一致时,源文档库和目标关联文档库的两条对应资源才为相关资源。选择"相似"表示源文档库的所选字段与目标关联文档库的所选字段值相似时,源文档库和目标关联文档库的两条对应资源未相关。

　　(3) 修改关联

　　对所需修改的关联记录,单击"编辑"按钮 ，系统弹出修改页面,编辑修改关联关系,单击"确定"按钮完成关联关系的修改,单击"取消"按钮,则取消修改,如图 4-59 所示。

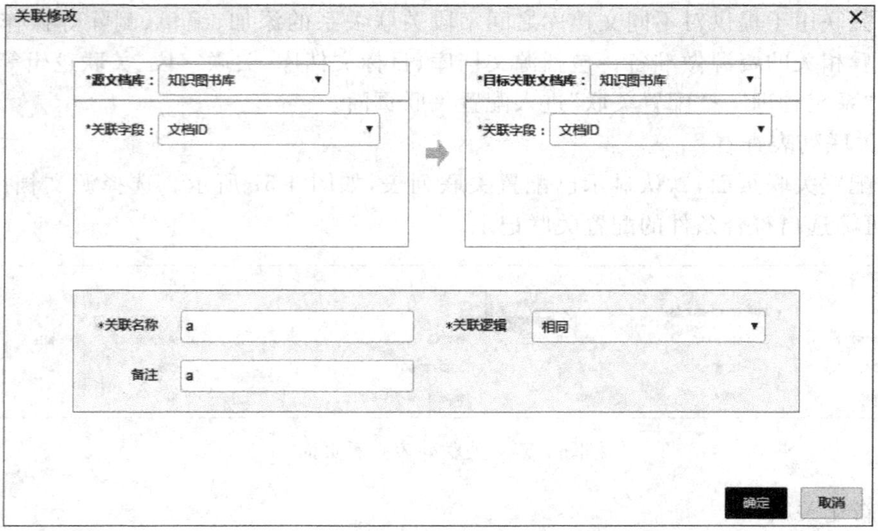

图 4-59　修改关联页面

（4）删除关联

在所需删除的关联记录操作区,单击"删除"按钮🗑,系统弹出确认删除提示框。单击"确定"按钮,删除关联,单击"取消"按钮,窗口关闭,回到配置关联列表页面,如图 4-60 所示。

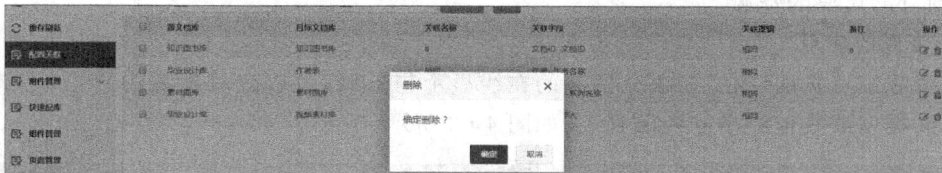

图 4-60　删除关联页面

4.5.8　发布后的资源使用

数字资源发布到网站之后,可以利用搜索或者导航快速定位到需要的资源,进行资源的概览、细览、下载和相关资源的阅览,如图 4-61 所示。

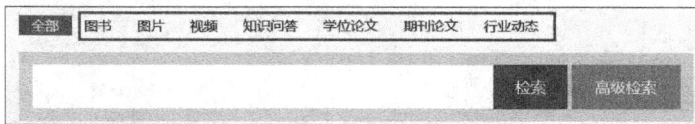

图 4-61　检索页面

1. 检索

选择检索的资源类型,输入检索关键词,单击"检索"按钮,可检索出符合条件的资源记录。检索的结果是模糊匹配的结果。也可单击"高级检索"按钮,进入高级条件检索页面,如图 4-62 所示。

图 4-62　高级条件检索页面

高级条件检索可同时限定多个条件进行检索，输入限定值，单击"检索"按钮即可。

2. 导航

通过分类导航找到某种类型资源的集中显示页面，并在此基础上进行资源的进一步限定，找到自己需要的资源。

3. 资源的使用

在资源细览页面，支持对部分资源的在线显示与下载，可以查看资源的基本信息，以及相关的同类型或其他类型的资源列表，如图 4-63 所示。

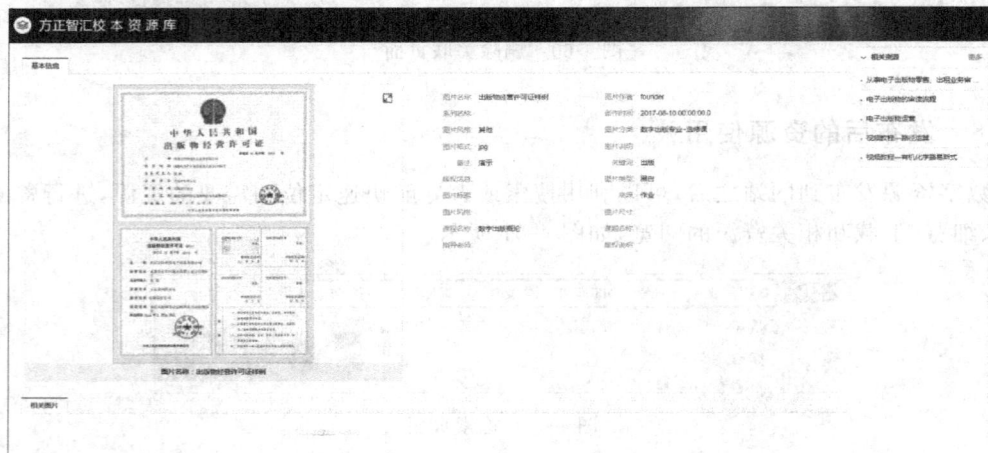

图 4-63　资源的使用页面

第 5 章

数字教学产品的策划与制作

随着数字产品的普及和教育教学工具的多样化发展,学校的上课方式已经不仅仅是教师在黑板上写、学生背书这么简单了,甚至在边远山区,国家也在政策和财政上支持学校进行多媒体教学。

教师利用教材、课件、教具和实验室的器材设备等向学生传授知识,答疑解惑。学生在课余时间利用这些教学工具以及非教师生产的辅助教学工具进行预习、学习和复习,充分利用多种形式达到理想的学习效果。

5.1 课件

课件(Courseware)是根据教学大纲的要求,经过教学目标确定、教学内容和任务分析、教学活动结构及界面设计等环节加以制作的课程软件。它与课程内容有着直接的联系。所谓多媒体课件,是指根据教学大纲的要求和教学的需要,经过严格的教学设计,并以多媒体的表现方式和超文本结构制作而成的课程软件。课件是具有共同教学目标、可在计算机上展现的文字、声音、图像、视频等素材的集合。

常见的课件类型有 PPT 课件、视频、动画课件、交互式课件、电子白板等。

5.1.1 PPT 课件

PPT 课件是应用最广泛的多媒体课件形式,它能够将文本、图像、图形、音频、动画、视频等多种富媒体资源以单独或者组合的形式表现出来,向教师和学生传达丰富的信息。

5.1.2 视频、动画课件

形象有趣的课件使课堂不再枯燥无味。现在视频、动画课件越来越多地应用在教师的课堂中,从而让课堂的形式更加丰富生动。比如一堂科学实验课,可以用视频、动画的形式来演示整个科学实验的过程,然后再让学生自己动手操作。图 5-1 就是科学实验的视频课件截图。

语文教学时,可以在课堂上给同学们播放名师讲解课文赏析的视频课件,也可以用动画课件给同学们活灵活现地展示整篇课文。例如我们学习小学语文二年级上册的"我要的是葫芦"这篇课文,教师在课堂上可以先给同学们展示整篇课文的动画课件,有故事、有声音、有画面,让小朋友脑海中更有画面感,更容易理解整篇课文意境,如图 5-2 所示。

图 5-1　某科学实验的视频课件截图

图 5-2　《我要的是葫芦》动画示例

5.1.3　交互式课件

　　交互式课件往往具有非常强大的功能,只是对制作者的技术要求较高,需要多花一些时间学习和练习。从网上找到的这一类资源虽然比较多,但是因为不能随心所欲地进行二次编辑,因此有一定的制约性。不过其丰富的表现力仍然使它们得到广泛的应用,只要刻苦钻研,就能利用多种手段制作出精良的课件。现在比较流行的 H5 交互式课件不仅能在 PC 浏览器上流畅运行,还可以在移动设备上自适应运行,既可以满足教师上课教学,又可以满足学生课后学习。下面就以数学的交互课件来举例,图 5-3 是"扇形统计图"的一个 H5 课件,先填写对应的数据,可以增加一行,也可以减少一行。

　　数据录入后,单击"生成"按钮,就可以得出如图 5-4 所示的统计表格和扇形统计图,使用起来非常方便。

扇形统计图

标题		3年级2班期末成绩统计	
第一行标题	成绩范围	第二行标题	人数
序号	数据列标题	数值	百分比
1	90分以上	8	17.4%
2	75分到90分	21	45.7%
3	60分到75分	12	26.1%
4	60分以下	5	10.9%

生成

图 5-3　数据录入界面

扇形统计图

3年级2班期末成绩统计

成绩范围	90分以上	75分到90分	60分到75分	60分以下
人数	8	21	12	5

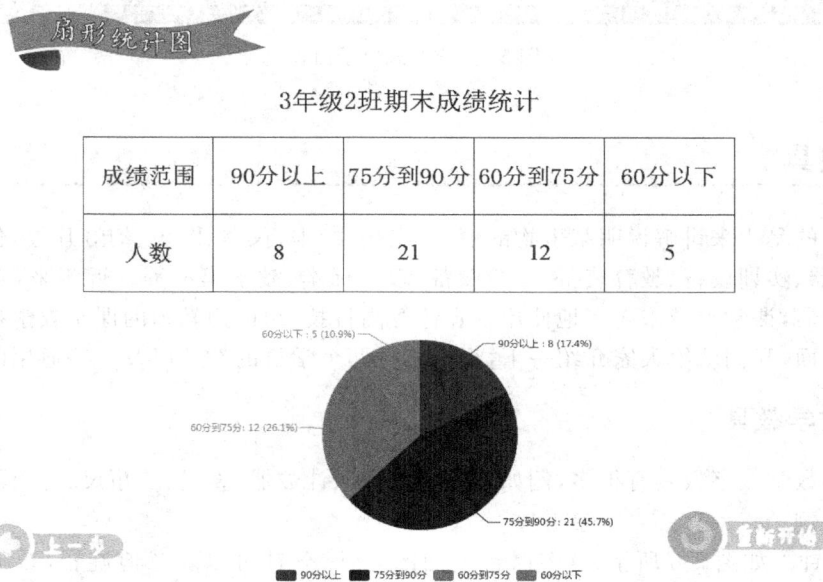

图 5-4　统计表格和扇形统计图

5.1.4　电子白板

交互式电子白板可以与计算机进行信息通信,将电子白板连接到 PC,并利用投影仪将 PC 上的内容投影到电子白板屏幕上,此时的电子白板就相当于一个面积特别大的手写板,可以在上面任意书写、绘画并即时在 PC 上显示,文件保存为图形文件。下面就介绍一种电子白板,如图 5-5 所示。

这是一个多功能的电子白板,里面有荧光笔(可以选择笔触类型),可以调整画笔的粗细,可以改变画笔颜色;可以画各种图形(线条、圆形、矩形、三角形等);可以在电子白板中插入文本;可以撤销和擦除笔迹;并且还可以将本地图片导入电子白板上,所以整个电子白板非常灵活易用。

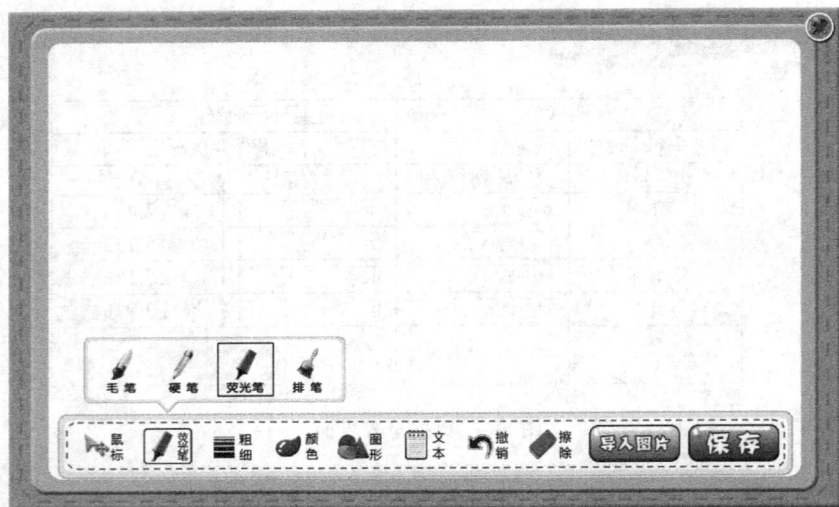

图 5-5　交互式电子白板

5.2 教具

　　教具指的是用来讲解说明某事物的模型、实物、标本、仪器、图表、幻灯片等，包括教学设备、教学仪器、实训设备、教育装备、实验设备、教学标本、教学模型等。近年来，随着课程改革和科技发展，课堂上越来越多地使用多媒体等高科技教具，为教师的课堂教学提供了极大的便利。下面，我们就给大家介绍一下数学、音乐两个学科的教具以及一些通用的教具。

5.2.1 数学教具

　　常见的数学数字教具有很多，例如计算器、时钟、计数器、直尺、三角尺、量角器、圆规等，下面举几个例子。

　　(1) 时钟。如图 5-6 所示，这个时钟上面的时针、分针可以随意地旋转，教师可以在课堂上向学生展示任意一个时刻，从而让学生更形象地认识时钟。

图 5-6　时钟教具

（2）计算器。如图 5-7 所示，这个数字计算器可以模拟真实的计算器进行计算和教学。

图 5-7　计算器教具

（3）计数器。如图 5-8 所示，这个计数器可以模拟真实的计数器进行计数教学。

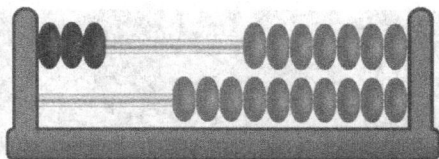

图 5-8　计数器教具

（4）直尺。如图 5-9 所示，这个直尺可以任意拖动、旋转，模拟真实的直尺测量物体。

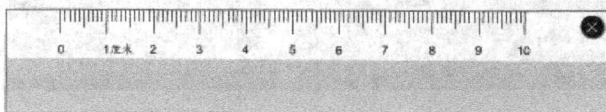

图 5-9　直尺教具

5.2.2　音乐教具

常见的音乐数字教具有很多，比如钢琴、音叉、双响筒、节拍器等，接下来，将举几个音乐数字教具的例子，如图 5-10～图 5-14 所示。

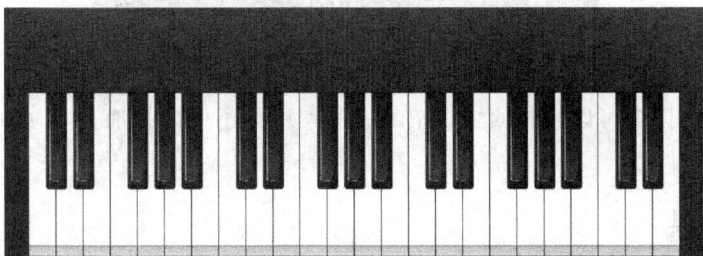

图 5-10　钢琴教具

图 5-11　音叉教具

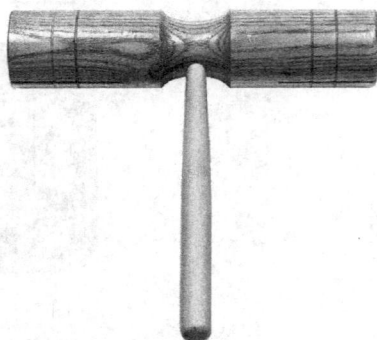

图 5-12　双响筒教具

图 5-13　节拍器教具

图 5-14　升降调教具

　　以上的音乐教具都可以模拟真实的音乐教具,并且还可以拥有比真实的教具更丰富的功能。

5.2.3　通用教具

　　通用教具一般都应用在数字教材里面,这些教具不分学科,属于一些通用的教具,比如荧光笔、图形、颜色、粗细、撤销、文本、橡皮擦、手写板等。这些通用教具可以让教师在数字课堂上的教学更加灵活自如,如图 5-15 所示。

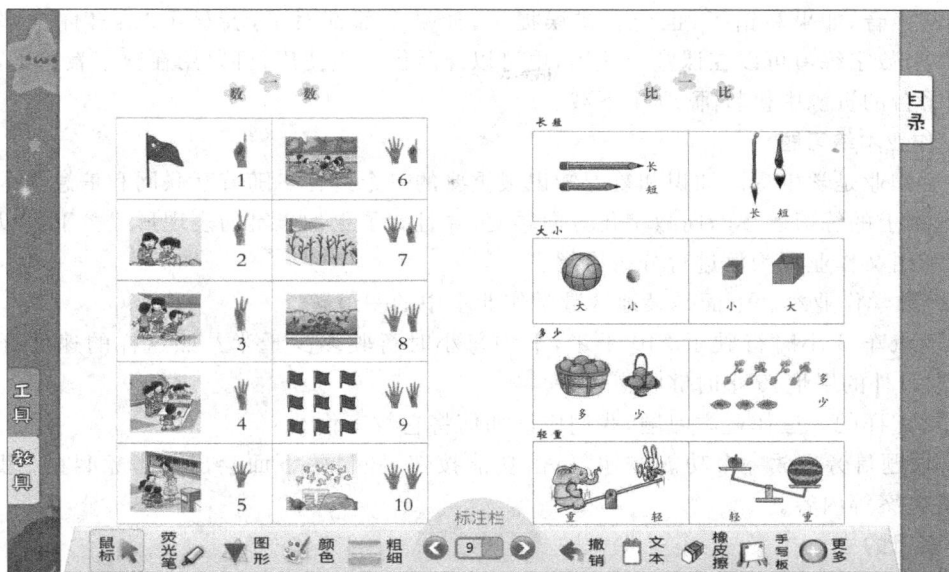

图 5-15　通用教具

5.3　教辅

5.3.1　交互式练习

1. 教材课后练习

基础教育的教材课后都会有练习题,如果是数学练习题,学生凭已有知识就可以完成,但是如果遇到一些需要听声音才能完成的练习,就需要制作数字练习了。例如图 5-16 所示英语教材课后的练习,就可以在整个练习的左上角设计两个按钮,一个是显示答案的按钮;另外一个是播放音频的按钮。下面文章中空白的地方需要学生边听边写,如果写对了,就会

图 5-16　英语课后练习

有正确的声音;如果写错了,也会有错误提示;如果全部都对了,会显示"恭喜你全部答对了"。整个数字练习可以在课堂上使用,也可以课后供学生使用;可以用在数字教材上,也可以放到平台的资源中供教师、学生下载。

2. 作业本练习题

课后作业是学生巩固知识和复习知识很重要的一个途径。随着互联网和信息技术的发展,作业本上的练习题逐渐向数字化方向转变,并且有了更加丰富的表现形式。下面以数学作业本和语文作业本为例进行分析讲解。

(1) 数学作业本。下面是某地区数学作业本中的一道题。

一辆汽车 3 小时行驶了 240 千米,平均每小时行驶多少千米?照这样的速度开车去 350 千米以外的甲地,5 小时够吗?

针对这样的一道作业本习题,我们应该如何将它数字化?

① 在题目旁边放一个功能按钮,单击功能按钮,题目的下面会出现考察目的、思路提醒、习题答案等内容。

考察目的

口算除法,解决问题的策略。

思路提醒

这道题已知行驶的时间和一共行驶的路程,要求平均每小时行驶的路程,需要用除法计算。先算出平均每小时行驶多少千米,再计算 5 小时行驶 350 千米够不够。

方法 1:照这样的速度,5 小时能行驶多少千米.

方法 2:照这样的速度,行驶 350 千米需要几小时。

习题答案

平均每小时行驶 80 千米,5 小时够。

② 针对这个题目,邀请名师进行视频讲解,可以针对这道题目进行更加透彻的分析和解答,并且从不同的角度用不同的方法来分析、解答整个题目。

问题一讲解

每小时行驶多少千米。图 5-17 是教师讲解的视频画面截图。

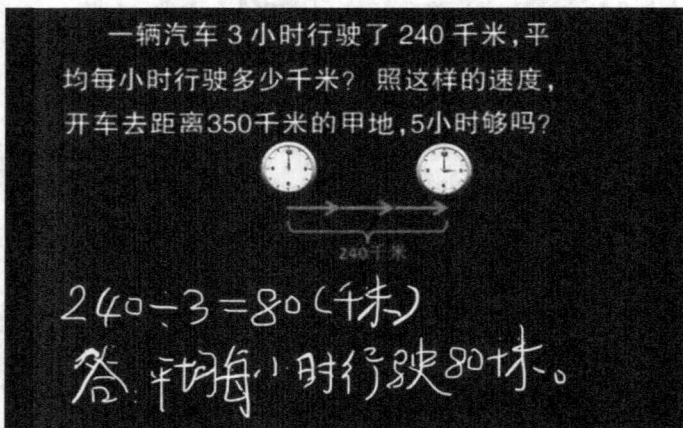

图 5-17 教师讲解的视频画面截图(1)

问题二讲解

方法 1：5 小时可以行驶 400 千米，大于 350 千米，所以 5 个小时够。图 5-18 是教师讲解的视频画面截图。

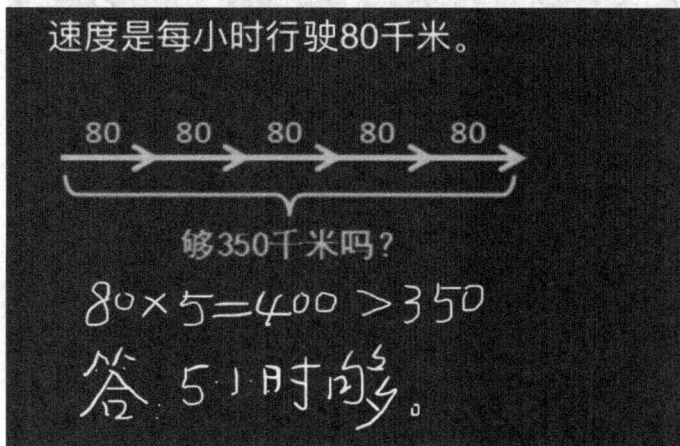

速度是每小时行驶80千米。

80　80　80　80　80

够350千米吗？

$80 \times 5 = 400 > 350$

答 5小时够。

图 5-18　教师讲解的视频画面截图（2）

方法 2：每小时 80 千米，350 千米，需要 4 个多小时就够了，所以 5 小时够。图 5-19 是教师讲解的视频画面截图。

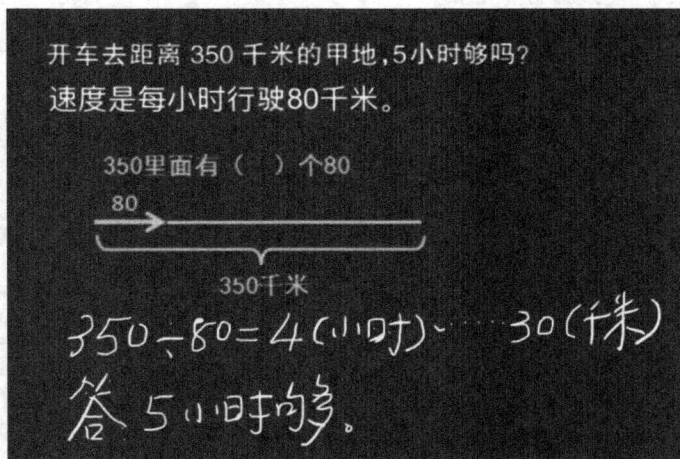

开车去距离 350 千米的甲地，5 小时够吗？
速度是每小时行驶80千米。

350里面有（　）个80

80

350千米

$350 \div 80 = 4(小时)\cdots\cdots 30(千米)$

答 5小时够。

图 5-19　教师讲解的视频画面截图（3）

方法 3：350 千米，如果花 5 个小时，每个小时只需要行驶 70 千米就可以了，目前每个小时可以行驶 80 千米，所以 5 个小时可以到。图 5-20 是教师讲解的视频画面截图。

（2）语文作业本。对于语文作业本来说，尤其对小学阶段的语文作业本，识字和听写是很重要的部分。针对语文，应该怎样去进行数字化设计？下面以三年级语文作业本举例。

先做一个目录页，如图 5-21 所示。每个小节单击进去都包含生字初识、词句听写、词语解释、知识拓展等模块，如图 5-22 所示。

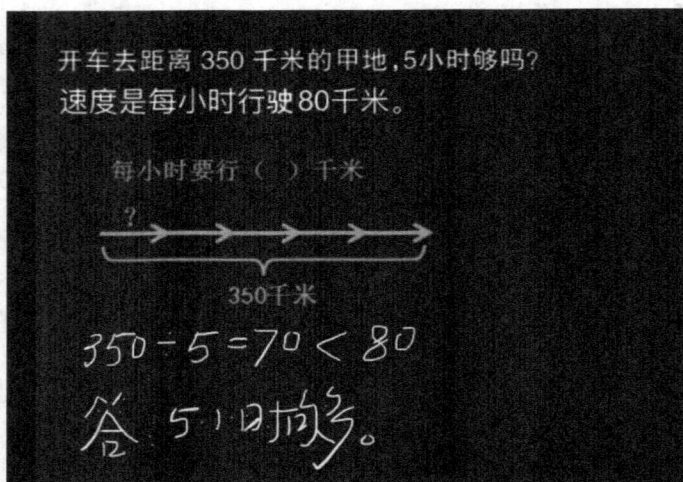

图 5-20　教师讲解的视频画面截图（4）

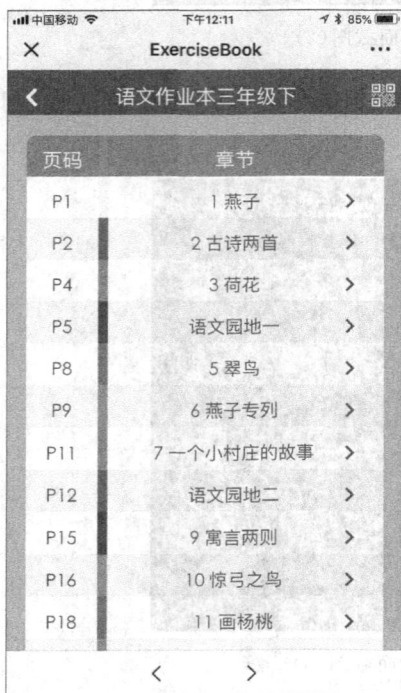

图 5-21　语文作业本目录页

图 5-22　语文作业本

① "生字初识"展示这一课所有生字的笔画顺序、笔画数、字形结构、字义等。

② "词句听写"是根据标准的读音来听写词句,听写完还可以查看听写的答案。

③ "词语解释"是针对本课中的一些词组进行词义的解释。

④ "知识拓展"是对本课需要掌握的知识进行拓展学习。

3. 教参教辅练习

市场上越来越多的教辅教参资料向数字化转变，尤其是英语。把英语初中模拟考试放到移动端或者平板电脑上，从而代替以前一边听磁带一边考试的模式。而且可以多次考试，考完就可以看到分数，马上知道哪些题目做错了，正确的答案是什么，大大提高了练习的效率和质量。图 5-23 是英语听说试卷的数字化展示。

考卷打开后可以直接听题答题，如图 5-24 所示。

图 5-23　英语听说试卷的数字化展示

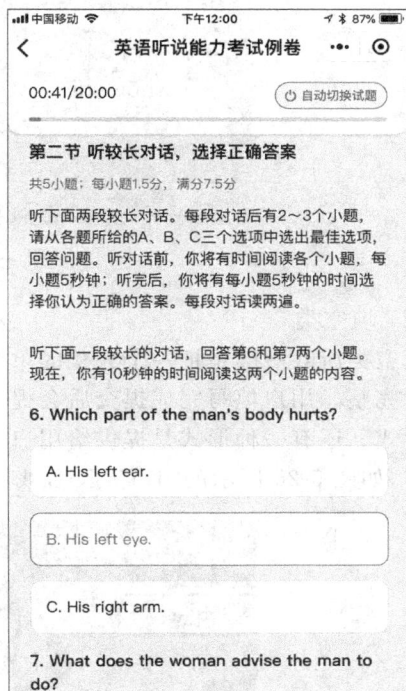

图 5-24　答题页面

5.3.2　交互式小游戏

1. 游戏类型介绍

益智类交互游戏有很多种类型，形式也很丰富，下面将重点介绍选择类、填空类、连线类、消除类，每一种类型我们将会举一个例子来说明。

（1）选择类

选择类的交互游戏是最常见的一种游戏，一般有 2 选 1、3 选 1 或者 4 选 1 三种。这种游戏一般会有一个题目，然后根据题目选择正确的答案，或者是根据提示的音频来选择对应的答案。图 5-25 所示的"小鸡过河"就是这样一款游戏。

这款游戏是针对小学二年级的小学生制作的一款语文类游戏。游戏左上角的题目框中是一个词组，下面河中的石头上是三个拼音，学生选对正确的拼音，小鸡可以成功地过河；如果选择错误，那么小鸡就会掉到河里。整个游戏设置了 10 道题目，每一道题目 10 分，得60 分算游戏通关。整个游戏共有 3 条生命，并且设置有倒计时。

图 5-25　选择类游戏

（2）填空类

填空类游戏一般是把一个完整的单词或者一个完整的句子中间挖出一部分，然后让用户补充完整。用户填写完成提交后会提示填写是否正确，在考试测评中经常会出现这样的游戏形式。还有一种形式是提供给用户 3 个或者 4 个答案选项，让用户去选择空白中缺少的内容，如图 5-26 所示的"长鼻子"游戏。

图 5-26　填空类游戏

这个游戏是把一些单词中间的字母挖掉，然后选项中有 3 个字母可供选择，这种填空游戏的设计是目前比较常见的一种方式。

（3）连线类

连线类游戏通常比较适用于对应关系的情况，比如图片对应相关的文字，中文对应英文翻译，也有声音对应图片和文字。这类游戏的玩法是先单击第一排的一个元素，然后再选择第二排的一个元素，如果配对成功，两个元素之间就会连接一条线，如果配对不成功，就会出现连接失败的提示。图 5-27 就是这样的一个游戏。

图 5-27　连线类游戏(1)

　　这个游戏上面一排是图片＋声音，下面一排是对应的音乐类型，用户通过单击第一排的耳机来播放对应的示例音乐，再加上图片中乐器的展示，来判断是什么音乐类型，然后和第二排的按钮进行配对连接，选择正确则连线成功；选择错误则会发出选择错误的声音。

　　这种类型可以是一对一的连线，也可以是一对多或多对多的连线形式，如图 5-28 所示。

图 5-28　连线类游戏(2)

　　(4) 消除类

　　常见的消除类游戏有连连看、对对碰等，这类游戏就是按照一定的规则将对应的游戏元素消除掉。将消除类的游戏应用到教育产品中需要经过一定的设计，图 5-29 所示的连连看游戏只需要单击英语单词与对应的图片，两个元素就会消除掉，直到界面上所有的元素都消除掉，游戏成功。

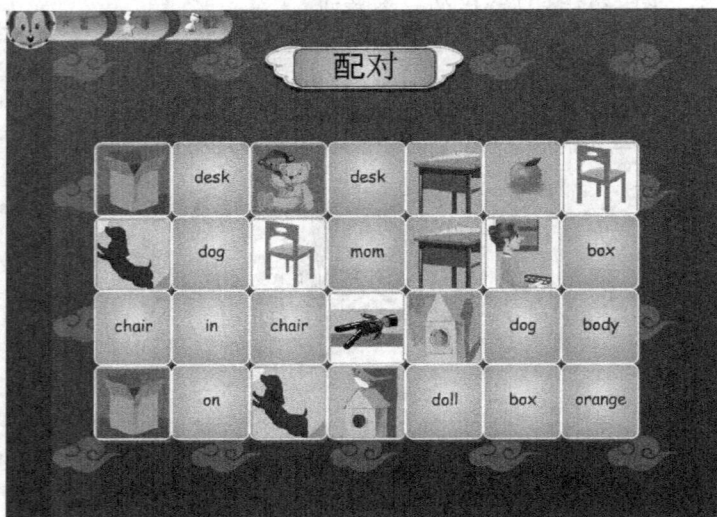

图 5-29 消除类游戏

2. 交互游戏制作流程

（1）明确游戏需求

首先明确游戏的需求是什么，针对的人群是什么，游戏的目的是什么，游戏的风格是什么，游戏的内容是什么，搭载在什么平台上等，只有把这些问题弄清楚了，才能设计出更加符合用户需求的交互游戏。

（2）编写游戏脚本

在本章前面部分，我们讲解了如何编写游戏脚本，游戏脚本是游戏的灵魂，因为不管是游戏开发工程师，还是游戏 UI 设计师，都必须要以游戏脚本为标准进行制作。游戏脚本中应明确游戏名称、游戏类型、游戏玩法介绍、游戏界面、游戏题目、动画效果、音效效果、成绩统计等要素。

（3）游戏原型图制作

原型设计是交互设计师与产品总监、产品经理、开发工程师沟通的最好工具。产品原型是整个产品面市之前的一个框架设计，常见的原型图设计软件有 Axure、Mockplus。原型图对于一个产品来说有着举足轻重的作用，有了原型图，可以在不用编写代码的情况下确定整个产品的功能特点，也可以让 UI 设计师更加明确有多少个界面需要设计，有哪些元素需要设计。开发工程师也更加清楚产品的交互流程是怎么样的。当然，游戏制作也离不开原型图的制作。下面给大家展示一个数学类小游戏的原型图和成品图，如图 5-30 和图 5-31所示。

（4）游戏 UI 界面设计、游戏框架开发

当游戏的脚本和游戏的原型图都确定后，游戏 UI 设计师就可以开始设计游戏的界面。一般会把核心界面多设计几个版本，然后选取一版最好的，确定整个产品的风格，其他子页面或者模块也都会按照这样的风格进行设计。同时，游戏开发工程师会根据游戏脚本和产品原型图开始进行游戏框架的开发以及一些接口的开发，这个过程中项目经理和产品经理会把控整个游戏的质量和进度。

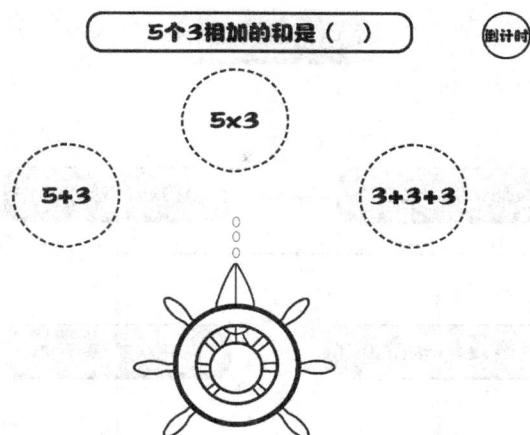

图 5-30　游戏原型图

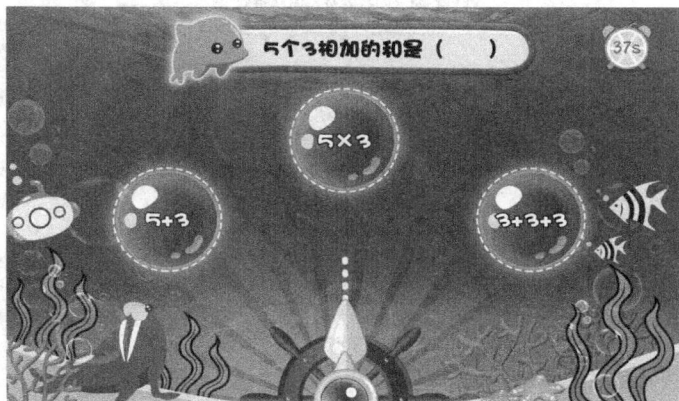

图 5-31　开发好的游戏

（5）将游戏进行整合（UI 界面、内容装载、游戏特效）

游戏 UI 设计完成后，开发工程师会把 UI 替换到开发好的游戏框架中，然后将游戏内容装载进去，再和产品经理进行沟通，给游戏加上对应的特效，譬如粒子效果、动态特效、声音特效等，让用户有更好的体验。

（6）测试、修改

测试包括功能测试、性能测试、兼容性测试、适配测试。

游戏的 1.0 版本出来后，需要由测试组进行测试，测试组测试出来问题，要及时反馈给开发人员，以此循环，直到整个游戏开发完成。

（7）上线

如果游戏是本地游戏，可以直接打开运行；如果是线上游戏，就需要配置服务器环境，然后将游戏部署到服务器端正式上线。

游戏的整个开发流程如图 5-32 所示。

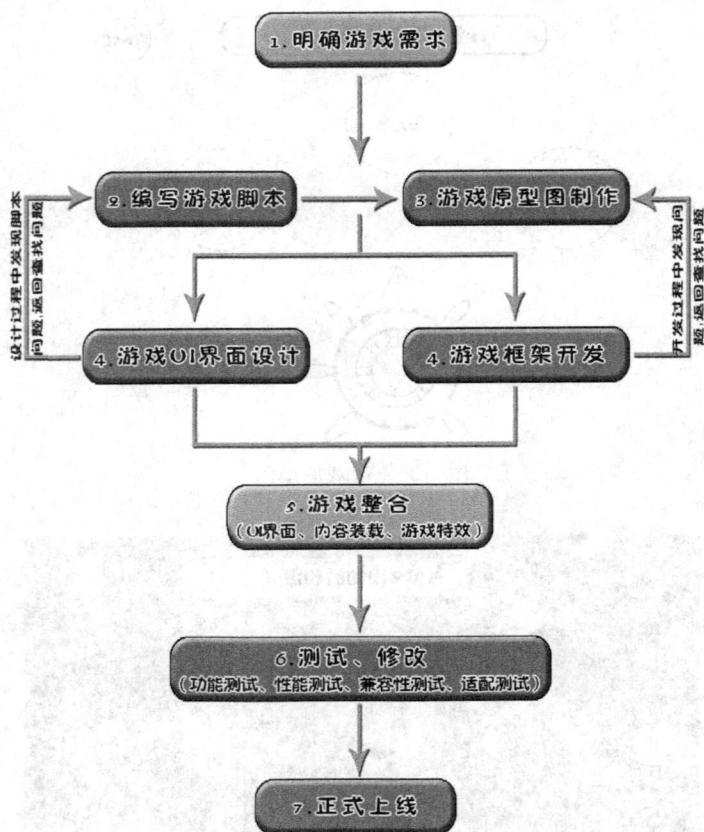

图 5-32　游戏的整个开发流程

第 **6** 章

APP 的设计与制作

　　媒体作为信息传播的介质,在过去很长一段时间内,经历了从无到有,从笨重的物体到轻便的纸张,再到无形的电磁传播。随着技术不断地进步,媒体的形式也在发生着改变,从纸质杂志到电子杂志,从纸书到电子书,再到网页和 APP,极大地丰富了内容的表现形式。传统的报纸、广播、电视、杂志四大媒体,曾经是信息传播的主要方式,占据了几乎全部的市场份额,但是随着科技的创新和发展,特别是受到信息技术发展的影响,传统媒体的受众群体正在不断缩小,市场份额受到冲击,不断减小。

　　新媒体是一个相对的观念,它是在电视、广播、杂志和报纸等传统媒体之后发展起来的新的媒体形式,囊括了网络媒体、手机媒体、数字电视等。联合国教科文组织将新媒体定义为:"以数字技巧为基础,以网络为载体进行的信息流传的媒介。"

6.1　APP 的产生

　　新媒体的产生和发展,都离不开新媒体相关技术的支持。不断更新的数字出版技术、人工智能写稿、互联网技术构建的形式多样的 H5 和 APP,承载了更多有趣的内容。APP 通常指的是独立运行的应用程序,小至几十千字节,大至几个吉字节,国外有些人把计算机中的各种程序称为 APP,但基本上都是指移动端的应用程序。H5 是指移动浏览器承载的基于 HTML 5 技术搭建内容的网页。随着智能手机操作系统的完善,APP 的开发制作技术越来越成熟,各类 APP 已成为智能手机中主要的组成部分。

　　在硬件方面,屏幕的大小更适合使用的场景。随着这些硬件的不断完善和配套软件的极大丰富,新媒体内容的制作和传播以及运营形式越来越多样化。在智能手机中,使用率最高的当属各类 APP 了,APP 由于技术上是单独开发和封装的,从而保证了能够实现功能的多样化,以及运行时的兼容性和良好的用户体验,这也是它目前被广泛使用的主要原因。

　　另外,在移动互联网时代,用户接触信息的习惯呈现出移动化、碎片化、多元化、互动性的趋势。由于 APP 具有信息获取的便捷性和及时性,同时还具有一定的广度和深度,通过手机客户端获取内容和服务成为大多数人的选择,而移动终端如智能手机已经成为现代人不可或缺的工具。

6.2 APP 的分类

严格来说,目前市面上的 APP 并没有统一的分类标准,但是大致可分为社交 APP、内容 APP、硬件 APP、工具类 APP、电商 APP 和综合 APP。根据使用场景,也可分为移动 UGC、移动搜索、移动浏览、移动支付、移动广告、移动即时信息、SNS、LBS、AR 以及手游 10 类。

6.2.1 社交 APP

社交指社会人与人的交际往来,是人们运用一定的方式(工具)传递信息、交流思想,以达到某种目的的社会活动。社交 APP 即社交的虚拟化。社交 APP 可以作为流量的入口,因此各大公司也极为看重移动互联网平台,从简单的社交功能的米聊、微信、手机 QQ、微博,到后来电信联合网易开发的易信、支付宝,各大巨头纷纷推出各自的移动社交平台。很多小社交 APP 不断涌现,如 same、无秘、探探、懒人周末等。

现在社交 APP 呈现出两极分化的趋势:大的社交 APP 平台化,做服务和内容的集成;小的社交 APP 情境化,针对单一细分群体。

6.2.2 内容 APP

内容 APP 为用户提供丰富多样的新闻资讯和内容。如何将移动互联网中海量的信息更好地呈现给用户?由于设备和操作界面的限制,内容 APP 类 APP 的产品定位一般聚焦于某个领域,如提供各类新闻的网易新闻、掌中新浪、搜狐新闻、今日头条;提供垂直领域最新资讯的 Flipboard、ZAKER、虎嗅、中关村在线、惠农网等;视频动画的优酷、爱奇艺和腾讯视频等;提供音乐的酷狗、酷我、QQ 音乐、网易云音乐等;提供在线图书阅读的豆瓣阅读、91 熊猫看书、iReader、云中书城等;机构门户如政府、企业和非政府机构的门户网站;提供直播的 YY、斗鱼、映客等。

1. 内容展示方式

内容 APP 集中展示的是各种类型的资源,典型的如文字、图片、视频、音频,甚至有虚拟现实程序、直播等。这些内容的展示方法一般分为以下几种。

(1)人工推荐:内容编辑选取优质的内容进行推荐,比如简书上的推荐、网易云音乐的推荐歌单、小秘书等。

(2)热门资源:根据用户的打开或点赞等记录,筛选出当日或一定时期的热门话题,一般来说也是大家普遍感兴趣的内容。

(3)独家资源:一些内容(包括图片、音乐、视频)可能是平台方独有、自创、享有版权等,是产品内容上的特色,比如爱奇艺的"奇葩说"等。

(4)分类展示:按照不同的分类进行内容展示,如今日头条按财经、政务、科技、社会等方式对新闻进行分类;ZAKER 按互联网新闻、科技频道、智能界等频道分类。

(5)频道订阅:用户通过关注人物、专题、频道等展示相关信息流。这一部分的内容,是用户按照自己喜好挖掘出来的,相对而言,具有较强的个性化。

(6)人工智能推荐:根据后台存储的用户以往的浏览数据、上网行为特征和社交信息等,推荐用户可能喜欢的内容是很多内容 APP 或多或少都在实践的方向。比如网易云音乐的私人 FM 和今日头条。

2. 典型内容 APP

内容的展示方式多种多样,应用到每个具体的 APP,可以采用一种方式也可以采用多种方式,可以采用的组合也非常多。通常不会按照展示类型分类,而是会按照不同的资源类型进行分类,下面介绍几种典型的内容 APP。

(1) 移动新闻资讯应用。新闻类 APP 是典型的内容型产品,而且内容具有很强的时效性。目前新闻客户端有传统报业开发的独立客户端如"南方周末""三联生活周刊"等。

南方周末 APP 是南方周末推出的移动端版本,内容和纸质有很大的相似性,但形式上更加丰富,有图片新闻、视频新闻等。整个 APP 分为"我定制""大事件""市场派""文化控""舆论场""视觉志"和"新生活"七个版块。根据不同类别的新闻,可选择感兴趣的频道,完成定制,也可以对不感兴趣的频道直接取消定制。大事件分为"调查""法制""特稿""民生""时局""天下"和"防务"七个版块,每个事件图文结合,用户可在相关页面进行评论、转发、点赞等。"市场派""文化控""舆论场""视觉志"和"新生活"分别细分为不同的相关版块,每个版块都有对应新闻和深入的剖析理解。

由互联网门户网站推出的移动化应用有很多,如掌中新浪、网易新闻、腾讯新闻、搜狐新闻等。相对来说,网易新闻和腾讯新闻做得质量更好一些。

网易新闻客户端内容涵盖新闻、财经、科技、娱乐、体育等多个资讯类别,软件已经覆盖 iOS、Android、Symbian、Windows Phone 四大主流平台。先后推出跟帖、标签、直播、订阅、问吧等频道与功能,并通过大数据挖掘技术,实现新闻内容的精确推荐,为用户带来个性化、全景式的阅读体验。2016 年 4 月正式推出的网易号自媒体平台自上线以来,网易新闻客户端以其专业、全面的新闻报道为用户提供 24 小时资讯服务,成为国内第一个精品阅读,第一个开始建立原创栏目,第一个建立起用户积分体系、活动广场的资讯类 APP,在移动资讯领域始终保持着市场领先地位。截至 2016 年 3 月 22 日,网易新闻全平台总用户量已超过 4 亿个。

由以技术平台为中介的新闻聚合服务类应用,如一点资讯、鲜果联播、ZAKER 等。

ZAKER 是国内一家互动分享和个性化定制的阅读平台,它将资讯、报纸、杂志、图片、微信等众多内容,按照用户意愿聚合到一起,实现深度个性化定制。它打造出最前沿的资讯轻社区,满足用户基于不同阅读兴趣的互动话题讨论,拥有新闻、美图、财经、科技、体育、汽车、时尚、奢侈品、娱乐、游戏动漫、星座、彩票、旅游、美食、生活和创意等近 20 大类频道。它拥有强大的分享功能,打通多个社交媒体平台,可将任何内容通过邮件、短信、微博、微信、QQ 等转发分享。

这些客户端推动的内容往往存在信息重复和信息过载,内容运营无针对性等问题。

如何通过内容质量的提高和形式的创新,进一步提升用户的阅读体验,或者是通过更好的运营方式,增强互动性和提高用户黏度是现在新闻客户端需要着力提升的方面。

(2) 音频(视频)应用。音频和视频内容的提供现在是分开的,比如优酷、爱奇艺和腾讯视频等专门提供视频动画类的内容资源,酷狗、酷我、QQ 音乐、网易云音乐等专门提供音乐类的内容资源。

优酷客户端具有视频在线播放、全屏播放、视频缓存、快捷搜索、播放历史云同步、拍摄和上传视频等功能,为用户提供了更流畅便捷的客户端视频播放体验。拥有电影、电视剧、动漫、音乐、新闻、娱乐以及个性化推荐等内容,目前支持 iOS、Android 两个平台用户的使用。

与传统的音乐提供方式不同,喜马拉雅 FM、蜻蜓 FM 等提供的是国内的音频分享服务。喜马拉雅 FM 于 2013 年 3 月手机客户端上线,目前是国内发展最快、规模最大的在线移动音频分享平台。可同时支持 iPhone、iPad、Android、Windows Phone、车载终端、台式计算机、笔记本电脑等各类智能手机和智能终端。其内容涵盖广泛,包括有声小说、新闻谈话、综艺节目、相声评书小品、音乐节目、教育培训、财经证券、儿童故事、笑话大全、健康养生、个性电台等栏目。

(3) 掌中书城。掌中书城包括提供在线图书阅读的豆瓣阅读、91 熊猫看书、iReader、云中书城等,还有移动有声阅读平台如懒人听书等。

豆瓣阅读主打安静而有趣的阅读,提供高质量的文字内容,是一个中文原创写作平台,任何作者都可以来这里写文章、专栏、中篇乃至长篇作品;同时,豆瓣阅读发售出版社正版图书的电子书,读者可以在应用中读到独家原创小说、中文图书和英文原版图书;并且支持用户在 APP 内购买相关的纸书或者衍生产品,也是内容 APP 在流量变现方面一个很好的体现。

懒人听书提供免费听书、听电台、听新闻等有声数字收听服务,用户规模上亿人次,是国内受欢迎的有声阅读应用,支持 iPhone、Android、Web 等多端数据同步。拥有文学名著、有声小说、曲艺戏曲、名家评书、儿童文学、外语学习、时事新闻、搞笑段子、健康养生、广播剧、职业技能等十几个大类海量高清有声阅读资源,每天都有新的资源更新发布。所有用户都可以上传有声节目,上传后的节目可以在懒人听书所有平台上同步收听,优质原创节目可以获得资金、包装、推广、宣传等方面的扶持。听友可以关注感兴趣的主播或有共同收听兴趣的其他听友,关注后可以获得他们的收听推荐,可以即时交流收听感受。

(4) 知识分享平台。知识分享(Knowledge Shared)指知识由知识拥有者到知识接受者的跨时空扩散的过程。这里知识是指经过人的思维整理过的信息、数据、形象、意象、价值标准以及社会的其他符号化产物。分享的知识不仅包括可编码的明晰知识,也包括与个人的经历和背景密不可分的隐性知识。

在知识经济的时代,知识变现成为主流,国内的知乎、一席、分答在行、得到、果壳等知识分享平台,成为很多人获取专业知识的主要途径。

"知乎"是一个真实的问答社区,社区氛围友好理性,连接各行各业的精英。用户分享彼此的专业知识、经验和见解,时刻源源不断地提供高质量的信息。"知乎"大致有四个功能区:"最新动态",大约占到首页 70% 版面,主要呈现用户所关注人物的最新提问及回答等信息。用户可以通过"设置""关注问题""添加评论""分享""感谢"和"收藏"等功能参与到自己感兴趣的问题中。"用户中心",用户可查看自己的记录并进行行为管理,比如在邀请模块中,用户可以通过电子邮件或新浪微博邀请自己的朋友加入到"知乎"社区中。"知乎"也会为用户关注或感兴趣的话题推荐板块。"话题和用户推荐","知乎"运营方一方面根据用户关注话题进行信息汇总,另一方面通过用户在"知乎"网络相关行为数据记录统计,达到相当准确的推荐和汇总。同时,尤为值得一提的是,"话题广场"板块中,"知乎"将所有话题分类标签呈现,除为用户提供搜索和导航之外,还是一种不错的获取信息方式。

（5）垂直资讯应用。APP 市场逐渐成熟后，出现集中化的趋势，大浪淘沙，市场几乎被 BAT 三巨头占据。从发展趋势来看，在巨头霸占市场的情况下，垂直类应用的开发越来越成为创业者的最佳选择，这也导致 APP 定位不断聚焦，垂直化发展趋势愈发明显。各细分领域的 APP 通过精准定位具体人群，提供深度个性化服务，不断增强 APP 的独特性和唯一性，提高用户黏性和依赖度，从而获取优质用户。

垂直资讯类应用注意力集中在某些特定的领域或某种特定的需求，提供有关这个领域或需求的全部深度信息，有时会延伸到相关服务。比如现在生活资讯 APP 还可以不断细分到更为垂直的领域："衣"类 APP 可细分为服装折扣信息提醒类、服装搭配分享类等；"食"类 APP 可细分为美食推荐类、美食菜谱分享类等；"住"类 APP 细分为长租类、短租类、民宿类、买房类等；"行"类 APP 可细分为车票信息类、户外攻略类、周边旅游信息类、公交路线查询类等。

榫卯 APP 将一些有趣的木结构构造用三维模型展示出来，让用户从各个角度观察和研究。除了榫卯的构造本身，榫卯 APP 还提供有关榫卯的木料、工具以及历史的介绍。目前榫卯 APP 内有 27 个可以查看的榫卯结构，并提供 15 个榫卯结构的 18 元付费解锁。它曾是苹果 App Store 精品推荐和优秀新 APP 榜第一名的应用，上线之后的前 20 天内即获得 18 万下载量，是一个典型垂直领域内的成功 APP。

6.2.3　硬件 APP

硬件 APP 作为智能硬件的一个组成部分，用于用户在手机上选择硬件的运行参数，任何人都能通过一款 APP 操控原先并没有被智能化的物件。在了解硬件 APP 是什么之前，需要先了解智能硬件是什么。智能硬件是现在很热门的一系列科技产物，小到苹果的 iWatch、小米手环等智能手表，大到智能电视、智能家居、智能汽车等，都是智能硬件产品，Google 推出的智能家庭方案更是各种智能硬件大集成的结果。

这样看来，硬件 APP 似乎是一种工具类型的 APP，但是与单纯的工具 APP 的不同在于，它与智能硬件有直接的联系，需要与智能硬件配合使用才会起到作用，而不是通过 APP 本身就能达到目标，所以硬件 APP 是与工具 APP 有本质区别的。

硬件 APP 是走向物联网时代的前期产物，可以说，硬件 APP 会是未来 10 年内普及大众的一款 APP。比如下班前，在办公室提前遥控电饭煲开始煮饭；出门后是否关好门窗，也可以利用智能硬件 APP 查看，等等。它将使人们的生活更加方便、可靠和快捷。

6.2.4　工具类 APP

工具指的是为了完成某个任务所采用的器物或者手段。有些 APP 只能提供某些工具的功能，无法提供其他内容和功能，通常将这些 APP 称为工具类 APP。现在智能手机功能越来越强大，我们不仅能打电话、听歌、看电影，还可以通过一些手机工具 APP 在现实中给我们很多帮助。智能手机本身自带一些通用的工具，比如闹钟、便签、录音机、手电筒等，可以满足日常生活中简单的需要。比较复杂的需求，可以由专门的工具 APP 来满足。比如地图导航类的高德地图、百度导航、谷歌地图、SOSO 全景地图；生活服务类的去哪儿网、大众点评、赶集网；查询工具类的墨迹天气、我查查、列车时刻表、航班管家；拍摄美化类的美图秀秀、激萌、魔漫相机、3D 全景照相机；浏览器类的 UC 浏览器、QQ 浏览器、ES 文件浏览器；系统安全类的猎豹清理大师、360；财务管理类如随手记、银行客户端、支付宝等。

工具类 APP 有三个特点：①产品驱动而不是运营驱动，只要能抓住用户痛点推出对应功能，就能获得用户，但是用户黏性不会很高，基本属于用完即走的类型。②纯工具性的特点使它很容易被复制，这就要求工具类 APP 在设计上要有特色，能够吸引并留住用户的眼球。③工具类 APP 的商业模式单一，无法很好地实现变现，基本以卖广告为主，但是现在也有很多 APP 在尝试社交化、内容化和硬件延伸，以求获得更多的变现渠道。

6.2.5 电商 APP

电子商务是指在全球各地的商业贸易活动中，在因特网开放的网络环境下，基于浏览器/服务器应用方式，买卖双方在不见面的情况下进行各种商贸活动，实现消费者的网上购物、商户之间的网上交易和在线电子支付以及各种商务活动、交易活动、金融活动和相关的综合服务活动的一种新型的商业运营模式。各国政府、学者、企业界人士根据自己所处的地位以及对电子商务参与的角度和程度的不同，给出了许多不同的定义。电子商务可分为ABC、B2B、B2C、C2C、B2M、M2C、B2A（即 B2G）、C2A（即 C2G）和 O2O 等。

电商 APP 支撑的是移动电子商务业务，手机用户可以通过电商 APP 购物，比如淘宝、京东、大众点评、每日生鲜、美团等，除了有基于 PC 的网站，还各自配备有手机客户端，淘宝APP 还分成淘宝、天猫、闲鱼等。

电商 APP 的特色在于 LBS 的应用，人们可以寻找附近的美食和好玩的地方，也可以看自己定的外卖送到什么地方了，还可以在商场内获得优惠活动的信息。

6.2.6 综合 APP

现在很多 APP 已经不再着眼于单一的功能或者是商业模式，而是在探索更多的运营和变现方式，寻找更多的流量入口。以社交 APP 起家的微信，现在已经是一个集搜索、电商、支付于一体的综合性 APP 平台。很多工具类 APP，都在试图社交化或者电商化，寻找更多的流量变现，比如墨迹天气推出了监测空气质量的"空气果"，支付宝增加了生活圈和口碑商户推荐的服务；在线听音乐 APP 酷我音乐则推出了蓝牙耳机等周边配件。总体来说，综合性 APP 的发展趋势一是增强产品能力；二是寻找流量变现的方式。广告合作则是各类APP 都通用的传统商业方式。

6.3 APP 的特点

在移动互联网时代，APP 的特点总的来说是小而美，交互性等。

（1）免费：虽然是免费的，却是最贵的。利用技术更新，产生新的内容展现方式，创造更多的流量入口和变现机会。

（2）快速：移动端可以做到随时随地发布信息，目前对发布的内容审核还无法做到像传统出版物内容那样严格，内容发布和获取的途径随着技术的进步变得更加多样化，所以现在内容的发布和信息的获取是非常快速的。

（3）互动性：主要体现为转载、评论、分享、回帖等形式，媒体的影响力可通过"粉丝数"

"转发评论数"等获得直观反映。

（4）即时性：互联网打破了传统纸媒在时间上的限制，移动互联网打破了互联网在地点上的限制。用户可以在手机上随时随地发新闻、看新闻，可与在线的任何人进行新闻信息交流、播放视频等。

（5）针对性：在信息爆炸的时代，特别是人人可以发信息成为自媒体作者的时代，有海量的内容每天供用户选择。由于手机屏幕限制，新闻往往聚焦于某些主题，有些更是会根据用户的喜好，从新闻库推送用户关心的主题，从而做到了海量资源基础上有针对性的展示。

（6）社交化：社交媒体成为网络新闻获取、评论、转发、跳转的重要渠道。CNNIC 数据显示，2017 年上半年内，曾经通过社交媒体获取过新闻资讯的用户比例高达 90.7%，在微信、微博等社交媒体参与新闻评论的比例分别为 62.8% 和 50.2%，通过朋友圈、微信公众号转发新闻的比例分别为 43.2% 和 29.2%。

6.4　APP 的制作流程概述

一款 APP 开发之前，需要明确它的定位，以及如何进行设计来让这个 APP 完美地呈现，确定之后进行产品的设计和开发实现，开发上线后，还需要根据用户的反馈进行修改优化。这是一款 APP 完整的制作流程。

总体来说，APP 制作包括产品定位、用户研究、产品策划、原型和交互设计、产品开发、产品测试、产品发布、产品运营几个方面。但是在移动互联网开发过程中，通常不会采用这种开发方法，而是会采用敏捷的方法，在使用敏捷开发的项目管理中，这几个阶段有交替和重叠的部分，在产品发布后，又会开始新一轮的策划、设计和开发，直到产品功能不需要再变化。敏捷开发强调产品人员与开发人员之间的合作，以项目为单元，尽快完成最小单元的需求开发和测试，不断地重复这个过程，也就是迭代，从而循序渐进的使软件得到最大限度的优化。

不论采用何种管理模式，其过程都是先进行策划和设计，然后进行开发制作和上线。接下来就重点介绍如何进行 APP 的策划和设计。

6.4.1　APP 的价值与定位

做一个 APP 产品之前，首先要对整个行业进行背景调查和分析，分析一下市场现状以及未来的发展空间，评估一下值不值得去做。作为一种存在于手机中的应用，APP 有专门的应用市场，比如苹果、安卓、小米、华为和腾讯等旗下均有大型的 APP 应用市场，供用户购买、下载，提供评价和讨论专区。因此，APP 的市场分析阶段，应对应用市场热门的 APP，以及目标竞品和相关 APP 的产品形式、下载量、使用评价和评分等级等进行分析。

6.4.2　APP 的内容策划

APP 的主要目的是利用不同的表现形式，承载丰富的内容或者是提供某种更为便捷的服务。APP 的产品策划，不仅要策划 APP 功能的实现方式，更要注重内容的质量。

APP 内容的来源总体可以分成 PGC 和 UGC 两大形式。

（1）PGC（Professionally Generated Content，专业生产内容），也称 PPC（Professionally Produced Content），指的是内容的策划、创作都是由具有专业知识的人来完成的，内容发布平台对内容有更严格地把控，保证了在满足用户需求的基础上，对内容先进行有效筛选，在内容正确的基础上，给用户他们想要的东西。其中，OGC（Occupationally Generated Content，职业生产内容）也属于 PGC 的范畴，但是由于是以岗位工作的需求为前提的，在出版上属于职务行为，产生的是职务作品，所以，OGC 的内容是没有报酬的，而一般 PGC 的内容是有报酬的。

（2）UGC（User Generated Content，用户原创内容），指的是内容的策划、创作以至于营销，都是由没有经过专业资质认证的用户直接进行的，这个用户特指内容生产平台的用户。平台对用户的审核和内容的把控不会像 PGC 那样严格，所以 UGC 的内容质量一般参差不齐，需要阅读者有一定的鉴别能力。显然 UGC 里是没有 OGC 的内容的，但不排除在知名的平台上，以用户的名义进行产品的内容营销，比如在知乎里回答本产品相关的使用问题。

APP 表现层的设计，是最直接关乎用户体验的。通常情况下，功能和特性方面的设计，产品经理会在前期完成，并形成产品需求说明书。交互设计师根据产品需求说明书，进行产品原型的制作。产品原型用来模拟产品的实施效果，有低保真和高保真之分，实际专业分工不明确的工作中，这部分工作也是由产品经理来完成的。原型通过讨论和测试的检验后，整体表现层的设计就完成了一半，另外一半则是由视觉设计师来完成的，视觉设计师需要通过点、线、面和色彩等视觉符号的表达，将产品表达出自己的风格特征。

6.4.3　产品设计

不同类型 APP 的功能设计，主要是满足使用者特定的目的，比如社交 APP 的功能主要是满足沟通的需求，有富媒体的输入和展示、评论互动以及个人隐私管理等功能；工具和硬件类 APP 的功能主要是满足使用者的某种需求，比如进行系统设置、系统文件管理等；这时主要是提供明确的操作引导，明显的操作按钮以及清晰的结果展示；内容 APP 以向用户展示内容为目的，是数字内容产品的一种，接下来会进行重点介绍；电商 APP 的作用是提供产品信息和购买渠道，以方便商品展示和商品售卖，所以主要功能在于商品分类展示、商品详情介绍、购买引导、订单结算以及使用反馈等；而综合 APP 则以上功能兼而有之。

在内容 APP 中，信息的表现载体有文字、图片、音视频和动画等，在信息传播中，可能会采取复杂多样的表现形式，但都是以这几种作为基本元素。比如现在流行的直播就是在视频的基础上，加上互动的元素，从技术上来说使视频的时效性达到最大，但其实还是基于以上几种基本的形式进行信息的表现，未来是否有新的表现形式，或许在影响人嗅觉和触觉的感知方面，可以有更多的创新。

APP 中内容的表现形式，由于移动端设备和显示屏幕的特征，会采用与 PC 网页中不同的形式，目前比较常用的方法有列表展示法、网格展示法、轮播图、泳道法、卡片等。

（1）列表的形式十分常见，是一列列地将信息依次呈现在界面上，可以是文本、图片或者视频缩略图等。单击单个列表中的条目，通常会进入该条目下的详细内容页或更深一层的层级中。由于界面的限制，通常情况下列表呈现的内容是有限的，但是也可以向下加载翻滚和新内容，用户可以通过点击"加载更多"或者向上滑动的操作，来获得更多新的内容。根据内容库的多少,可以获得新内容的次数也不同。列表通常会和标签栏一起使用,通过切换不同的标签可以呈现不同类别的列表,比如微信中的"通讯录"标签中对应的是好友列表,而"发现"标签中对应的是微信推荐的特色功能列表。

(2) 网格将诸如应用的图标、缩略图、功能图标等内容组织成规则的行列形式。单击单个网格的部分会将用户带入到下一级内容中,或者调出一个模态弹出窗口,再或者是打开关于该条目的细节内容视图。比如系统的应用呈现的界面是典型的网格形式,一般相册中图片的展示也采用网格的形式。常见的电商如京东、淘宝、大众点评等首页上方都有两行网格形式展示的图标,代表不同的垂直分类入口。

(3) 轮播是在一定的区域内,在不同的时间内展示不同的内容,一般显示为图片,也叫轮播图,也有带有交互的卡片信息或者视频的形式,切换的方式通常是让用户左右滑动,但也有上下滑动切换的,比如 Safari 切换网页的操作。轮播在网页中,通常采用自动切换不同内容显示的方式,在手机客户端,自动切换往往是在用户登录到系统之后展示的,而且经常在 Banner 的位置作为内容的推荐或者是广告位。在系统启动时,一般采用提示用户进行手动滑动的方式,会在左边或右边设置一个箭头,或在下方加上一个页标,还有的采用 3D 效果显示,来提示这部分区域是可以滑动切换的。

(4) 泳道是一组垂直排列的轮播,用户垂直滑动可以变换不同的类型,某个泳道内的内容是可以水平滑动查看的。不同类型的内容需要排布在不同的泳道中。在设计时,泳道不能设置为自动滚动的形式,因为会影响用户浏览页面内容,不同的内容在时刻变化,会让用户觉得非常乱。

(5) 卡片是将各种对象封装为一个整体的表现形式,其中包含了媒体、文本、网页链接、交互动作(例如点评、分享、打标签、添加媒体等)。利用卡片的形式主要是为了让某个主题的相同内容更好地进行集中展示的同时,还可以区分于其他不同主题的内容。卡片使得各种对象可以更好地排布,在视觉上层次更加清晰。

内容 APP 的设计,我们可以看作是将内容以更好的形式进行展示的方式,了解了 APP 中内容的不同展现形式,可以根据之前的产品定位以及内容策划,选择合适的内容展示方式。最好的方式则是大量参考不同类型 APP 的设计方式,总结归纳,在此基础上形成自己的设计风格。

6.4.4　APP 的制作开发

1. 程序开发

由开发工程师进行 APP 开发,一般需要专门的开发团队。在进行 APP 开发之前,团队通常会对设计方案进行评估,如果方案在现有技术条件下无法实现,则重新回到 APP 的设计阶段。开发团队的评估结果会体现在开发平台的选择、开发语言、项目管理方式以及后期的维护等方面。

在理想状态下,开发团队根据设计方案进行 APP 开发,开发完成后即可对外发布。但是实际情况中,开发团队的结果与设计方案总是会出现或多或少的差异,而且 APP 运行的稳定性也时有状况发生,所以 APP 开发完成后,会有一个测试的过程来确保质量。

还有一点需要考虑的是,需求过多导致开发工程师无法在预定期限内完成制作,为了解决这个问题,开发团队通常都会使用敏捷开发的项目管理方式,这种方式能够确保核心产品需求先被满足,然后再根据用户的反馈,随时对设计方案进行迭代优化,调整下一步的产品策略。

2. APP 在线制作服务

现在很多平台都提供在线的 APP 制作服务,使用者不需要具备专业的开发语言基础,根据平台提供的模板、素材和空间等材料,进行搭配,组合成一个自己需要的 APP。如果熟知这些材料的特征,使用者完全可以作出符合自己需要的精美的 APP。这些平台提供的服务还有 APP 的发布、运营渠道以及个性化定制等。

6.5 APP 的常见功能及实现方式

本书中的所有案例,均采用新空云泛媒体服务平台进行讲解,包含管理后台、客户端和新播客三个使用部分,管理后台用于对内容和功能进行编辑;客户端呈现内容和功能;新播客用户进行移动投稿和直播投稿。

6.5.1 内容呈现

新空云客户端中内容的表现形式有很多种,不同内容需要搭配的表现形式都不相同。

如图 6-1 所示,一级栏目下可添加多个子栏目,支持预设默认显示子栏目,同时提供超过 9 种不同的稿件内容展示形式,用户可以根据不同的内容发布需求选择使用。在列表页内支持不同类型稿件的混排。

自定义栏目　　　　　稿件混排　　　　　自定义栏目页

图 6-1　多种新空云栏目样式种类

新空云资讯列表页支持下拉刷新、左右滑动切换栏目等操作。增加、修改和删除栏目无须升级客户端即可完成。

新空云客户端提供多种内容详细页的展示样式,用户可按需选择使用。在内容详细页内,终端用户可以分享、评论、点赞和收藏,如图 6-2 所示。

图 6-2　新空云栏目样式展示

6.5.2 互动功能

客户端有一定的用户群体之后,需要将沉默用户(也就是注册了产品,但已经很久没有使用过的用户)转化为活跃用户,并通过活跃用户带动其他用户。

让用户有存在感和参与感,让用户找到认知、共鸣及归属感,才能让用户活跃起来。通过合理利用新空云的问答、话题、活动和投票功能,可以让用户参与到内容建设中,提升用户的活跃度。下面分别进行功能的使用介绍。

1. 问答

问答功能主要是在客户端以提问和回复的形式来展示。客户根据自身场景新建问答稿件,终端用户可以在 APP 内进行提问,并浏览其他人的问题和回答。通过问答功能可以解决用户和专家、名人、政府职能部门等之间沟通难的问题,增加和用户之间的互动性,如图 6-3 所示。

图 6-3　问答功能效果图

问答功能可以有更多、更广泛的应用场景,举例如下。

* 可以用在问政,请政府部门的某位官员或者某个部门开通问答,进行"一对一"的提问与回答;
* 可以邀请社会各行各业的达人,以专业的行业知识来做社会化服务;
* 用在商业宣传方面,比如邀请一些 4S 店的店长、房地产租售店的店长、某食品企业的老板等,开设问答专栏,回答行业相关的问题,同时为自己的企业做更好的宣传;
* 报社自身的使用场景,以报社名义开设问答,用户爆料内容(提问),报社记者跟进并反馈结果或者答案;
* 在行业报和企业报中同样也有不错的应用场景,比如行业领袖、企业领导人开设问答、对行业新规进行专业解读的问答或者某个行业内企业宣传问答等。

2. 话题

话题的功能主要是提高客户端用户的活跃度和参与度,旨在为终端用户提供一个自由表达个性观点的窗口。图片和文字的上传形式更趋向于 UGC,如图 6-4 所示。

图 6-4　话题功能效果图

话题存在着很多使用场景,比如:

- 可以结合一些热点发起话题,让用户参与讨论,只要话题选得好,就可以提高大部分用户的参与兴趣;
- 可以合理利用节假日发起一些与节日相关的话题;
- 话题可以做社群运营,聚集一群兴趣相投的人一起参与讨论。

内容的准备只是开始的第一步,前期准备好内容之后,还需要运营人员自己充当马甲用户营造氛围、填充初始内容。当有少量用户加入之后,运营人员需要邀请和发现种子用户加入,对内容生产者给予奖励。更多新用户加入之后,将已经产生的优质内容进行传播,同时保持引入新的用户。

3. 投票

如图 6-5 所示的投票功能,本身就具备很强的互动性和参与感,是带动客户端黏性、活跃度非常重要的一种方式。对于话题性较高的内容,可以重点考虑娱乐、健康、本地、社会等题材的应用场景。

地市媒体和行业媒体,可以发布新闻类调查投票。在本市、地区、行业举办大型投票活动,其类型覆盖广泛。还可以为企业、学校等代做发布投票活动,类型丰富多样。具体如何使用这个功能,还需要根据自身情况来确定。

4. 活动

活动功能可以实现活动发布和活动报名。用户报名后,可以在新空云发布后台内查询相关信息。对于报名用户,可以在"我的活动"中查询已经报名的活动信息,如图 6-6 所示。

普通用户看到感兴趣的活动类型,可以单击报名参与,编辑人员通过后台详细了解活动

图 6-5　投票功能效果图

图 6-6　活动功能效果图

的参与情况。可以将线上和线下结合起来,例如经常送一些福利活动给用户,如送电影票、门票、购物券等。

6.5.3　广告和启动页

随着互联网的发展与普及,商家对于互联网新媒体端的广告投放也越来越重视。新空云的新媒体广告区别于传统媒体的广告形式,具有多种传播形式与内容形态,实现了一平台多终端化(手机客户端、PC 云网站、手机微网站)的广告投放和管理。

1. 启动页广告

打开 APP 首先跳出来的往往是启动页,因此启动页广告成为用户在使用这款产品时最先接触的广告类型。但是用户在启动页广告的停留时间很短，接收信息有限，为了让用户发现启动页广告最核心的信息，需要注意"简捷明了，突出重点"。

启动页广告一般是用做大型的广告投放，或者是客户端自己的活动，目的是增加吸引力，提升用户活跃度。比如在节日期间可以换上节日祝福的图片，让用户更有归属感，使客户端更加人性化。如果客户端类型偏文艺，可以定期替换一些优美的图片，培养用户的审美和使用习惯。

2. 轮播广告

头条轮播广告位于新闻列表页面的顶部头条轮播位置，穿插在新闻中显示，也是用户关注度最高的位置。头条轮播是会切换的，每一条广告的展示时间并不长，这就要求头条轮播广告要在最短的时间内吸引用户，因此"具有吸引力的标题和图片"成为头条轮播广告的核心诉求。可以用在重大活动的展示以及大型广告的投放中。

3. 列表广告

列表广告采用的是瀑布流的形式，当用户浏览新闻时，会出现赞助商的广告链接，展示形式是图文形式，用户点开后会进入相应的活动页面，内容风格与上下文的新闻内容较为接近，让广告真正融入新闻，使广告的投放更加无形。

列表广告内容要贴近用户、生动有趣，但是不能过于频繁，可用于一般活动和中型广告商的广告投放中。

4. 文章广告

文章广告出现在新闻客户端的图文稿件详情页面，即新闻客户端该栏目每篇文章的顶部或者底部。投放的广告应尽量与文章内容相关，这样用户接受效果会明显提高。

一般广告的图片尺寸没有限制，经测试 720dpi×240dpi、720dpi×360dpi、720dpi×540dpi 三种尺寸的图片效果较好。建议图片大小不要超过 100KB，以防加载时间过长而失去展示时机。

5. 图集广告

图集广告出现在新闻客户端的图集稿件详情页面，即新闻客户端该栏目每篇图集最后一张图后面，同时支持 GIF 动图的效果。图片的尺寸也没有固定的要求，但是大小建议不要超过 100KB。

在内容上，可以与该组新闻相关联，借用该组新闻的影响，进行广告推广。在形式上，广告展示图片的风格要与该组新闻的图片风格相搭配，过渡自然，不突兀，可以让用户更好接受。

在投放广告时，要根据移动端的投放环境以及用户个性化的阅读需求，选择合适的广告表现形式，将广告内容新闻化，让广告潜移默化地呈现在 APP 中，实现盈利。

6.5.4　数字报功能

数字报是报纸的数字化出版，新空云提供数字报的编辑制作功能，发布后可在数字报模块阅读数字报。在查看数字报时，用户可以左右滑屏切换报纸类型，系统进入报纸阅读的详细页，可以进行热区阅读，左右滑屏切换报纸版面，单击进入对应区域的详细内容阅读，并可对详情新闻进行评论、收藏、设置字体大小、转发共享等操作，如图 6-7 所示。

（1）本期目录模块：目录为数字报目录，客户端自动抓取所有目录信息。以标题＋缩略图的形式展现。

报纸版面　　　　　本期目录　　　　　数字报详情页

图 6-7　数字报功能

（2）往期报纸查看：进行实时阅读，阅读后留有缓存，不耗用流量，并可以对往期报纸进行阅读。

6.6　利用新空云快速生成 APP

新空云平台提供各种功能的组合，以及很多常用的内容展示的栏目样式，用户可根据自己的需求，灵活、自主地选择 APP 的功能模块和栏目样式，快速组合形成自己的内容型 APP。

生成的 APP 兼容 Android 和 iOS 平台，新闻快速发布与上线，支持新闻、组图、直播、专题和视频等多种内容展示形式，本地化信息服务结合云端新闻发布，融合多种互动功能，带来舒适的阅读体验。

下面主要介绍各种内容栏目的设计和配置。

6.6.1　栏目样式介绍

栏目指的是某一类内容的集合，把一些或一组内容、性质、功能目的或形态相近的内容和内容集合进行定期和定时长的展示，就是不同的栏目。一级栏目里可以再细分成更小的二级栏目，如果内容类别非常多，也可以分成三级栏目和四级栏目。但是考虑到用户获取内容的路径过长会影响阅读意愿，所以一般二级栏目以下不再细分。

新空云目前提供的栏目样式有新闻、读报、服务、外链、直播、本地、生活、政情、新闻icon、积分商城等。其中一级栏目可设置类型包含新闻、读报、服务、外链、直播、政情、积分商城等，二级栏目可设置类型包含新闻、读报、服务、外链、本地、生活、政情、新闻 icon 等。

6.6.2　栏目属性设置

栏目属性设置包括栏目名称、样式、头条个数、图标、链接地址、描述等,栏目不同,对应的属性设置也不同。栏目属性的设置,需要登录新空云管理后台,在层级设计中,可以看到如何进行栏目属性的设置。

6.6.3　栏目层级设计

进行栏目层级的设计,需要登录新空云管理后台。在"设置"→"栏目"中,增加一级栏目,在左侧空白区域右击增加根栏目;增加二级栏目,选中一级栏目右击增加栏目即可。在增加栏目时,需要对栏目的基本属性、扩展属性进行设置,如图 6-8 和图 6-9 所示。

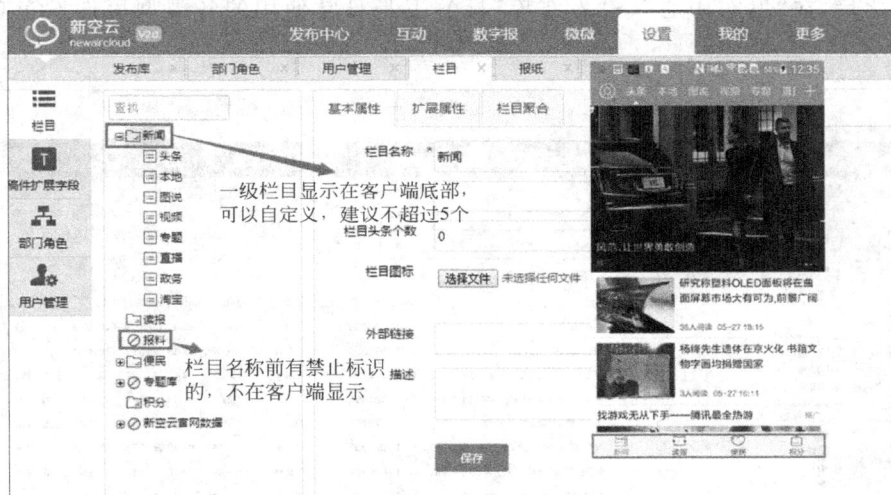

图 6-8　栏目属性设置页面

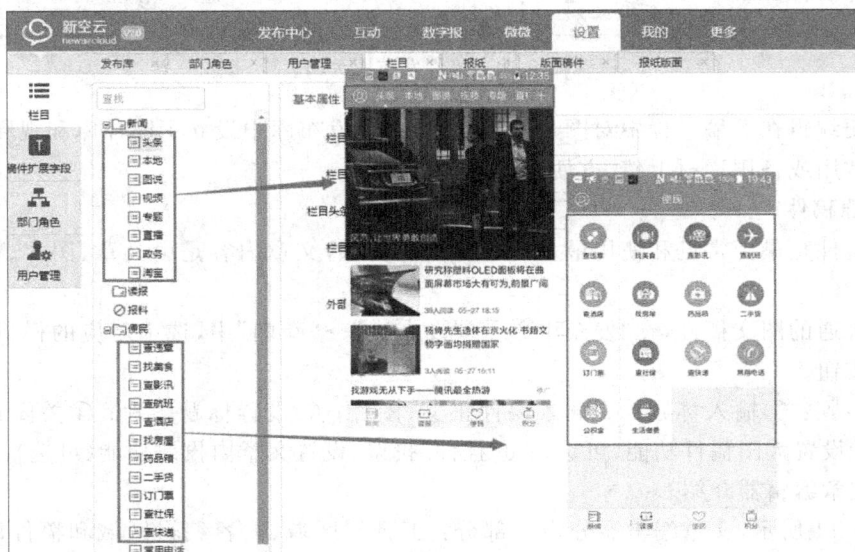

图 6-9　各级栏目在客户端的显示效果

6.7　利用新空云进行 APP 管理

利用新空云可以方便地进行 APP 中内容和功能的管理,并可以在后台设置查看活动结果、通过数据总结统计、进行工作量管理以及 APP 的内容运营。其中内容管理包括各种类型内容稿件的制作和发布。

6.7.1　稿件发布

新空云内容管理发布平台可支持将同一稿件发送到手机 APP 端、手机触屏版、PC 网站端以及推送至微博官方账号和微信公众号。稿件类型包括文章、组图、视频、链接、专题、直播等。

登录之后,在"发布中心"→"发布库"标签下是日常使用的各类型稿件发布功能,如图 6-10 所示。

图 6-10　稿件发布库页面

为方便编辑在发稿过程中对图片和视频复用,在发布库中设立了图片库和视频库,图片库中可将常用或备用素材上传,方便发稿时使用。

1. 普通稿件

普通稿件是最为常见和使用最多的一种稿件类型,文章内容是由文章、图片、视频等元素组成。

发布普通的图文稿件,在"发布中心"→"发布库"→"新闻"中,选中对应的栏目之后,单击"文章"按钮。

发稿步骤:①输入标题;②插入稿件正文、图片;③设置标题图片;④关闭评论功能(可选);⑤设置大图稿件功能(可选);⑥挂件/投票,设置文章内投票功能(可选)。

(1) 文章编辑器介绍

如图 6-11 所示,文章编辑器分为三部分:工具栏区域、内容编辑区域和稿件属性设置区域。

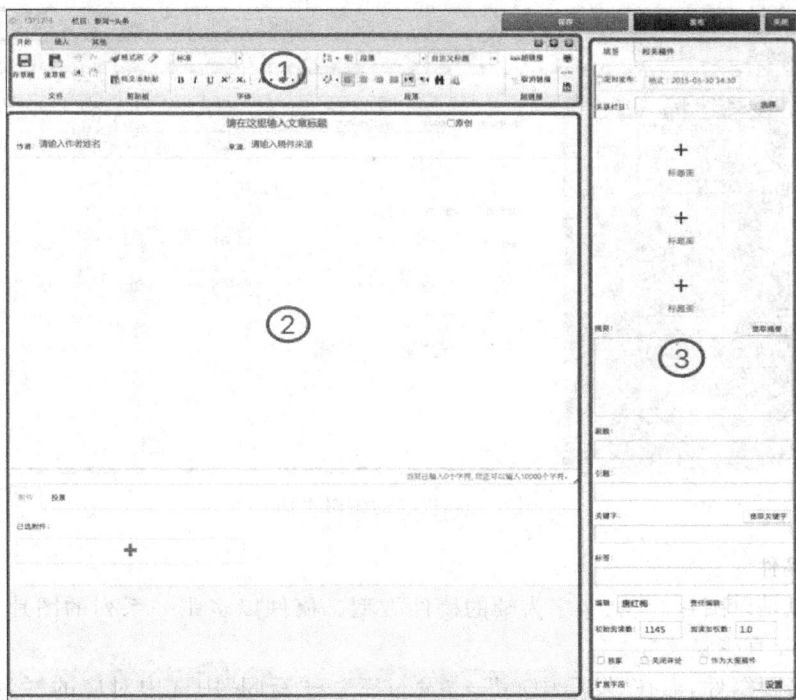

图 6-11　普通稿件的编辑页面

① 在工具栏区域可以将当前正在编辑的稿件保存为草稿,去除从网页上拷贝内容所附带的样式,另外可以编辑文字的常用功能。在插入选项中,可以插入图片、视频、音频文件。

② 内容编辑区域除了设置标题、作者、来源、插入正文、文章内投票功能以外,还可以将内容区域的图片直接设定为标题图片。

③ 稿件属性设置区域可根据展示和管理需要进行稿件属性的设置,如为了保证在各终端的展示效果,在标题图中可按设定比例裁切图片;自动提取摘要和关键字,方便文章在网络上的搜索与展示;针对新闻稿件的特殊性,可以自由关闭单一稿件的评论功能;设为大图稿件,在新闻列表中标题图展现为大图形式;标签中输入的字段会展示在稿件标题下方;可为本稿件设置相关稿件,作为热门稿件的入口等。

(2) 文章内投票功能的设置

如图 6-12 所示为文章内投票功能。设置文章内投票功能共分两步,第一步在互动模块选择"文章投票"→"新建文章投票",按照文章内容创建适合的投票选项;第二步在写稿内容区域的"挂件"→"投票",选择建好的投票主题,如图 6-13 所示。

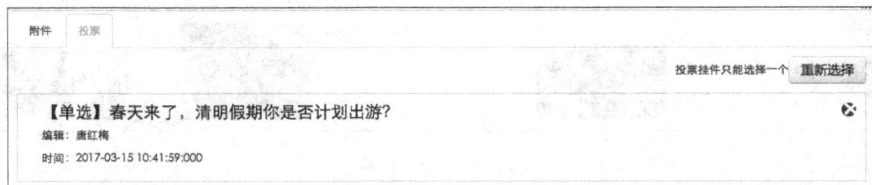

图 6-12　投票功能的展示效果

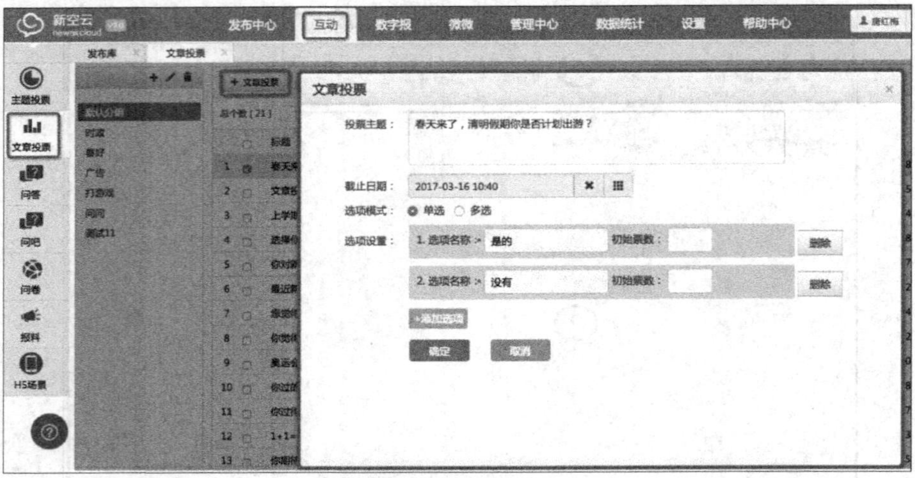

图 6-13　投票的编辑页面

2. 组图稿件

组图稿件是以图片为主、文字为辅的稿件类型。稿件以多张一系列的图片翻页进行展示，每张图片配有少量文字。

要发布组图稿件，需在"发布中心"→"发布库"→"新闻"中选中对应的栏目，然后单击"组图"按钮。组图稿件默认在新闻列表中以并列三张标题图片的方式呈现。

发稿步骤：①输入标题；②插入图片及说明；③设置标题图片；④关闭评论功能（可选）；⑤设置大图稿件功能（可选）。

（1）图片库介绍

图片库功能为编辑提供了图片的分类存储功能，可以上传单张图片或多张图片，方便在发稿时随时使用，如图 6-14 所示。

图 6-14　图片库

（2）组图编辑器

在组图编辑器中单击上传图片，弹出图片上传框。分为本地上传和图片库选择两种方式。

① 本地上传。图 6-15 为本地上传方式，可以选择多张图片同时上传。

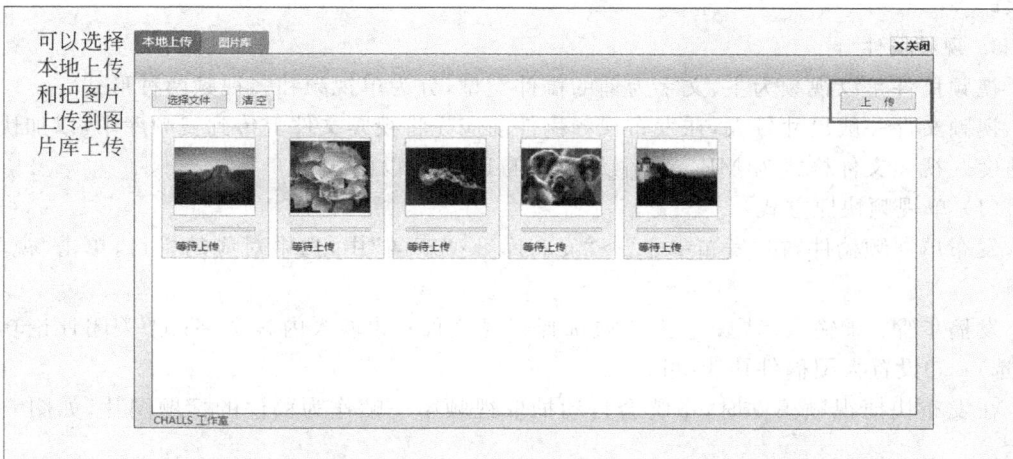

图 6-15　组图的本地上传方式

② 图片库选择。可以从图片库选择图片，如图 6-16 所示，此时，可进行如下操作。

图 6-16　从图片库选择图片

- 同步图片说明：将一张图片的说明同步到此稿件的其他图片说明；
- 设为标题图片：在设置标题图片时可选择三张标题图的任意位置；
- 图片修改：可以裁切、放大或缩小、设置水印、图片旋转等功能；
- 删除图片：删除上传错误的图片；
- 输入图片说明：图片说明会在图片详情页下方展示。

水印是一种数字保护的手段,图片和视频都可以加水印。图片水印一般是为了防止盗图,同时加上公司的网址或者公司的名字也可以起到宣传、推广的作用。添加水印时要注意位置,不要影响整体的美观。在 APP 发组图稿件时,水印尺寸建议宽度为 160～180 像素,如果图片尺寸宽度在 600～900 像素不用处理,大于 900 像素的要先进行图片压缩处理,再加水印。

3. 视频稿件

视频稿件是以视频为主、文字为辅的稿件类型,分为单视频和多视频两种形式。

视频文件一般尺寸较大,在发布视频稿件前应先将视频文件上传到视频库中,以加快发布速度。视频文件格式为 MP4,文件大小要在 100MB 以内。

(1) 单视频快捷方式

发布单视频稿件,在"发布中心"→"发布库"→"新闻"中,选中对应的栏目,单击"视频"按钮。

发稿步骤:①输入标题;②上传或选择视频文件;③输入内容文字;④关闭评论功能(可选);⑤设置大图稿件功能(可选)。

在发布快捷视频稿件时,系统会自动抽取视频第一帧作为稿件的标题图片,如图 6-17所示。

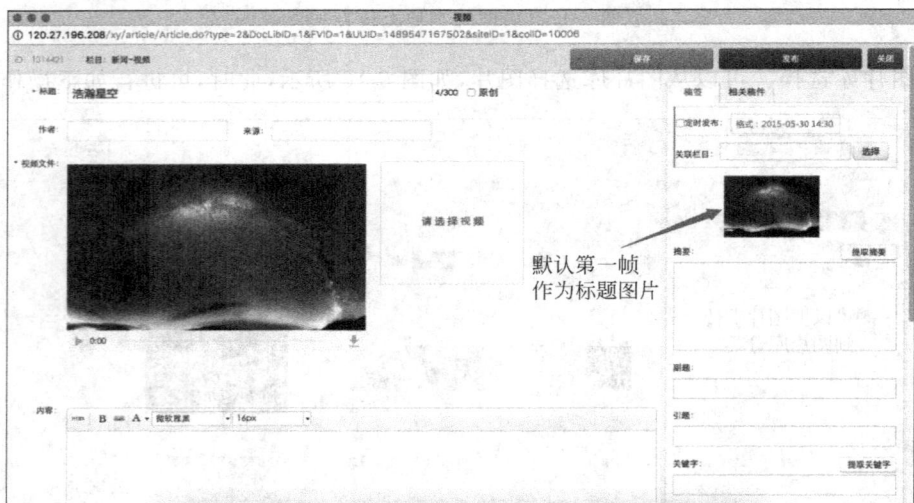

图 6-17　自动视频抽取

(2) 多视频图文混排方式

发布多视频图文混排稿件,在"发布中心"→"发布库"→"新闻"中,选中对应的栏目,单击"文章"按钮。

发稿步骤:①输入标题;②输入文章内容;③插入图片;④在需要的位置插入视频;⑤设置标题图片。

在编辑器工具栏中,单击"插入"→"视频",弹出视频选择界面,从视频库中选择、插入视频链接地址两种方式都可以插入视频。

操作如图 6-18 所示。

图 6-18　视频插入功能操作

4. 链接稿件

链接稿件是以链接为主的稿件类型，主要方便客户嵌入其他链接，比如活动、H5、民生服务等，用户打开稿件直接可跳转到链接页面。

有时需要引用外部的新闻，全部复制可能会丢失排版信息或者复制不完整，同时也无法获得引用新闻的描述性信息。链接稿件的发布功能可以链接到外部的完整新闻，减少内容的失真。

发布链接稿件时，需要在"发布中心"→"发布库"→"新闻"中，选中对应的栏目，单击"链接"按钮，如图 6-19 所示。

发稿步骤：①输入标题；②插入链接地址；③设置标题图片。

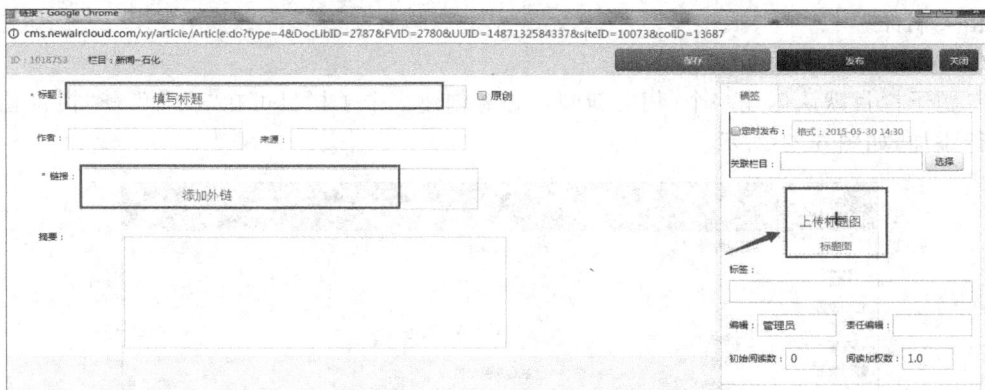

图 6-19　链接稿件的编辑

5. 专题稿件

专题稿件是将一系列报道聚合展示的稿件形式，可以是多层级、多类型稿件（普通、图集、视频、专题等）的报道，不限制稿件篇数。

发布专题稿件时，在"发布中心"→"发布库"→"新闻"中，选中对应的栏目，单击"专题"按钮。

发稿步骤：①单击"专题"按钮，发布专题稿件；②单击专题库（右击刷新）找到创建的专题稿件；③选中专题稿件下面的子栏目发布相关稿件。

创建专题稿件时，需要将栏目样式设置为新闻，并设置在专题页面顶部显示的栏目图标，建议尺寸为 750 像素×270 像素，标题图的建议尺寸为 600 像素×450 像素。另外，可添加描述文字作为本专题的摘要，在专题页面顶部图片下方显示，如图 6-20 所示。

（1）发布专题稿件

在专题库中查找稿件所属的栏目，可看到稿件列表，选择稿件后，单击"发布"按钮即可

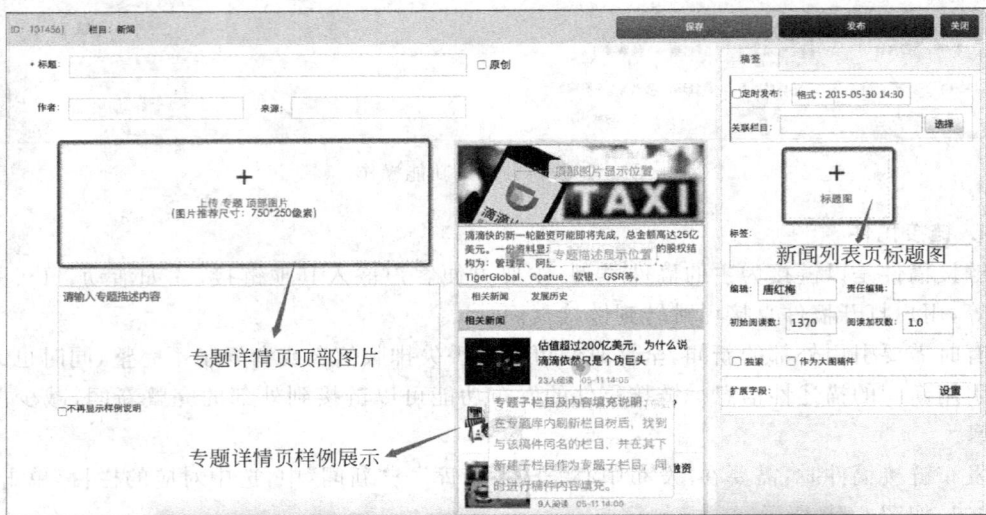

图 6-20　专题稿件的编辑

发布相关稿件。

（2）创建专题子栏目

专题子栏目默认创建一个（相关新闻），如需创建多个子栏目可在"设置"→"栏目管理"中进行添加，如图 6-21 所示。

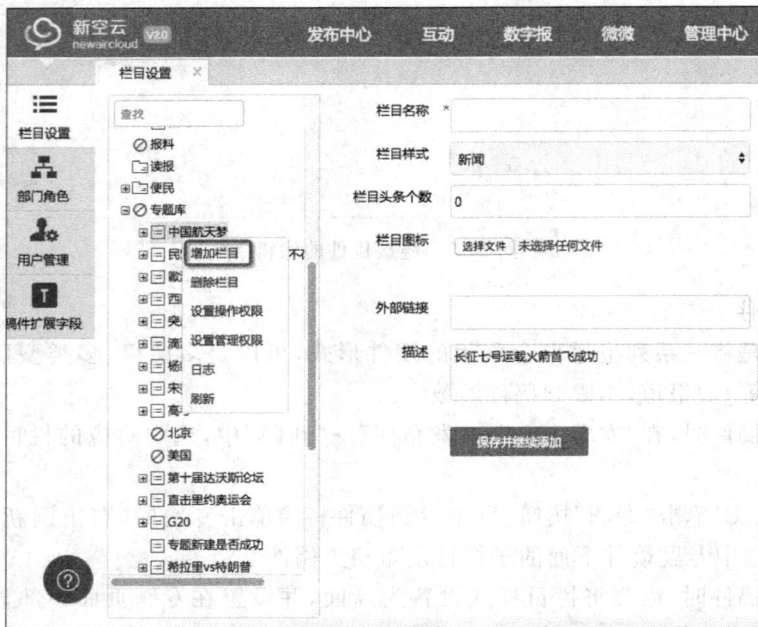

图 6-21　创建专题子栏目

6．直播稿件

直播稿件是一种可以进行实时报道的稿件形式，报道的内容以信息流的形式展现，实时更新的内容可以是文字、图片、视频。

需要发布直播稿件时,除了发布直播稿件还需要进行直播稿件参数的设置。

稿件发布步骤:①输入标题、摘要;②设置标题图片并发布;③在发布中心侧边找到直播栏目,刷新话题,找到直播栏目创建的直播话题;④发布话题,单击继续报道;⑤发布直播内容。

(1) 直播稿件编辑和发布。

在"发布中心"→"发布库"→"新闻"中,选中对应的栏目,单击"直播"按钮,进行直播稿件的创建,如图 6-22 所示。

图 6-22　直播稿件的创建

在"直播"稿件编辑器中,输入标题、摘要,设置标题图片。编辑完成后,单击"发布"按钮,可发布直播稿件,如图 6-23 所示。

图 6-23　直播稿件的编辑

(2) 直播内容的管理。

在"互动"→"直播"中管理直播稿件内容。直播稿件发布后,在发布库侧边找到直播,在直播中会显示直播的话题,如图 6-24 所示。

单击话题,单击"继续报道"按钮,发布直播内容,如图 6-25 所示。

7. 活动稿件

活动稿件可以实现活动发布和活动报名。客户可以在新空云发布后台查询相关的报名信息,完成活动的后续组织工作。对于报名用户,可以在"我的活动"中查询到已经报名的活

图 6-24　直播话题列表

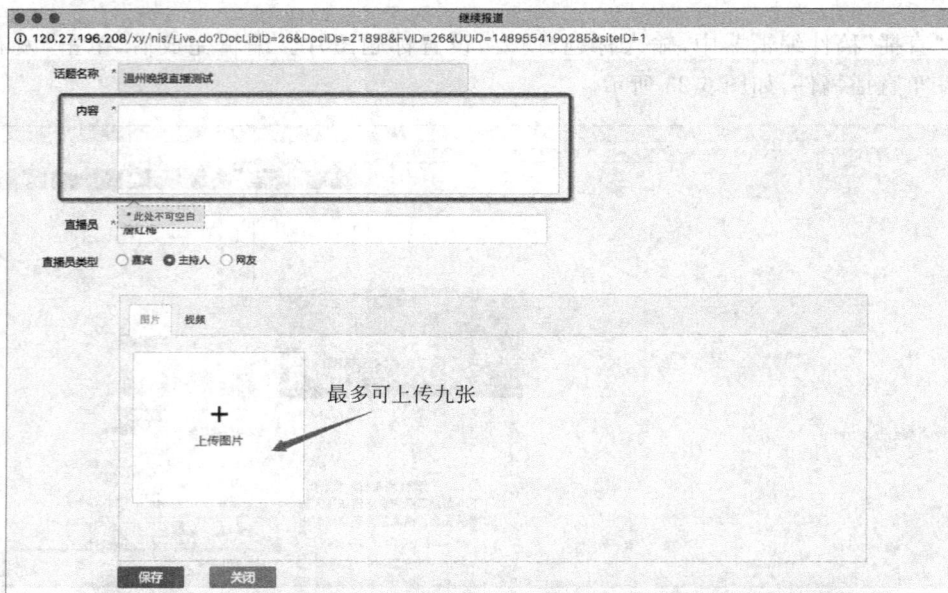

图 6-25　直播稿件的编辑

动信息。

　　在"发布中心"→"发布库"中，选中对应的栏目，单击"文章"按钮，弹出文章编辑器窗口。在左下角可进行活动时间的设置，设置成功后，文章变为活动稿件，可进行保存或者发布，如图 6-26 所示。

　　8. 投票稿件

　　投票稿件分为"主题投票"和"文章投票"两种。一是在文章内添加投票，可针对文章内容进行投票；二是有主题的大型投票，可设置投票频次、是否需要登录、单选或多选、开始和结束日期等，并且通过对 IP 地址的限制来达到阻止刷票的目的。

注意设置活动开始和结束时间

图 6-26　活动稿件的编辑

（1）主题投票稿件

① 新建投票。在"互动"→"主题投票"→"新建投票"中，创建投票稿件，见图 6-27。

图 6-27　投票稿件列表和稿件的创建

输入相关投票信息，选中相应的投票栏目（最好创建单独的投票栏目），如图 6-28 和图 6-29 所示。

投票库栏目创建方法："设置"→"栏目设置"→"投票库"→右键增加栏目，如图 6-30 所示。

② 预览投票。回到"主题投票"页面，选中创建的主题投票，单击"浏览"，复制稿件的链接地址，如图 6-31 所示。

③ 发布投票。在"发布中心"→"发布库"中选中对应的栏目，单击"链接"，将刚才复制的链接粘贴到此处，注意扩展字段的设置，投票开始、结束时间要和主题投票一致，完成投票稿件的设置，如图 6-32 所示。

（2）文章内投票功能设置

除了专门的投票稿件，也可在文章内容设置投票的功能。设置文章内投票时，共分两

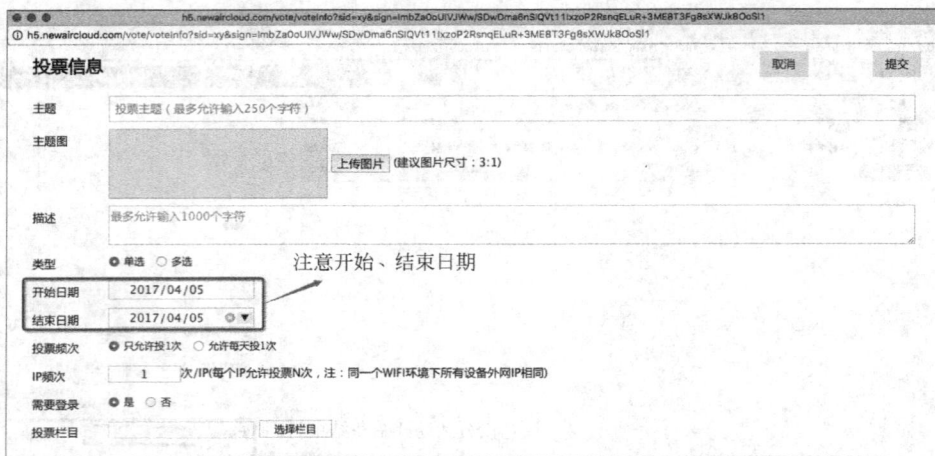

图 6-28　投票稿件的编辑(1)

图 6-29　投票稿件的编辑(2)

图 6-30　增加投票库

图 6-31　复制链接到浏览器预览投票

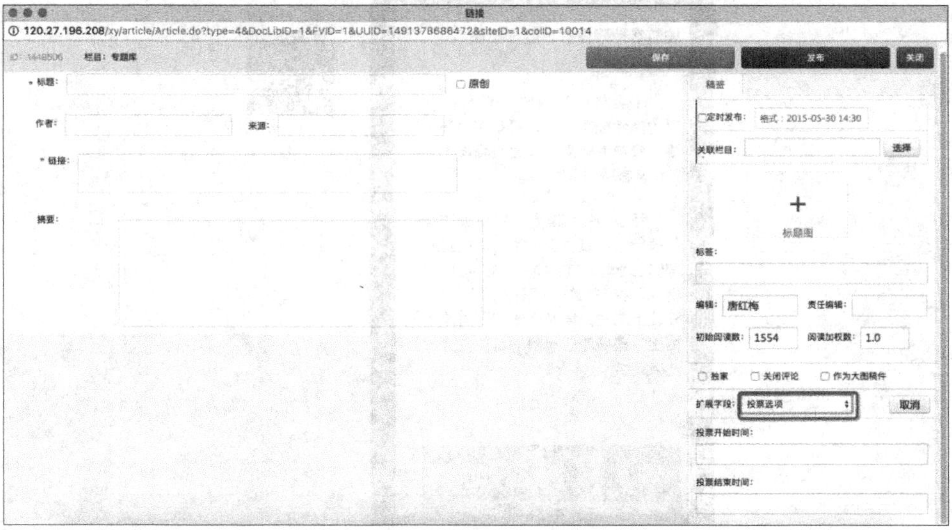

图 6-32　投票发布页面

步：第一步在互动模块选择"文章投票"→"新建文章投票"，即可按照文章内容创建适合的投票选项；第二步在写稿内容区域的"挂件"→"投票"里，选择建好的投票主题。

6.7.2 稿件管理

新空云内容管理发布平台可对稿件进行各种管理,包括查看、撤稿、重改、删除、置顶、固定位关联、复制、移动、推送、查看日志等。

1. 编辑类功能

稿件在编写完成后,未发布稿件可以发布、修改、查看、删除,已发布稿件可以进行查看、重改、撤稿等功能,如图 6-33 所示。

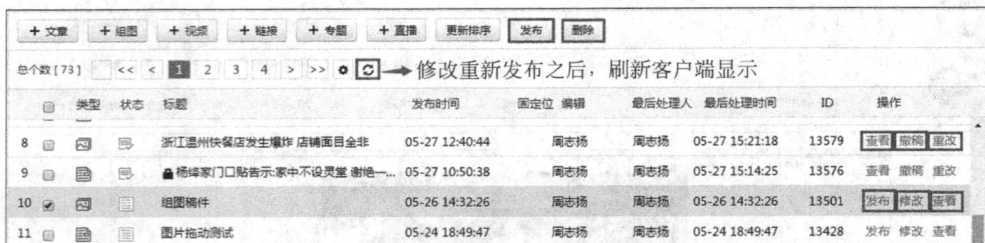

图 6-33 编辑类功能

其中已发布稿件如果需要删除,必须进行撤稿操作,给编辑确认的机会,防止误删。稿件修改完毕需要单击"刷新"按钮,刷新客户端的显示。查看功能可以让编辑在发布之前看到稿件效果,也可以用手机通过扫描旁边的二维码在手机上查看,如图 6-34 所示。

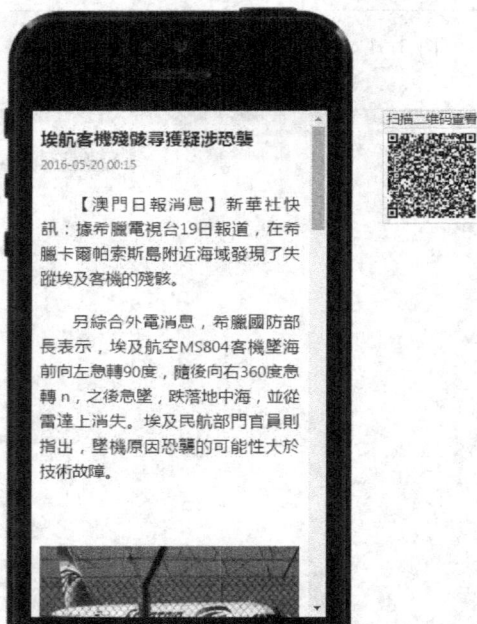

图 6-34 扫码功能

2. 排序类功能

根据新闻发布的需要,有时特殊稿件需要置顶或者设定固定位置。选中稿件,右键属性有置顶、固定位设置功能。可以手动拖动稿件到某位置后,单击上方的重新排序来更新客户端显示,如图 6-35 所示。

图 6-35　排序类功能

3. 跨栏目操作功能

选中稿件,右击可根据需要进行关联、复制、移动到其他栏目等,如图 6-36 所示。

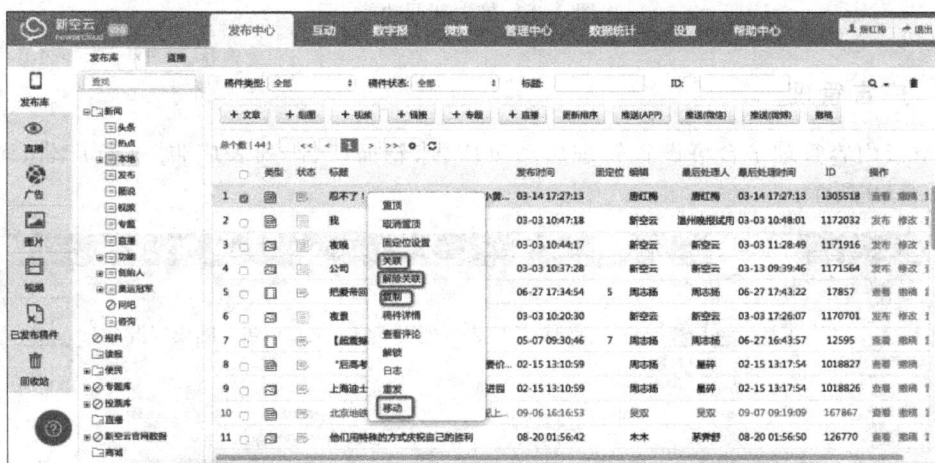

图 6-36　跨栏目操作功能

4. 查看评论、日志

选中稿件,右击可查看此稿件的所有评论以及日志操作,如图 6-37 所示。

图 6-37　查看评论和日志功能

5. 推送新闻

向客户端推送新闻时,选中稿件,右击推送(客户端)。iOS 以及 Android 客户端会同时收到推送新闻。所有新闻类型均可向客户端推送,如图 6-38 所示。

图 6-38　推送新闻功能

6.7.3　广告管理

　　新空云内容管理平台可设置管理启动页广告、轮播广告、列表广告、文章广告、图集广告，如图 6-39 所示。

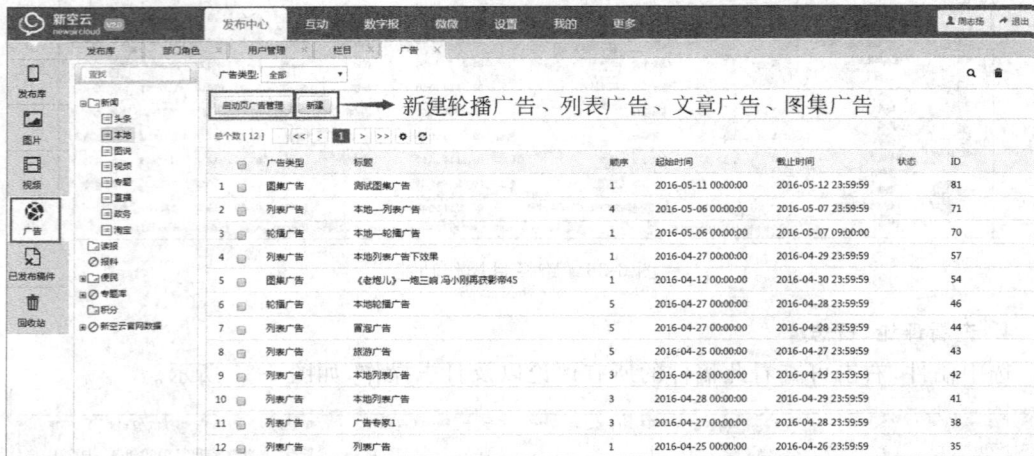

图 6-39　广告管理界面

1. 启动页广告

　　启动页广告显示在客户端启动页之后，在新空云内容管理平台设置多个启动页广告时，在客户端随机显示。单击"启动页广告管理"→"新建"，打开启动页广告新建编辑器。

　　具体步骤：①上传广告图片或者输入图片链接地址；②输入广告标题、起止日期、显示时长；③进行保存或者发布。如果广告在起止日期内，不想显示在客户端，勾选"暂不发布"即可，如图 6-40 所示。

2. 轮播广告

　　轮播广告设置在新闻栏目下的头条轮播位置，在"发布中心"→"广告"中，选中新闻下的

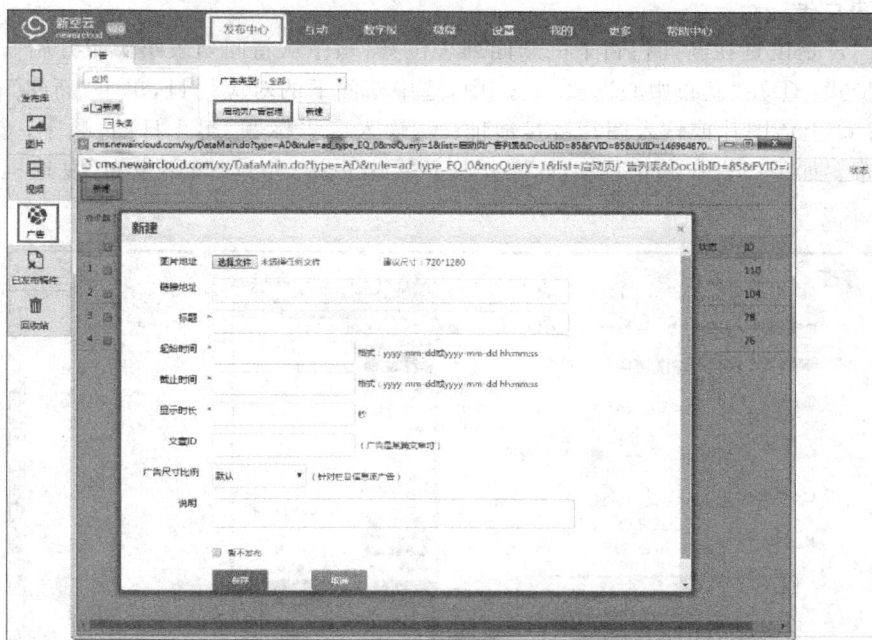

图 6-40　启动页广告的编辑

对应栏目,单击"新建"。顺序设置根据头条轮播数设置,不能超过头条数量。

　　具体步骤:①选择轮播广告;②上传图片或输入图片链接地址;③输入广告标题、起止日期、顺序;④进行保存或者发布。如果广告在起止日期内,不想显示在客户端,勾选"暂不发布"即可,如图 6-41 所示。

图 6-41　轮播广告的编辑

3. 列表广告

列表广告是设置在新闻栏目下的新闻列表位置,顺序从新闻列表第 1 条开始。

发布步骤:①在"发布中心"→"广告"中,选中新闻下的对应栏目,单击"新建";②选择列表广告;③上传图片或输入图片链接地址;④输入广告标题、起止日期、顺序;⑤进行保存或者发布。如果广告在起止日期内,不想显示在客户端,勾选"暂不发布"复选框即可,如图 6-42 所示。

图 6-42　列表广告的编辑

4. 文章广告

文章广告显示在对应栏目的文章详情页下方。

具体步骤:①在"发布中心"→"广告"中,选中新闻下的对应栏目,单击"新建";②选择文章广告;③上传图片或输入图片链接地址;④输入广告标题、起止日期、顺序;⑤进行保存或者发布。如果广告在起止日期内,不想显示在客户端,勾选"暂不发布"即可,如图 6-43 所示。

5. 图集广告

图集广告显示在对应栏目的组图新闻最后一页。

具体步骤:①在"发布中心"→"广告"中,选中新闻下的对应栏目,单击"新建";②选择图集广告;③上传图片或输入图片链接地址;④输入广告标题、起止日期、顺序;⑤进行保存或者发布。如果广告在起止日期内,不想显示在客户端,勾选"暂不发布"复选框即可,如图 6-44 所示。

6.7.4　管理中心

1. 会员信息管理

在"设置"→"会员管理"中打开会员管理界面,可以查看会员信息、修改会员积分、查看

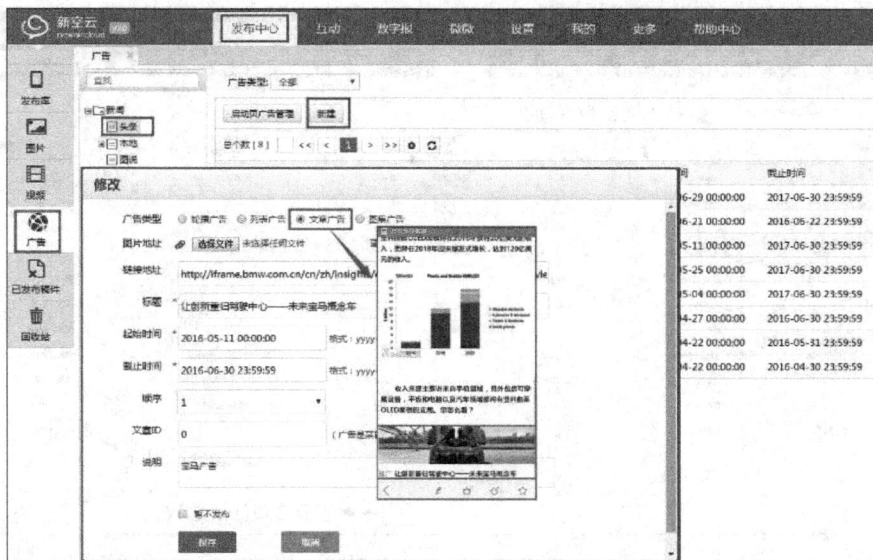

图 6-43　文章广告的编辑

图 6-44　图集广告的编辑

注册会员总数,如图 6-45 所示。

2. 积分管理

在"设置"→"会员管理"中打开会员管理界面,选择"积分管理",可查看积分生成和使用记录,同时可自定义每项操作产生的积分数,如图 6-46 所示。

3. 评论管理

在"互动"→"评论审核"中,可以通过状态选择查看全部评论、已审核、未审核,方便编辑进行管理,如图 6-47 所示。

图 6-45 会员信息管理

图 6-46 积分管理

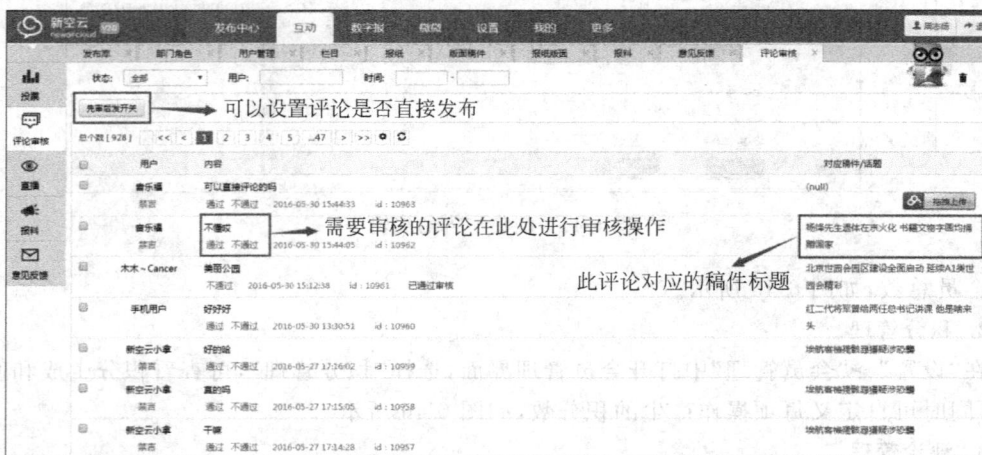

图 6-47 评论管理

4. 活动管理

在"活动管理"中，可以查看活动报名的具体信息，如图 6-48 所示。

图 6-48　活动管理

5. 意见反馈

在"互动"→"意见反馈"中，可以对意见反馈内容进行查看和删除，如图 6-49 所示。

图 6-49　意见反馈

6.7.5　数据统计

新空云内容管理平台的工作量统计分为编辑工作量统计和全部工作量统计两种类型。

1. 编辑工作量统计

编辑用自己的账号登录时，在"我的"→"我的稿件"可以根据需要查看管理自己发布的所有稿件，统计自己的工作量以及稿件的点击分享量，如图 6-50 所示。

在"我的稿件"中编辑可以查看自己编写的所有稿件，包括发布在所有栏目、已发布、未发布。在上方的查找框中，按照发布状态、稿件类型、标题可以查找所需要的稿件，如

图 6-51 所示。

图 6-50　编辑的工作量统计

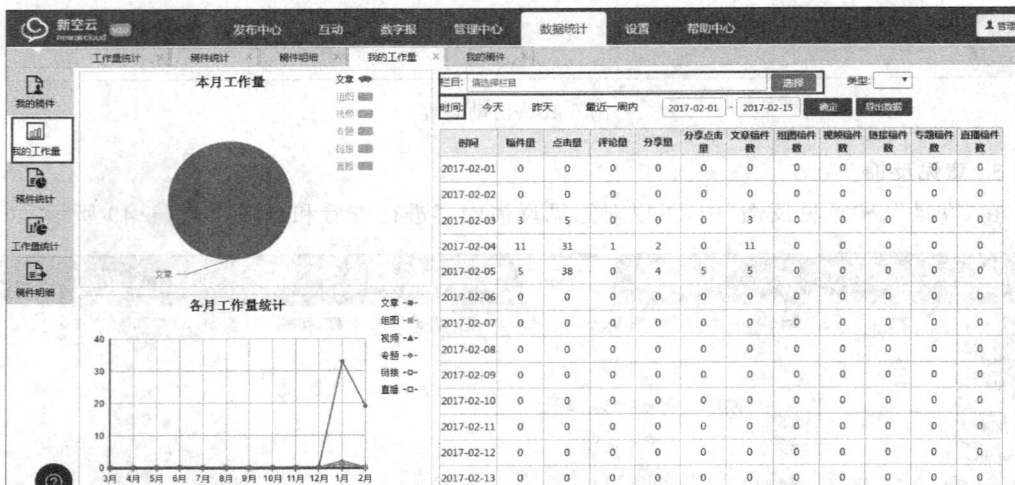

图 6-51　编辑查看我的工作量

在"我的工作量"中,有本月工作量、各月工作量以及按天统计的工作量。可以查看到稿件的点击量、评论量、分享量以及分享点击量。在上方的设置区域,可以按栏目、稿件类型、日期等条件设置查看并导出数据。

2. 全部工作量统计

管理员可在更多栏目中查看到本系统所有工作人员的工作量统计。分为稿件统计、工作量统计、稿件列表导出。

（1）稿件统计

稿件统计可分别按照部门、稿件来源、栏目、作者、编辑统计导出数据,如图 6-52 所示。

（2）工作量统计

工作量统计是按照编辑进行个人工作量统计导出,如图 6-53 所示。

（3）稿件明细导出（全部稿件）

稿件明细导出为出版单位保存历史数据提供了方便的查看和存储途径,如图 6-54 所示。

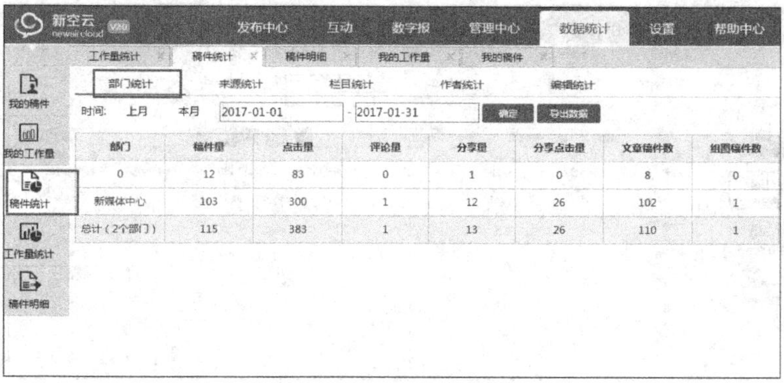

(a) 部门统计

(b) 来源统计

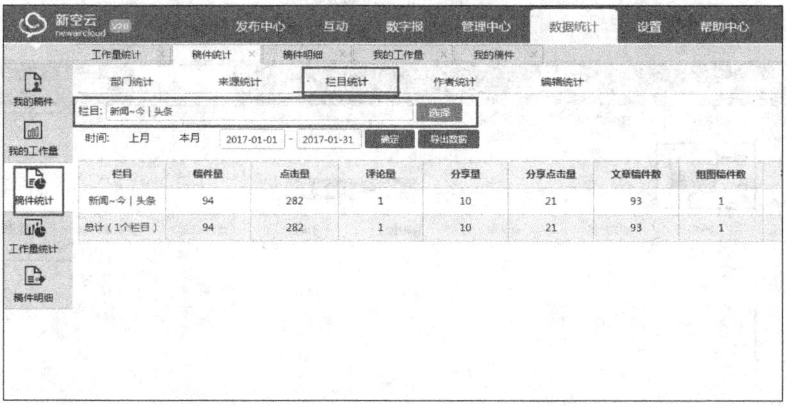

(c) 栏目统计

图 6-52　稿件统计结果的多维度导出

(d) 作者统计

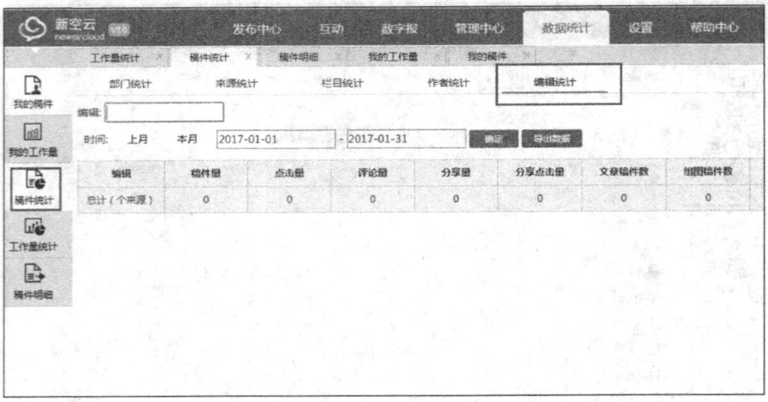

(e) 编辑统计

图　6-52(续)

图 6-53　工作量统计

图 6-54　稿件明细导出

6.8　利用新空云进行 APP 运营

6.8.1　APP 颜值提升技巧

APP 的颜值提升可以从内容选图、截图、水印、标签、排版等方面来着手,下面分别举例进行介绍。

1. 选用高清大图

如图 6-55 所示,图(a)和图(b)对比之后存在两个方面的问题:一是清晰度,图(a)是模糊的,图(b)是高清图;二是页面的布局,图(a)的页面元素较多,主次不分明,显得很杂乱,整体构图存在问题,而图(b)的页面构图清晰简洁,主题突出。

(a)　　　　　　　　(b)

图 6-55　选用高清大图稿件示例

建议在选图时尽量选用高清的图片作为标题图,截图时要注意图片的构图。

2. 图文主题相呼应

对比图 6-56 的两张图可以看出:图(a)中标题图显示位置较小,要尽量用简捷的图片,不要使用大场景图,避免杂乱,可以采用截取图片中的一部分作为标题图;图(b)中尽量不使用模糊处理的图片。如果想用模糊处理图片,可以在上面加文字展示,或者把背景模糊处理,突出主体。如果没有合适的配图,也可使用文字或英文的图片。

(a)　　　　　　　　　　　(b)

图 6-56　图文的相互呼应

一个页面有多张图时,还需注意整体的搭配,尽量不用颜色跳跃或异常鲜艳的图片,做到整体格调统一,如客户端首页等。

在人物照片裁切时,要注意人物的完整,尽量不要被裁切掉。

为了使列表页不显得过于单调,可以多种稿件样式搭配、图文稿件穿插组图、大图等稿件形式。

3. 使用动图增加稿件的趣味性

新空云客户端的图片支持动图展示,如图 6-57 编辑上传 GIF 动图后,可在首页直接显示动图,可以添加有趣的动图以增加 APP 的趣味性。

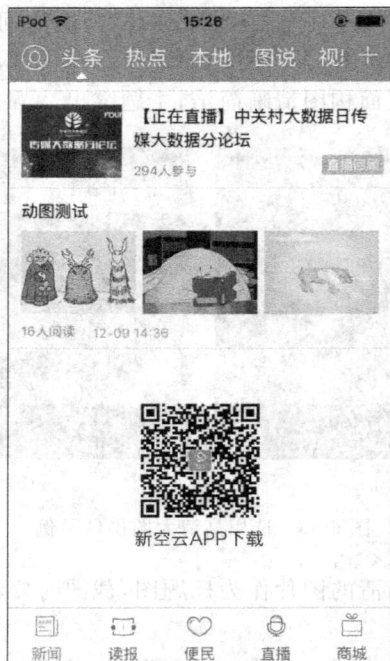

图 6-57　使用动图增加 APP 的趣味性

4．组图的巧妙使用

可以把组图制作成一张整体的图片，分三张上传，也是不错的效果，如图 6-58 所示。

图 6-58　组图的排版效果示例

5．水印的使用

水印是版权保护和图片所有者的一种符号，水印的使用不要全部铺满或者过大，避免影响图片内容的展示，如图 6-59 所示。

(a) 文章配图水印过大　　　　　　　　(b) 文章配图水印正常版

图 6-59　水印的使用

6．巧用标签

标签的运用是为了更醒目地标注稿件的属性，帮助读者快速了解稿件的类型并判断兴趣度，如图 6-60 所示。

标签

标签

标签

图 6-60 标签

7. 稿件排版策略

首先来欣赏一个辣眼睛组合，如图 6-61 所示。

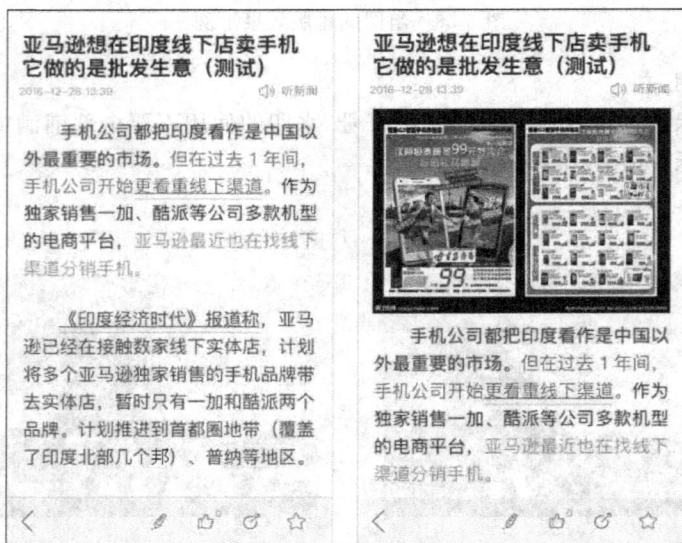

图 6-61 辣眼睛的正文排版

对比看一个洗眼睛组合，以下是新空云客户的部分优秀排版，如图 6-62 所示。

为了追求效果，经常会有一些夸张的排版效果，比如过于拥挤或者过于稀疏；字号过大或过小；文字颜色饱和度过大；字体颜色过多且大小不一；标题太长，出现奇怪的符号或者空格等都会让读者产生不舒服的感觉。

图 6-62　优秀正文排版示例

根据网络产品载体的特征,排版要从文字、颜色、标题和正文等方面考虑,以达到较为美观的排版效果。

(1) 文字的排版中,行间距以 1.5 或者 1.75 为佳;段落与段落、段落与图片之间空一行;需要重点强调的部分可适当加粗或用其他颜色加以区分;如果不是长文,可以尝试把段落打碎居中处理;单图文消息注意摘要的拟写;文章正式推送之前务必预览。

(2) 使用同色系的颜色,或者同色系＋黑白灰,让颜色过渡自然;一篇文章中主要颜色不要超过 5 种,尽量控制在 3 种以内。

(3) 标题字数不要太多,长度不要超过两行;标题尽量简捷,减少特殊字符的使用。

(4) 要尽量使用横版图片,配图主题、色调尽量统一,图片宽度一致;图片底部如需添加注释,建议比正文字号稍小。

(5) 日常上传图片时,经常会因为网络等原因导致上传速度缓慢,为提升工作效率可以使用 TingPNG 对图片进行压缩再上传。TingPNG 是无损压缩,在不影响图片质量的情况下可以压缩文件大小。这样不仅节省上传时间,在用户浏览客户端时,图片也会加载得更快,用户浏览更顺畅。

6.8.2　如何运营好 APP 的内容

移动互联网时代,如何从众多的内容型客户端中脱颖而出,打造更加有质量、有分量的手机新闻客户端,是运营者首先要考虑的问题。下面重点介绍几点运营小技巧。

1. 有明确的自我定位

在信息泛滥的时代,对信息的接收者来说,一款内容型客户端要有自己的独特性和品牌性。

澎湃新闻作为一款专注时政思想的新闻类 APP,给人的感觉是:你要是喜欢政治,来这儿就够了,全中文互联网所有最好看的政治思想内容都在这儿了。在大多数新闻 APP 以"娱乐、科技、生活"为卖点的市场环境下,澎湃新闻具备更有价值的思想输出,所以该客户端聚集了一大批用户群体。

网易新闻的"有态度",赢得了用户的赞赏和推荐。其中客户端中辛辣大胆的评论深为受众所喜爱,越来越多的人浏览完新闻后马上看评论。很多读者使用网易客户端更是冲着看跟帖的,"无跟帖,不新闻"顺理成章成了网易新闻的独家特色。除了这点以外,任何时候网易新闻的宣传都在传播该理念,这也是成功的原因之一。

新空云客户中有代表性的就是西安日报,其中客户端名称为"魅西安",首次推广推出的口号为"关于西安,这可能是最好的"。从客户端的定位来说偏文艺,对于一个西安人来说,能够引起共鸣;从客户端的内容来看,文章质量比较高,从客户端能明显感受到西安古城的韵味,如图 6-63 所示。

图 6-63 魅西安 APP 部分效果展示

内容型客户端要高调显示自身定位,提高受众的品牌认知度,只有高识别度、高认知度,才能让读者觉得与众不同,让读者看清运营者的用心与创新。

2. 立场鲜明,内容为主

对于新闻客户端而言,首先要明确客户端立场,在立场的基础上以内容为王,其内容经过编辑的二次加工或独家原创后,以有序、特有的方式呈现给用户,提高用户黏性。

腾讯本身有资讯类 APP"腾讯新闻",而客户端推出的口号是"事实派"。这个品牌塑造在刚开始推出即受到用户喜爱。为了吸引更多的用户群体,它又推出了一款新的新闻阅读产品——"天天快报",主打"泛资讯",内容以"个性阅读、快乐吐槽"为主,根据该定位推出的宣传都是围绕"天天有料"来进行的。

"新疆晨报"的客户端中除了自身新闻内容外,根据新空云具有的问答功能,提供了问答的栏目,邀请一些专家解答用户的相关问题。该栏目受到用户的喜爱和积极参与,如图 6-64 所示。

内容型客户端的同质化越来越严重,因此,更要根据目标受众群的需求特点用心做好原创和自身内容,同时还应努力做好创新栏目的内容,开发符合受众口味的新栏目,让客户端在众多同类型 APP 中脱颖而出,激发用户的兴趣,提高用户依赖度。

3. 打造互动模式,激发用户活跃度

内容型客户端想成为用户的常驻移动终端,就必须提高社交属性。为了更好地激发和留住用户,推出活动、问答、话题、积分商城等功能,为用户打造轻松娱乐的互动模式也是必不可少的,如图 6-65 所示。

网易新闻客户端以奖励虚拟金币为手段,读者每完成一个任务即可获得一定数量的金

图 6-64　新疆晨报 APP 部分效果展示

图 6-65　网易新闻 APP 部分效果示例

币。这些金币主要是奖励用户阅读各栏目文章、分享新闻、发表跟帖、参与投票等行为,可通过金币兑换商城提供的签名版书籍、移动电源、笔记本电脑等奖品。

这种奖励方式吸引了众多用户参加,不仅提高了用户活跃度,还增强了用户黏性。这里金币的概念完全可以跟新空云的"积分体系"联系起来。

但是作为一个内容型客户端,互动类应该适可而止,不能适得其反,导致用户产生使用疲劳和反感,时刻专注于内容的定位上。

4. 加强广告营销,实现客户端盈利

客户端的盈利也是非常重要的,腾讯新闻客户端已经在探索的路上并获得初步成功。其广告参与门槛较低、过程较简单、奖品较丰富,成功抓住了大部分受众的心理;通过和广告商合作,推出各种激励用户的活动,不仅没有流失用户,还提高了用户黏度并获得盈利,激发了用户参与活动的动力。

但是应注意,终端运营者必须做好市场调查,推出受众接纳的广告活动,提高广告水平,才能真正摆脱亏本的现状,做出质量更好的新闻客户端。

5. 做好产品升级,提升用户体验

利用先进的技术增加阅读的便捷性和愉悦感,将"技术为王"与"内容为主"有机结合,在竞争中立于不败之地。产品升级成功,页面流畅、操作便捷,才能使得终端更加匹配用户的需求,用户好感度提升了,自然而然就留下了。

大部分新闻客户端无论是用户界面还是按键操作,都大大满足了用户的自主需求。用户完全可以自行设置阅读界面、对分类栏目进行自主化选择、针对节省流量进行自主性设置等,这些大大提升了用户好感度,用户获取信息的自主性和精确性也有所提高。

因此,做好产品升级,提升用户体验,是终端运营者需重视的部分。产品升级次数过多或不升级,都会产生影响,因为产品的好坏,直接关系用户获取内容的过程,而这一过程关系着用户的去留,想让更多的用户留下来,就必须做好产品。

6.8.3 如何合理地利用消息推送

在互联网信息泛滥的时代,用户身边充斥着越来越多的信息,所以 APP 的消息推送极为重要。小小的推送功能,看似简单,但是究其根本其实藏着很多的秘密。

消息推送可以看作是 APP 给用户发送的消息和通知。首先是运营人员将自己的产品对移动设备进行主动的消息推送,用户可以在移动设备上打开该条消息和推送,唤起页面并且进入相关页面。

1. 消息推送的特点

(1)精准。APP 的用户数就是 PUSH 覆盖的数量。专业的推送平台到达率可达到98%。假如一个 APP 有 1 万个活跃用户,一旦都取得了用户授权,那么一次的消息推送将可以触及的用户是 0.98 万个,这比靠媒介传播带来的影响性和精准度要高出很多。

(2)免费。消息推送作为新空云产品中的一个功能点,推送消息的主动权在客户自己手里,基础版消息推送不需要额外的费用。

2. 对 APP 运营的影响

(1)消息推送能够传递信息。将要告知终端用户的重要信息传达给相应的人群,客户端作为媒介扮演着信息传递的角色。

(2)能够提升产品活跃度。对于用户来说,现在获取信息的渠道非常多,特别是资讯类客户端,对于运营人员来说更加需要重视已有的活跃用户,而消息推送是获得用户特别关注并且打开客户端的重要途径。

(3)增加用户黏性。用户黏性其实就是用户的忠诚度。如果推送的内容质量足够高,消息推送将会增加 APP 的打开率和使用率,使用户成为 APP 的回头客,提高留存率。

消息推送的优势有很多,不过在推送消息时千万不要随意乱推送,因为盲目地海量推送用户不感兴趣的内容,用户会变得麻木,自然对 APP 产生一种心理上的屏蔽,而再推送真正有价值的内容时,用户会视而不见,同时有用户卸载 APP 的可能。

3. 如何做好 APP 的消息推送

(1)推送的内容需要站在用户角度进行分析,考虑用户对什么内容比较感兴趣。如果工具类客户端天天推送新闻会造成用户反感,长此以往会影响产品的定位。对于内容型 APP 来说,可以结合平时阅读量进行观察,分析哪种类型的内容分享量和阅读量较高,将这类内容推送给用户。

(2) 要把握推送的时机。不同 APP 用户群体不同,推送时机也会不一样。但是总体而言,推送的时间应该在比较闲暇时,而且应与目标群体最高使用频次的时间吻合,上班路上及早餐时间(9—10 点)、午休(12—14 点)、下班路上(18—19 点)、睡前(21—22 点)四个时间段发送效果最佳,如果对于新闻类 APP 为追求时效性在时间上会更加灵活点。

(3) 要注意推送的频率。工具型 APP 用户可能每天只打开一次,而社交型 APP 用户每天会打开 20 次以上,这就是产品类型决定的使用频次差别。用户心里有一个平衡值,恰到好处的消息推送频率会让用户不知不觉中对 APP 形成依赖。

(4) 推送后续动作,注重用户体验。一切消息推送皆以用户打开 APP 为目的,那么用户打开时进入的是不是想要看到的界面?有很多 APP 推送的是活动信息,但点开进入的是 APP 首页,用户还要花精力去寻找活动页面的入口,这就是不友好的用户体验,一定程度上会挫伤用户点开消息的热情。

成功到达用户并点开查看的整个过程,首先是引起注意(Attention),然后才是产生兴趣(Interest),唤起欲望(Desire),最后才是点击行为(Action)。

文案影响读者的过程如图 6-66 所示。

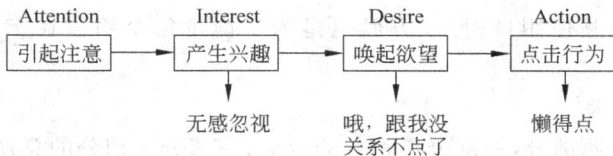

图 6-66　文案影响读者的过程

所以推送中"引起注意"到"产生兴趣"的过程尤其重要,能引起用户注意的首先就是文案。

(1) 稿件类型不一样,文案处理方式也就不一样。如果推送的内容跟用户直接相关,建议用户可以多采用"你"等字眼,因为大脑往往会忽略掉无效信息,与自己相关的信息关注程度会比较高,所以经常有 APP 使用"@你"相关字眼的推送,如图 6-67 所示。

图 6-67　直接相关的文案推送案例

(2) 与活动有关的信息推送。推送文案开头建议语气夸张,起到强调作用,如图 6-68 所示。

文案可以多关注热点词汇,但是当热点出现时,如果没有不同角度来解读这一热点,建议不要随波逐流。特别是新闻资讯类 APP,一定不要蹭政治敏感和明星丑闻的热度。让推送的文案轻松诙谐是一个普适性的保险做法。

图 6-68　促销活动的文案推送案例

6.8.4　利用积分体系激励用户

随着 4G 网络的普及,移动互联网得到迅速发展。随之而来的是获取用户的成本越来越高,提高用户留存越来越难。面对这一情况,越来越多的产品选择利用积分体系来刺激用户的活跃和留存。

积分体系其实很常见,比如电商类 APP,淘宝天猫等有自己的积分体系;甚至就连连锁超市,也会做一些积分兑换礼品的活动。

大多数的积分体系有一个共同的特点:完成任务就能获得一定的积分奖励,将积分累积起来,可以兑换一些礼物或者收益。不管这些积分有什么样的名称,比如金币、通宝、金豆等,其使用方法都是大同小异的。

积分体系就是用户激励体系的一种表现方式,当产品本身满足需求的程度不足以增加用户使用次数时,就需要通过"外因"进行刺激,积分体系就应运而生。一方面是为了提升用户活跃度,增加留存,黏住用户;另一方面也是为了衡量每个用户在产品中的成长过程和价值。

1.　什么是积分体系

积分体系可分为两部分,一部分是积分的获取;一部分是积分的兑换。所以积分体系其实是对用户行为的一种回馈,通过让用户完成一些特定任务,用户获得对应的虚拟货币,然后兑换成其他方面的奖励。

有的平台叫作积分,有的平台为了凸显自己的品牌辨识度起个另外的名字,比如京东叫京豆,南通发布叫通宝等,万变不离其宗,其实都是我们通常意义上的积分,如图 6-69 所示。

积分商城　　　　　积分排行　　　　　积分商品　　　　　积分规则

图 6-69　新空云积分体系的功能示意图

　　每个积分体系的功能大体都一样,新空云积分体系功能包括积分商城、积分排行、积分兑换、积分规则等。为了更好地帮助客户端拉新,新空云积分功能和邀请码功能联系起来,形成一个"邀请好友送积分"。

　　为了使用更加灵活方便,新空云在"设置"→"会员管理"中打开积分管理界面,可以查看积分生成、使用记录、修改每日任务完成后获得的积分数,如图 6-70 所示。

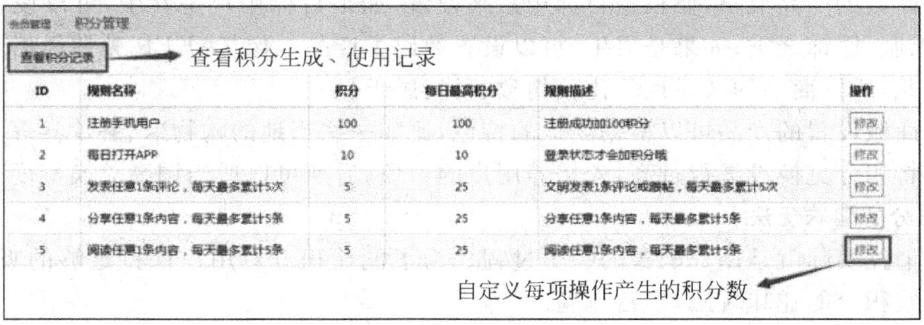

图 6-70　新空云积分管理页面

　　为了更好地运营积分商城,通过积分商城的后台可以自由设置积分商城 Banner 的位置、风格、商品的选择、上架、兑换等操作。

2.　积分的作用

　　(1) 增加用户黏性、提高留存。以飞机票为例,比如用户有国航的积分,差一点积分就能达到金卡标准,这个时候如果去订票,用户会尽量订购国航的机票,这个时候积分就起到了一个增加用户黏性的作用。

　　(2) 有助于拉新。如果拉新送现金奖励,就会引来大量来领现金沾光的人,但拉新效果却不一定好,这个时候如果有积分作为一种激励手段,拉来一个人给推荐人一定数额积分,如果积分足够有吸引力,就能够起到拉新的效果。

　　(3) 提升转化。例如淘宝的积分,当确认收货以后积分就到账了,到账的积分可以在下次购买时当钱使用,这样就促进了购买的转化率。京东的京豆是评价完成才获得,可以看出京东对评价的重视。

3.　积分体系在运营中的注意事项

　　(1) 明确积分目的。一个产品的完整生命周期包括引入期、成长期、成熟期、衰退期,为了提高用户的黏性、忠诚度和对品牌的认知度,不同时期应采取不同的积分策略。

　　比如产品现在处于成长期,此时主要目标是增加平台的曝光量和拉新,积分体系建设可以设置拉新获得积分、注册获得积分、手机验证获得积分、分享获得积分,这时积分的主要作用就是留下用户、拉新用户为主。如果产品已经进入成熟期,主要以变现为主,那么可以设置用户下单赠送积分、评价赠送积分、订单满一定金额送积分、活动商品打折送积分。

　　(2) 根据需要对用户的不同操作确定奖励程度。奖励要有所侧重,考虑哪些是想激励用户进行的操作,就可以将奖励的程度设置为重点,激发用户的参与程度。

　　(3) 合理设置积分的消耗。有积分的获取就有积分的消耗。积分的消耗一般分为内部和外部。

　　① 积分内部消耗:比如天猫的积分可以当作钱币使用,一定数量的积分可以抽奖,一

定数量的积分可以兑换抵用券。

② 积分的外部消耗：比如积分商城、招商银行的信用卡积分可以兑换一些视频会员、商品等。

通过积分商城的后台，用户可以根据需要自由设置积分商城 Banner 的位置、风格、商品的选择、上架、兑换等操作。

积分商城的产品风格，要根据目标用户来设置，如果目标用户是女生，可以设置一些美容产品、衣服、服饰之类；如果是男生，可以设置数码类产品。像 ZAKER 整体风格就是偏文艺科技范儿，所以商品的选择也是比较精致、科技感十足。

积分商城设置的产品可以根据当地的特色，比如一些当地的购物卡、餐饮券等。刚开始运营不宜将积分兑换设置得过高，先培养用户的习惯，后期可以适当调高兑换额度。

4. 积分的趣味玩法

积分消耗实际就是用户购买的一个过程。为了能让积分对用户保持足够的吸引力，可以设置一些积分的趣味玩法，丰富体验。

（1）结合节日气氛，及时更新和关注一些积分奖励活动。

（2）及时更新积分兑换的商品和服务。用户在兑换一定时间内的积分后，对于积分商城感兴趣的礼物一般都会获得，这时可上线一些受大家欢迎的礼物，比如新款苹果手机。

（3）设置一些积分抽奖环节。有时候积分不仅仅用累积兑换的玩法，还可以设置一些积分抽奖活动（抽奖机、刮刮乐、摇一摇），用户消耗一定的积分，即可获得一次抽奖的机会。

5. 客户端中常见的积分获取和兑换方式

（1）积分的获取。为提高用户黏性，增加使用频次和产品的曝光率，可以采用下列方式，给用户增加积分，增加用户使用的积极性。

① 每日登录或签到获取积分；

② 阅读新闻（可细化到视频新闻、问吧、本地新闻多种类型）；

③ 分享获取积分；

④ 评论或者转发满一定数量，获得积分；

⑤ 邀请好友。

（2）积分的兑换。用户在使用产品过程中，如果想限制用户的使用，或者将用户的注意力吸引到某个功能模块，可以采用积分减扣或者兑换的方式。常见的积分兑换方式有：

① 兑换抵用卷；

② 积分抽奖；

③ 周边产品；

④ 提供商品。

新空云的积分体系比较完善，包括上述提到的积分获取方式、积分消耗，还有积分排名、兑换等功能，都是用来激励和留住用户的手段。积分体系的通常表现是，不同的积分等级可享受不同的功能或者服务。

做积分体系的目的无非是将其作为杠杆来辅助用户运营工作，虽然门槛比较低，但要真正做好积分体系也不是一件简单的事情。奖项的设置要有吸引力，积分任务和积分的价值要平衡。

第 7 章

HTML 5 的设计与制作

7.1 HTML 5 介绍

7.1.1 HTML 5 技术

互联网和移动互联网技术,已经从生活、工作和娱乐等各个方面影响到全世界的每一个角落。2018 年年初,We are Social 和 Hootsuite 联合发布了《2018 年全球数字报告》,报告称,全球互联网用户已突破 40 亿,这意味着全球有超过一半人口"触网"。全球 76 亿人口中,约 2/3 人口已拥有手机,且超过半数为智能型设备,人们可以随时随地轻松获取丰富的移动互联网体验。

然而,当今时代远远不止是以移动互联网为代表的移动时代,更是一个融合的时代,用户不只使用手机这一单一的互联网终端,也非常依赖 PC 及其他互联网终端;不只是在互联网上休闲娱乐,也在互联网上工作和学习;不只在单一场景下使用单一互联网终端,而是在融合场景下,自由地交替使用不同互联网终端来满足自己的多元需求。HTML 作为互联网传播中最为广泛使用的载体和信息表现形式,从第一版到现在,已经经历了 5 次改版,对比之前的版本,HTML 5 有了更多的优势,从可用性、更好的用户体验,到搜索引擎的友好性等,HTML 5 的开发人员开发出了包括台式计算机、笔记本电脑、PAD 和智能手机等性能更优越的适用于各种终端的应用。

从广义的角度讲,HTML 5 实际是指一系列用于开发网络应用的最新技术集合,它包括 HTML、CSS 3、JavaScript 以及一系列全新的 API。HTML 5 技术能够减少浏览器对插件如 AdobeFlash、MicrosoftSilverlight 与 Oracle JavaFX 等的依赖,并提供更多的能有效增强网络应用的标准集。目前 HTML 5 作为在移动设备上的首选开发工具,与移动设备的关系主要体现在以下几个方面:①为移动平台定制的表单元素;②Canvas 绘图实时渲染;③音频、视频集成;④LBS 地理定位;⑤本地存储;⑥WebWorkers 多线程编程。

从狭义的角度讲,HTML 5 的定义为万维网的核心语言、标准通用标记语言下的一个应用超文本标记语言(HTML)的第五次重大修改。实质上 HTML 5 不是新的技术,而是一个标准,其在功能上较于 HTML 4 有了特性上的极大改变,同时被多个浏览器支持,应用更加广泛。

2016 年年初,Adobe 公司宣布放弃对 Flash 的支持,转而投向对 HTML 5 的发展研究。HTML 5 具有天然的一系列优势,例如,一次开发多平台使用、无缝链接桌面和移动端、提供更为多元的富文本展示形式等,这些都使其在移动互联时代具有更加广阔的优势和前景。

随着全球市场智能移动设备的普及,移动互联网在生活中的重要性越来越明显,移动应用开发炙手可热。与传统互联网相比,移动互联网最大的特点是移动性,所以移动应用的种类有其自身明显的特点。同时,移动操作系统呈现 iOS、Android、Windows Mobile 等多个系统共存的局面,开发者如果要迅速开发某种应用,就需要一种高效且通用的开发技术,HTML 5 技术的多种新特性和跨平台特点正迎合了移动平台多样性的需要,使用 HTML 5 技术将使快速开发各种移动互联网应用成为可能,从而更好地促进了移动互联网的发展和移动应用的推陈出新。

作为网页设计的新标准,HTML 5 技术迅速从互联网行业拓展到新媒体、广告、网页游戏、电子商务、网页开发、电子出版等广泛的领域当中。随着 4G 通信技术的发展,目前市场上大部分浏览器如 GoogleChrome、Safari、Opera、IE9 等都开始支持 HTML 5,这充分说明市场对 HTML 5 技能使用者的需求量非常大。熟练掌握 HTML 5 相关能力的专业人才在人才市场上的优势极为明显,而且我们相信在未来的就业市场对熟悉 HTML 5 的开发人才的需求量是非常巨大的。

7.1.2　HTML 5 的分类

互联网中的 HTML 5 作品丰富多样,由于浏览器的限制,H5 主要支持的是内容的展示和小规格的互动程序,比较复杂的交互程序往往借助 APP 的形式,连接后台数据库来实现,因此 H5 的主要应用是互联网的内容传播。根据表现形式可以分为技术工具类、视频类、游戏互动类和信息展示类。信息展示类 H5 以内容展示为主,辅以有趣的互动,按照内容主题可以分为 IP 型、节日型、热点话题型、小测试型等。根据展示内容的主题和应用场景,可将H5 分为纯内容型 H5 和推广型 H5,下面对这两个类型的作品特点、内容和形式,进行逐一介绍。

1. 纯内容型 H5

内容型 H5 产品,主要包括媒体的 H5 新闻专题、数字化杂志、教育等。制作内容型 H5需要将已有的图文资料结合使用场景,选择 H5 支持的方式合理、创意性地呈现出来,帮助用户更好地体验和理解内容,通常也会加入丰富的交互、答题、音/视频等元素。

好的内容型 H5 最主要的是内容,一个好的内容是基本,但同时也需要有更好的形式对内容进行展现,这类作品往往具有代入感更强、有创意、能够诠释内容、重构/解读内容以及融合了特定的场景等特征。H5 要想达到好的传播效果,获得高浏览量和传播量,要兼具高质量的内容和高质量的技术,比如数据可视化、有趣的交互动作设计等。

2. 推广型 H5

推广型 H5 也可以说是一种特殊的内容型 H5。相对于普通内容的展示,它更需要展示的是与商业相关的信息,如产品信息、企业文化,以促进品牌传播,提高品牌知名度,最终提高用户的购买意愿。推广型 H5 在活动推广中得到了广泛的使用,通过活动推广收集客户信息,比如购买产品的客户信息、参加讲座和活动的参与者信息等。

7.1.3　HTML 5 作品的特点

1. 交互性强

与以往的 HTML 技术相比,H5 可承载更多的插件效果,从而实现多种交互。在教学应用中,采用互动效果可以提高学习者的兴趣,同时保证学习者一直参与在学习过程中。很多课程的设计是以做任务的形式来完成的,学习者可以像玩游戏一样进行互动学习。通过 H5 组件如各种表单、测试等,进行多种调查、测试及评价,并及时反馈给学习者,同时,发布者可以在后台搜集相关数据,进行统计分析,有效地实施教学评价。

2. 兼容性好

H5 技术的改进,包括 CSS 样式属性的增加等,都使得利用 H5 搭建的作品,可以在不同终端的多个尺寸的屏幕中展示相同的内容,以及在不同品牌的浏览器中展示相同的内容,即具备良好的兼容性。

H5 兼容性好具体体现在,用 H5 搭建的站点与应用可以兼容 PC 端与移动端、Windows 与 Linux、Android 与 iOS,可以轻易移植到各种不同的开放平台、应用平台上。这种强大的兼容性可以显著地降低开发与运营成本,让企业特别是创业者获得更多的发展机遇。

3. 轻量级

H5 的本地存储特性也给使用者带来了更多的便利。基于 H5 开发的轻应用比本地APP 拥有更短的启动时间,更快的联网速度,而且无须下载占用存储空间,特别适合手机等移动媒体。另外,轻量级的作品在网速有限制的前提下,更有利于传播。

H5 让开发者无须依赖第三方浏览器插件即可创建高级图形、版式、动画以及过渡效果,这也使用户用较少的流量就可以欣赏到炫酷的视觉、听觉效果。

4. 技术与场景相融合

炫酷的表现形式离不开技术的支持。2019年腾讯创新大赛携手九大博物馆,开放近百个文物 IP,围绕"给我一个古的 IDEA"主题,开展小程序开发、创意解说与朗诵、游戏制作、文创设计等多项子赛事,以互联网的方式进行文物教育、推动文物素材创新。大赛结合九大博物馆所在地的风土人情,推出了极具地方特色的合作主题,每家博物馆围绕子主题推选出体现古代设计者匠心智慧的珍贵馆藏。这些馆藏品本身就具备艺术之美,但是按照传统模式,单纯用照片和视频很难体现展品背后的历史、文化、艺术积淀和时光打磨的印记。此次赛事宣传中,利用 H5技术,实现了地壳及时光隧道的变幻,极具视觉震撼,几秒钟带领用户跨越千百年,采用"墨流"元素将事物的交替展现在大家的眼前,将传统之美与未来科技相融合,在古代社会场景中展现人工智能,勾勒出隐藏在时光之中的智慧和传承,如图 7-1 所示。

图 7-1　2019 年腾讯创新大赛
全面启动 H5 封面图

7.2　HTML 5 作品的实现过程

H5 可以作为宣传手段打造 IP,而真正优秀的 H5 本身便是 IP,打造优秀的 H5 设计是展示设计和制作实力的表现,比如网易将自己的 H5 制作团队打造成如沸点工作室这样专业的团队,其 H5 作品更是为业界所追捧。

在经历了长期的 H5 产品的研发后,不同的 H5 制作团队都找到了适合自己的 H5 设计制作的一套方法。例如腾讯游戏在设计策划"薛之谦"H5 的过程中,首先做好定位和选角,做好内容策划,做好文案策划的效果图;其次是简单样本拍摄,录制主角的演戏效果,再添加动画效果,运用各种软件设计将情景与主角的演戏效果完美融合;最后加上动画,使作品再次升华。这一套 H5 制作的流程便是 H5 产品设计策划的一个很好的范本,可以在这个基础上模仿精进,打造具有自身特色的 H5 范本。

具有特色的制作方法需要按照流程进行,先进行策划、设计,然后制作、测试,最后上线发布、运营。

7.2.1　定位与选题

在设计产品前了解用户需求是老生常谈的话题,在设计任何产品时都是如此,了解自己的用户是谁,在何种场景下使用这个 H5,使用这个 H5 的目的是什么,用户在体验这个 H5 作品时会不会觉得有趣,这个 H5 作品给用户带来哪些价值,自己传达给用户的核心内容是否很好地达到了营销要求。

准确的定位为新媒体传播确定了精准营销的条件,能够让内容与受众有效契合,使 H5 发挥它最大的作用,将内容完整地传到对应的人群中。

7.2.2　策划和设计

H5 内容策划时,需要进行脚本设计,包括页面布局、媒体选择及出场方式和顺序、交互方式、跳转等设计,一般采用"草图＋描述"方式表达。其中交互设计值得重视,它的目的是让用户动起来,做到心动、口动、行动、手动,具体可采用的方式有动画设计、视线牵引、链接跳转、表单、调查测试、内心激发、问题激发、游戏互动、交流互动等。

H5 能提供与安装在本地的应用相同的功能和服务,但是它的优势在于,H5 技术具有较好的兼容性以及产品的轻量级,特别是在各种交互效果的实现上具有较好的表现。这些特征如何更好地与目标用户相匹配,是在 H5 选题策划时需要考虑的。比如可以利用 H5 传播的便利性这个特征,进行营销 H5 的制作。

7.2.3　HTML 5 作品的素材准备

这个阶段就是要根据脚本设计搜集相应的多媒体素材,如图片、音频、视频、链接地址、链接文件等,根据设计要求进行加工处理,并按脚本顺序进行归类整理。

在素材的准备阶段,需要考虑的是呈现终端的尺寸以及传播方式中是否能够承担足够多流量。如智能手机的屏幕尺寸一般为 640 像素×1010 像素。

腾讯 TGideas 曾调查了 H5 页面用户的行为,数据显示,加载时间超过 5 秒,就会有

74%的用户选择关闭页面,而且只有近半数的用户会阅读整个 H5 的内容。页面层级越深入玩家流失越多,且前两页的流失率最高,84.22%的用户在第一个页面就会选择去留,所以好的设计要放在最前面,首页的操作和选择越简单越好。

在素材处理上,图片文件大小应小于 500KB。如果图片过大,可以使用图片压缩工具进行压缩,如 Tinypng 为保证动态展示的自然性,可以对图片进行编辑并保存为 png 透明背景格式;对于特殊字体的文字,为保证显示正常,可以转换为透明方式的 png 格式;gif 动画也应做成透明方式。

音/视频作为比较大的素材,如果不做处理也会影响整个 H5 的播放效果。一般背景音乐的大小需要控制在 1MB 以内,视频采用标清的 mp4 格式,最好采用链接方式,在第三方平台如优酷、土豆等发布后链接进来,可以大大减少 H5 的加载时间,提高播放的流畅度。在使用工具方面,可以利用 Audacity 工具对音频进行裁剪,这个工具可以对声音添加特效,也可以删除声道。视频的压缩方面,可以利用 FreemakeVideo 或者是爱剪辑等免费软件进行处理,可以输出不同的格式。

7.2.4　排版制作

H5 的制作方法可以分成三类:①直接用 H5、JavaScript、CSS 等进行编码,适用于专业开发人员。通常用 notebook、sublime 或者专业的开发组件建进行制作。这类 H5 一般与后台数据库的大量数据有关,如果与后台数据库关系不大,采用在线平台和单独的制作软件来制作,对于不懂编程的人来说是很好的选择;②H5 在线服务平台,这类平台无须掌握复杂的编程技术,就能轻松制作出基于 H5 的交互式场景页面,如易企秀,Ih5 等;③软件类工具,如 Dreamweaver、FlipHTML 5、Authorware 以及方正飞翔数字版 7.1 等。

在数量方面,在线平台的数量比其他类型的工具多很多,可分为场景模板类、基础工具类和功能引擎类三种。

(1) 场景模板类:提供类似 PPT 页面切换的 H5 制作工具,主要面向个人用户,部分为企业用户。该类平台种类繁多,使用简单,交互方式少,主要用于内容可视化展示,适用于普通用户。

(2) 基础工具类:提供用于页面交互的 H5 可视化编辑工具,主要面向企业用户,部分为个人用户。

(3) 功能引擎类:提供 H5 网页开发引擎,面向企业用户。它提供基于多交互如 Canvas 的游戏引擎,适用于轻游戏的开发,面向开发者。

7.2.5　发布与运营

H5 在线平台大部分能与主流社交媒体如微博、QQ、微信、论坛等打通,让用户通过自身的社会化媒体账号进行广泛传播,并提供统计功能,让用户随时了解传播效果、收集与分析数据,及时反馈。

7.3　HTML 5 作品的创意制作

方正飞翔数字版 7.1(以下简称为飞翔)是一款提供制作、云端预览、发布的一体化服务 H5 解决方案,其继承并发展了飞翔数字版的易用性和丰富的交互组件与功能,具有近

40 个交互组件和近 30 种动画效果,作品可具备良好的设备兼容性,并在此基础上实现了 H5 作品云端预览与发布,及离线 html 文件包的输出。

飞翔除了能够制作静态内容,还能加入音频、视频、动画等多媒体内容,这些内容在输出的 html 文件中都可以有很好的呈现效果。在离线文件包中,能够利用浏览器打开进行阅览,观看动态效果、进行互动。利用飞翔制作 H5 作品,操作简单,用户可以快速上手,既可以由杂志社、报社、广告公司、企业市场部编辑制作,也可以由老师、学生完成。

7.3.1　认识飞翔数字版 7.1

在制作一款 H5 作品之前,先对这个工具有个大概的了解。飞翔的操作界面包含五个主要部分,如图 7-2 所示。上面是功能区选项卡,左边是页面视图和工具箱,右边是浮动面板列表及功能展开的浮动面板,中间部分是版面区域与辅助区域,下面是滚动条和状态栏。

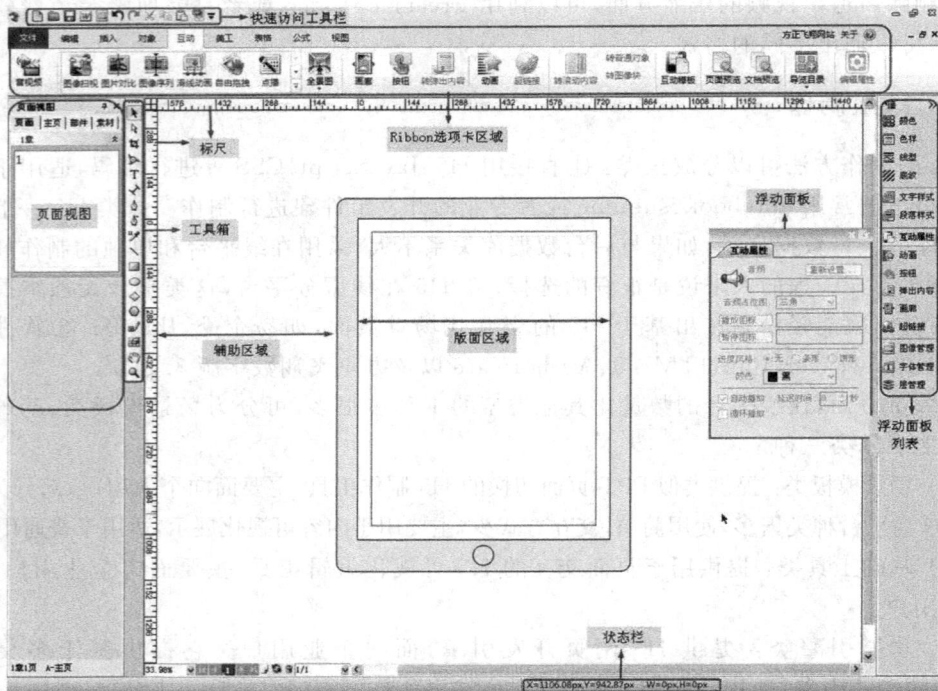

图 7-2　飞翔数字版 7.1 软件的操作界面

1. 功能区选项卡

功能区选项卡是飞翔最主要的操作面板。在功能区选项卡中,每个选项卡都集合了相关的操作按钮。选中"高级"下的子菜单项,右键可以添加该子菜单到当前的选项卡上,形成操作按钮。

2. 页面视图

页面视图显示的是页面或主页的缩略图。选择"视图"→"页面视图"命令,可以控制显示或隐藏页面视图面板。单击视图上的名称,可以切换到相应的视图窗口,通过右键菜单进行相关操作,如图 7-3 所示。

图 7-3　页面视图

另外,主页用于统一管理页面共有的内容以及页码。在"主页"视图中,选中任一主页缩略图,使用右键菜单命令可以新建、剪切、复制、粘贴、删除或移动主页,如图 7-4 所示。

可以存在多主页,通过"应用主页到页面"为每个主页指定应用的页面范围。在主页上右键添加页码,在排版主页面中可以选中页码,通过选择"插入"→"页码"→"设置页码类型"命令修改页码,如图 7-5 所示。

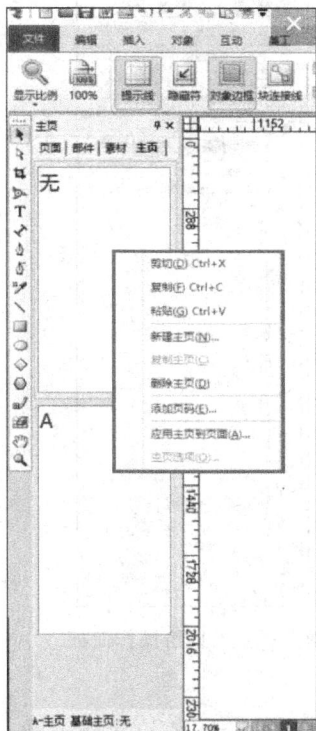

图 7-4　主页的右键菜单

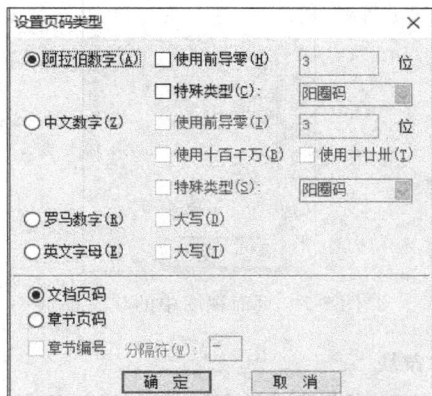

图 7-5　页码类型的设置

在页面视图中,选中任一页面缩略图,使用右键菜单命令可以进行新建、剪切、复制、粘贴、删除或移动页面等操作。右键可以切换到对应的主页上添加页码,也可以指定页面不占页码,则该页面不参与页码排序,无页码。还可以显示隐藏主页内容或单独不显示页码。选中多页右击还可以通过"应用主页到页面"选择主页,这是应用主页的常用方法,如图 7-6 所示。

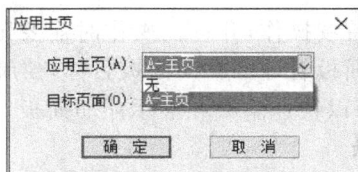

图 7-6　应用主页

页面视图的下方显示第几页和当前页的主页名称,如图 7-7 所示。

3. 工具箱

工具箱中包含了各种工具用于创建、修改对象。准确地说,工具的作用是规定鼠标、键盘操作的环境,真正的工具是鼠标、键盘。如果用户选择表格画笔工具就可以用鼠标来绘制表格;选择矩形工具就可以用鼠标来绘制矩形等。

工具箱中的选中工具和截图工具是两个非常重要的工具。在选中工具下,可以用鼠标选中、移动对象,也可以改变对象大小等。在截图工具下,可以将光标拖动到文字流中,对文字进行编辑,如图 7-8 所示。

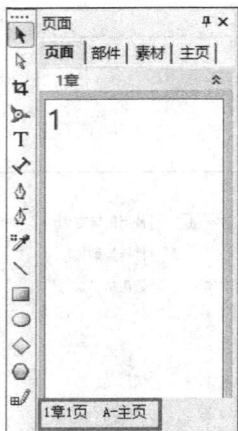

图 7-7　页面视图中的状态提示

图 7-8　工具箱操作面板

4. 对象块

飞翔的互动文档可以是一页也可以是多页。页面中包括对象(也叫块),不同的块及布局组成了飞翔的页面。可以排入文字形成文字块,也可以创建空文字块后在其中录入文字;可以加入图片形成图像块,也可以绘制图元块(如圆、矩形、曲线);可以创建表格块;可以录入公式;可以创建各种类型的多媒体块(也称为互动对象)。各种块都可以设置丰富的属性,通过界面及鼠标进行操作,从而形成了丰富而精美的版面。文字块是一种较为特殊的块,多个文字块可以形成续排关系,当增删文字时,文字可以在续排块之间流动,如图 7-9 所示。

5. 浮动面板

飞翔界面将一些需要用户持续操作,并且在操作时需要随时查看版面效果的常用功能纳入了浮动面板。在右侧浮动面板管理区移动面板名称,被展开的面板可以拖出停靠区,放在用户习惯的位置。按 F2 键可以快速隐藏和显示浮动面板,如图 7-10 所示。

6. 快速访问工具栏和工具条

飞翔界面的顶端还提供了快速访问工具栏,将一些随时可能用到的操作命令放到此处。

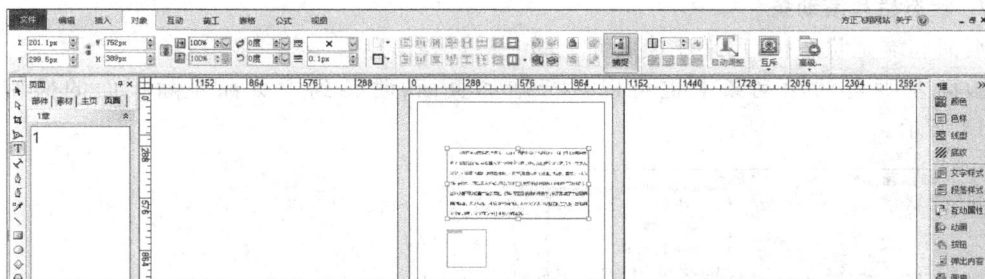

图 7-9　文字块的操作

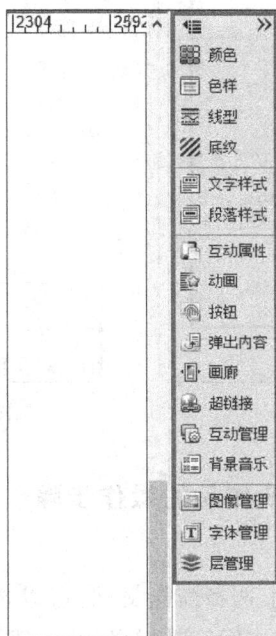

图 7-10　浮动面板管理区

选择"更多命令的""自定义-快速访问工具栏"添加命令到快速访问工具栏,也可以选中菜单项右键添加到快速访问工具栏,如图 7-11 所示。

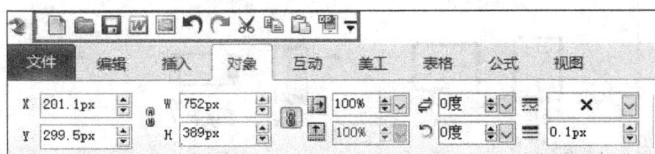

图 7-11　快速访问工具栏

用户可以自定义新的工具条,将自己常用功能组合在工具条上,建立个性化的工作环境,方便使用。选择"更多命令的""自定义-工具条"新建一个工具条,在"自定义-工具条命令"项中,选中命令拖入新建的工具条中,形成用户的个性化工具条,如图 7-12 所示。

7. 状态栏和滚动条

页面底端是状态栏,用来反馈版面上的一些重要信息。

版面左下角的滚动条上也可以进行增加页面、跳转到主页和删除页面的操作,如图 7-13 所示。

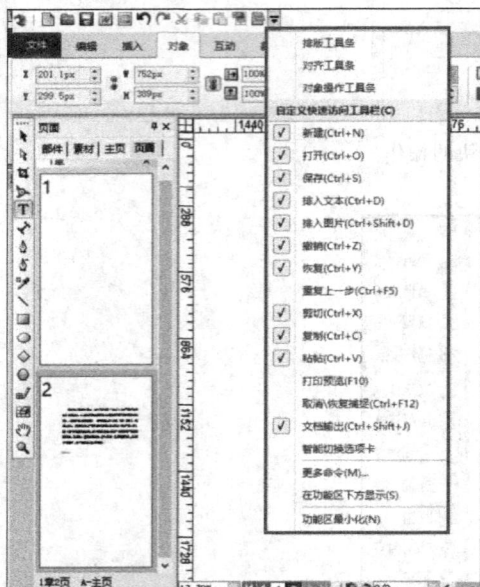

图 7-12　自定义工具条　　　　　　　　图 7-13　状态栏和滚动条

7.3.2　使用飞翔制作 HTML 5 作品的操作步骤

1. 新建文档

启动飞翔后,首先在欢迎画面上选择新建文档,可以选择作品的分辨率以及阅读终端。另一种新建文档的方法是单击快速访问工具栏里的"新建",或者选择菜单"文件"→"新建",弹出"新建文件"对话框,如图 7-14 所示。

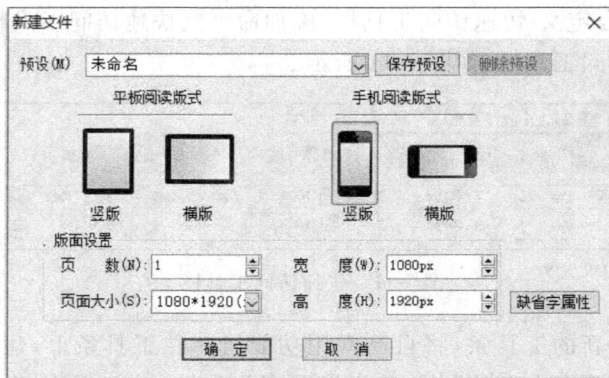

图 7-14　在飞翔中新建 H5

2. 排入内容

互动文档中的静态内容和互动内容共同完成了页面布局的排版。静态内容排版指的是文字块、图元、图片、表格、公式等普通对象;互动内容的排版主要指互动文档中交互组件的处理与位置调整。对于文字内容的排版,主要使用文字样式和段落样式浮动窗口完成。在段落样式里,默认给出了常用的段落样式,可以直接使用,如图 7-15 所示。

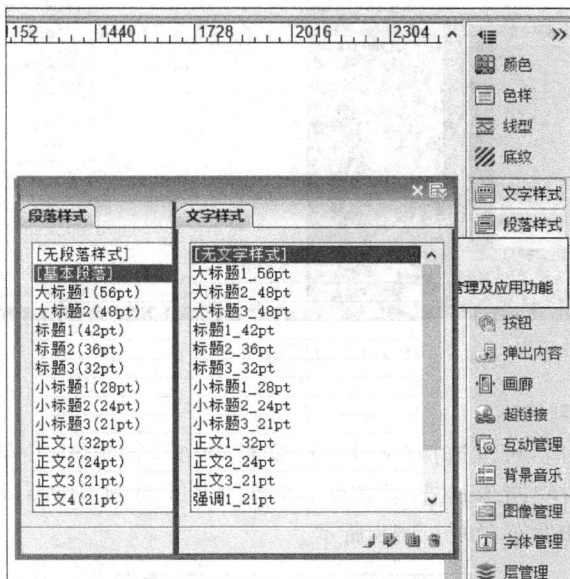

图 7-15　段落样式和文字样式

3. 制作互动效果

互动对象是互动效果的载体,采用向导式或模板替换的方式可轻松快速地创建互动对象,便于使用者方便地制作互动效果。飞翔提供了丰富的富媒体交互组件,如音视频、全景图、图像序列、超链接、弹出内容、画廊、动画等。互动效果在 H5 页面中一般可以即时预览,有一些交互功能需要在飞翔 H5 平台或微信接口进行对接后才可能实现,如图 7-16 所示。

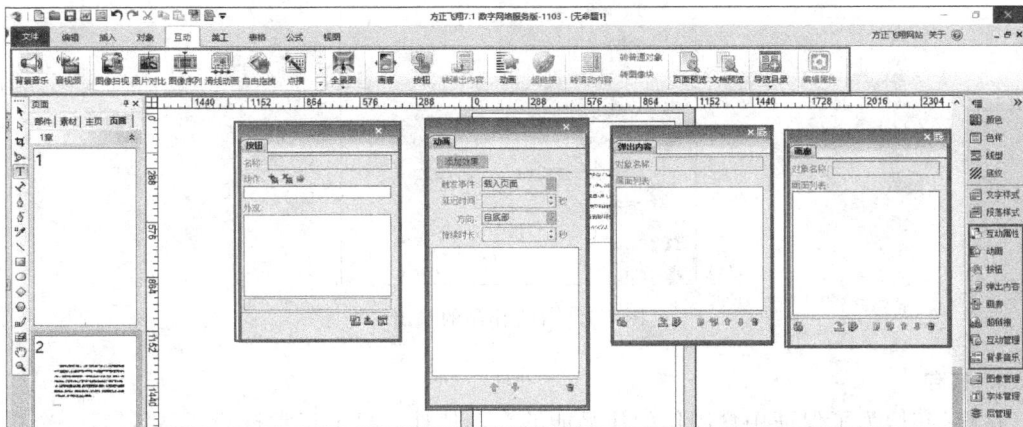

图 7-16　互动效果的制作

4. 预览

飞翔提供预览的功能,用户可以模拟在浏览器中的呈现效果,检查制作的效果是否与预想的一致。单击"互动"→"页面预览"或按 F5 键,可以预览当前页面的排版布局效果;还可以通过简单的交互,查看互动对象制作的互动效果。单击"互动"→"文档预览"可以对当前文档所有页进行预览,能够前翻页或后翻页,如图 7-17 所示。

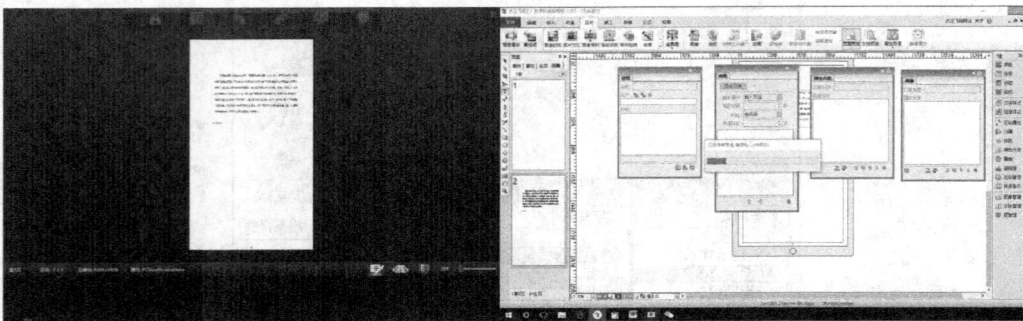

图 7-17　H5 效果的预览

5. 文档输出、同步到云端

H5 作品制作完成后,可以选择"文件"→"文档输出",输出 html 格式文件包,在本地浏览器中浏览,也可以选择"同步到云端"按钮,将制作完成的 H5 作品同步到云端的飞翔 H5 云服务进行在线预览和发布,如图 7-18 所示。

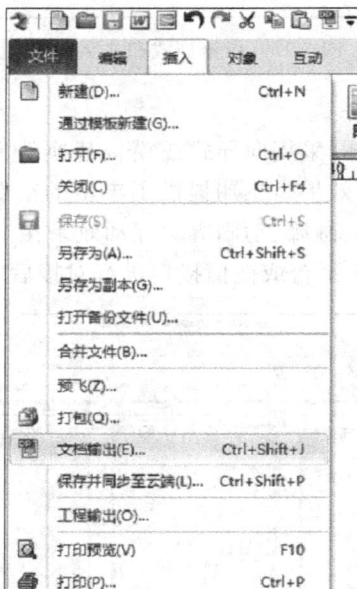

图 7-18　H5 作品的输出

6. 打包

在存档时,为了保证用户制作的作品能够在其他计算机上正常打开,需要进行一个打包的操作,将所有的图片、互动组件信息、排版文件、字体信息等都存到一个指定的文件夹里。

选择"文件"→"打包"命令,可以对整体的文件进行打包处理,如图 7-19 所示。

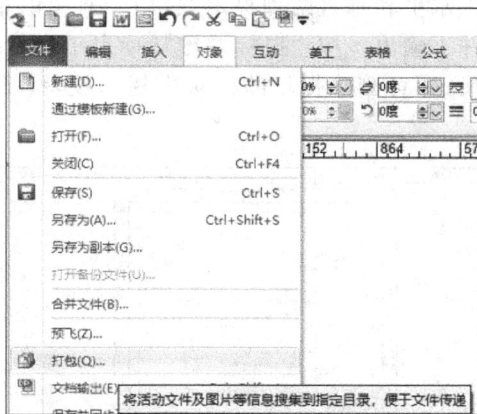

图 7-19　H5 作品的打包处理

7.3.3　作品制作小技巧

飞翔数字版的界面清晰易懂,可以快速上手,而且在软件的界面中还提供了无所不在的提示,将鼠标停留在按钮或菜单上,就可以看到相关的操作或功能提示信息,这为操作者带来了极大的便利。还有一些在使用过程中的小技巧,可以帮助用户进行快速高效的排版和设计,下面为大家一一进行介绍。

1. 标尺

标尺可以帮助用户快速将对象进行横、竖位置的对比,以便对对象进行对齐操作。如果页面上没有显示标尺,勾选"视图"→"标尺",即可显示标尺。拖动两个标尺的交点,可以改变坐标原点(0,0)。用鼠标双击两个标尺的交点,可以将坐标原点恢复为版心左上角;按住 Shift 键双击原点,则将原点设为页面左上角。

标尺上的刻度单位,可以在"偏好设置"对话框的"单位和步长"属性页里设置,也可以右击标尺,在弹出的快捷菜单里修改标尺的单位,如图 7-20 所示。

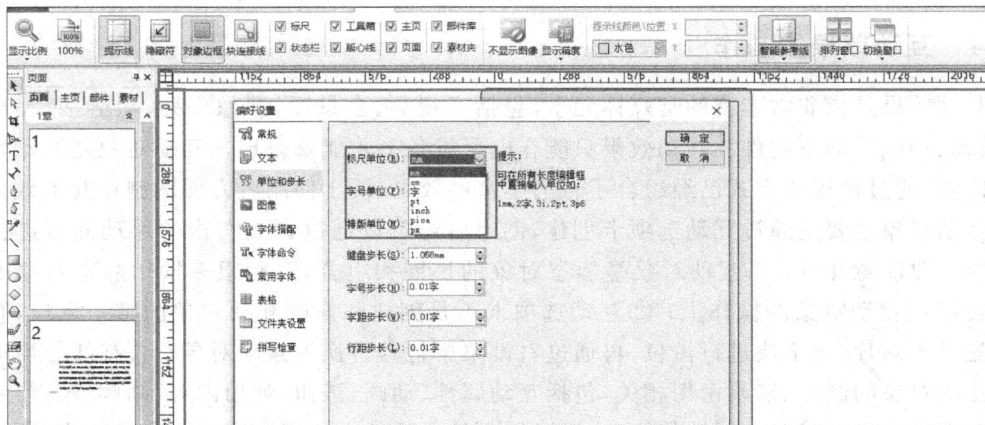

图 7-20　标尺的使用

2. 提示线

飞翔数字版软件中提供水平和垂直两种提示线,用于对象的精确定位。提示线用于辅助排版,只能显示,在后端并不输出。按住鼠标左键从标尺上向页面内拖动鼠标,即可拖出提示线。将提示线拖回标尺,即可删除提示线。选中提示线,按 Delete 键也可以删除提示线,如图 7-21 所示。

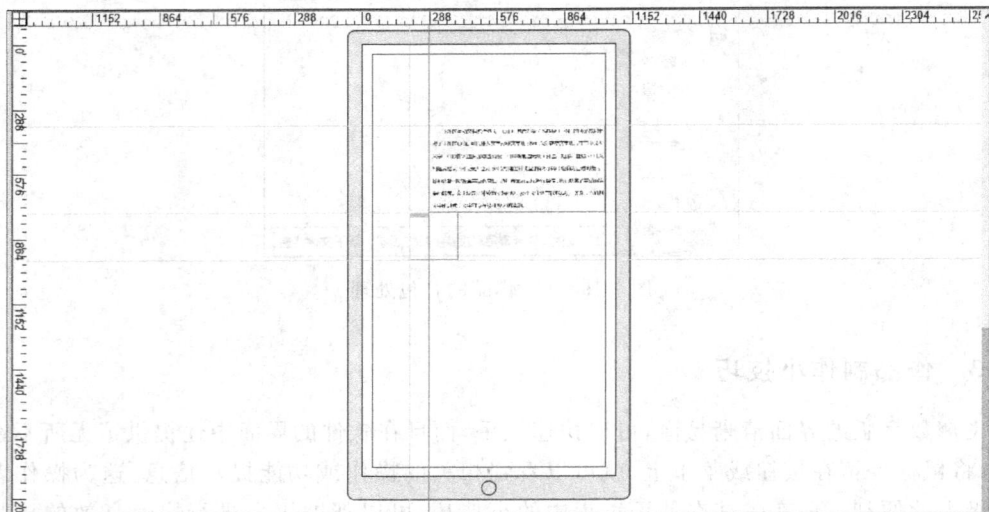

图 7-21　提示线的使用

提示线的选中与普通对象一样,单击提示线,可选中提示线。按住 Shift 键单击,可选中多根提示线。此外,也可以按住鼠标左键,拖动鼠标,在鼠标移动区域内的提示线都将被选中。

3. 界面显示方式

为了扩大排版工作空间,可以将选项卡、工具箱和浮动窗口隐藏。按快捷键 Ctrl+F9即可在常规显示、简洁显示和全屏显示三种显示状态之间切换。简捷显示仅保留选项卡,全屏显示隐藏所有窗口。

7.3.4　互动效果的制作

互动效果是指非常丰富的富媒体元素,包括音视频、全景图、图像序列、超链接、弹出内容、画廊、动画等动态组件。互动效果只能在电子设备上才能够呈现。互动对象是互动效果的载体,它通过模板的方式已经组合了较为丰富的效果,便于使用者方便地制作互动效果。

互动对象主要是通过互动选项卡创建,创建后还可以通过页面右边的浮动面板进行属性修改。要注意几点:①互动对象是静态对象的扩展和组合,因此很多操作静态对象的方法也会用在互动对象的操作上;②互动选项卡不是创建和修改互动对象的唯一入口,有时可以先排入图片、文字块进行占位,再通过右键菜单将其转换为互动对象;③有部分浮动面板与互动对象的制作、修改密切相关,包括互动属性、动画、按钮、弹出内容、画廊、超链接,这些浮动面板提供了对互动属性的修改,可以用更加灵活的方式组合互动对象的效果,同时也提供了对某类对象的管理。

1. 音频文件的插入与处理

如作为背景音乐，在阅读器端打开带有背景音乐的页面时，将自动播放背景音乐；作为交互音频可以用于制作图书课件，如单击某单词播放该单词发音等。

方法 1：单击"互动"→"音视频"选项，弹出"打开"对话框，选择需要插入的音频文件，单击"打开"排入选中的文件。

方法 2：选中图元或图像，在右键菜单中选择"互动"→"音频"选项，选择音频文件加载。

选中图元或图像，通过右键菜单创建互动对象的方式，这是一种通用的方式。其他互动对象的创建方式不再重复描述。选中音频互动对象，单击"互动"→"编辑属性"选项或按 F9 键，可在"互动属性"对话框中修改属性信息，如图 7-22 所示。

图 7-22　音频属性的编辑

2. 视频文件的插入与处理

视频多用于封面或页面中的某些区域，用于展示形象、生动的效果，如广告内容的展示。通过在版面加载视频对象可以实现视频的播放、暂停或停止，还可以在阅读器端放大或缩小视频。

方法 1：单击"互动"→"音视频"选项，弹出"打开"对话框，选择需要插入的视频文件，单击"打开"排入选中的文件。

方法 2：选中图元或图像，在右键菜单中选择"互动"→"视频"选项，选择视频文件加载。

选中视频互动对象，单击"互动"→"编辑属性"或按 F9 键，可在"互动属性"对话框中修改属性信息，如图 7-23 所示。"重新设置"可更换视频文件。"视频第一帧为占位图"视频占位图用于在版面中显示视频所在位置的图像。提供两种方式，一种用图像作为占位图；另一种用视频第一帧（第一帧有可能是黑屏，请用第一种方法）。播放方式提供了自动播放、循环播放、弹出式全屏播放三种播放方式。"弹出式全屏播放"选中此项，在阅读器端可弹出一个窗口进行全屏播放视频。

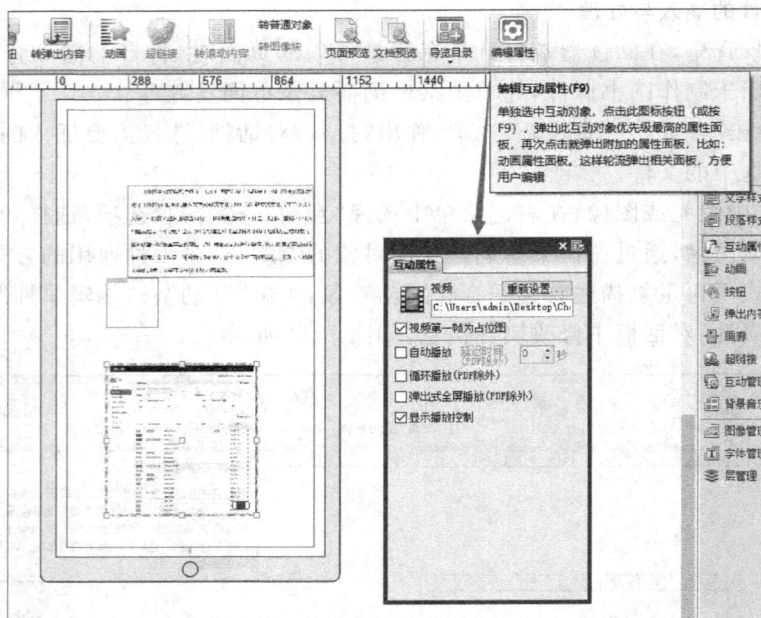

图 7-23　视频属性的编辑

3. 图像扫视

图像扫视可在较小的区域中显示较大的图像,并允许在该区域内平移和缩放图像,用于查看图像的局部细节,多用于查看商品各个细节部分。

单击"互动"→"图像扫视",弹出"打开"对话框,选择一个图像,单击"打开"按钮,在版面划分出一个框区域即可完成图像扫视的创建,划分出的区域即为图像扫视的可视区域,如图 7-24 所示。

图 7-24　图像扫视的创建

选中图像扫视互动对象,按 F9 键,可在"互动属性"对话框中修改属性信息,如图 7-25 所示。"重新设置"可更换图像文件。"初始偏移量"可设置初始图像显示范围。可利用图像左上点坐标相对于限定区域左上点坐标的差值进行调整。初始缩放比例提供图像初始缩放比例设定。"镜头摇移"类似于电影中镜头移动的效果。通过设置初始偏移量和比例、终止偏移量和比例,来实现镜头摇移效果。"允许手势缩放"可在移动阅读端对图像进行缩放。"显示边框外的图像"设置可视区域外的图像是否需要显示。

图 7-25　图像扫视的编辑

4. 图片对比

图片对比主要用于同一事物、同一角度、不同时期两个场景前后的变化情况展示。多用于自然景观、同一人物不同时期的对比等。可在阅读器端通过手指滑动查看同一事物前后的对比效果。

单击"互动"→"图片对比"选项,弹出创建"图片对比"对话框,单击"添加"按钮,弹出"打开"对话框,选择两张尺寸相同的图片,单击"确定"按钮完成图片对比的创建,如图 7-26 所示。

选中图片对比互动对象,按 F9 键,可在"互动属性"对话框中修改属性信息,如图 7-27 所示。"初始显示比例"在图像框中设定两张图片各占的显示比例来确定在阅读器上显示拖动杆的初始位置。"对比分界线":当两张图差异较小对比不明显时,需提供分界线图标。可以使用默认的对比分界线,也可以自定义对比分界线。

5. 图像序列

图像序列在阅读器上产生将物体旋转 360°的效果。比如查看一个物体的各个方位的真实效果,非常适宜用作物品的动态展示。在制作图像序列前,需要由摄影师按顺时针或逆时针方向拍摄的一组等大小的序列图或在 3ds Max 软件制作的一组序列图。将图像按照一定的顺序进行命名,放在一个文件夹下。

单击"互动"→"图像序列"选项,弹出浏览文件夹,选择准备好的文件夹,在对话框中,还

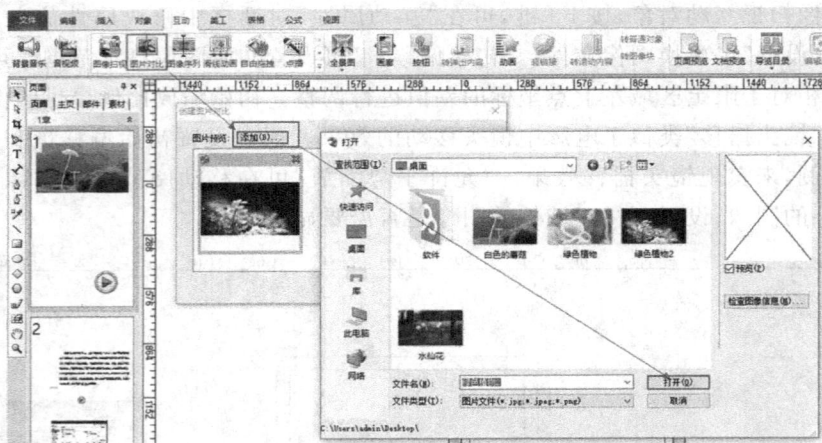

图 7-26　图片对比的创建

图 7-27　图片对比的属性设置

可以通过编辑图像序列添加、替换或删除序列中的图片,单击"确定",在版面上排入图像,即可完成图像序列的创建,如图 7-28 所示。

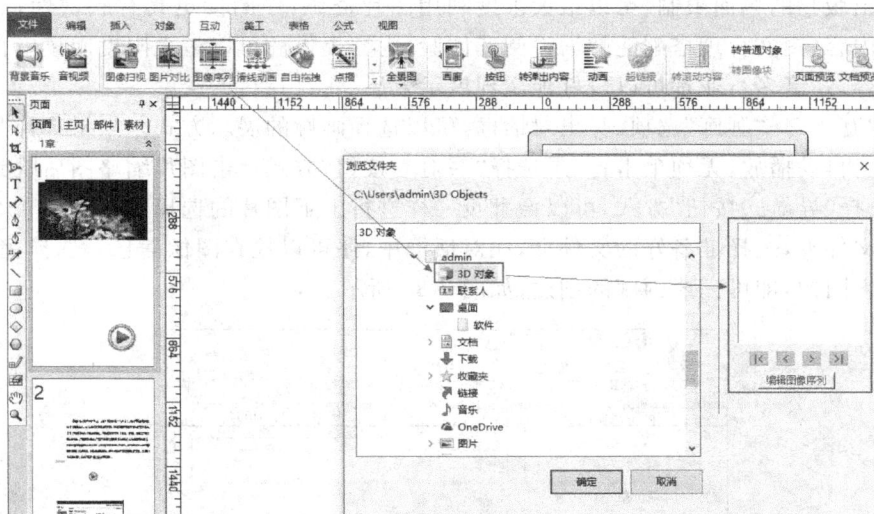

图 7-28 图像序列的创建

选中图像序列对象,按 F9 键,可在"互动属性"对话框中修改属性信息,如图 7-29 所示。"播放速度":以每秒多少帧数的速度播放。可指定 0~60F/s 之间的值。取消选中"反序播放"复选框,阅读器端将按照从前向后的顺序依次播放图片;选中"反序播放"复选框,阅读器端将按照从后向前的顺序播放图片。"点击播放/暂停"用户可通过单击控制播放和暂停图像序列。

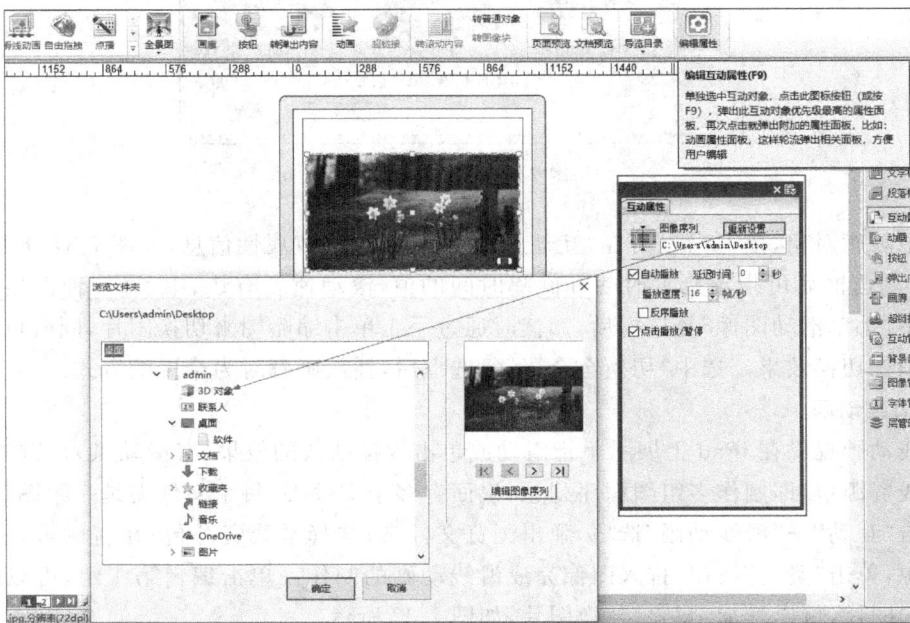

图 7-29 图像序列的属性设置

6．画廊

利用画廊可以在阅读器端实现幻灯片的效果，它适用于同一系列下多图快速展示。区别于传统出版物的幅面限制，可以最大限度利用图片资源，使阅读更具有欣赏性，加之可以配合文字内容，图文合理搭配能够增强阅读体验，内容提供商可以最大限度向读者传达其想表达的内容，在诸多行业都可以较好地实现展示效果。

单击"互动"→"画廊"选项，弹出对话框，可以选择画廊的展示方式。如果选择"走马灯"方式图片会自动播放，无须单击；如果选择"一对一按钮"方式单击图片缩略图后跳到大图展示；如果选择"导航式按钮"方式，可以像翻页一样进行上下图片的选择浏览。

浏览文件夹，选择准备好的文件夹，在对话框中，还可以检查图像信息。选择完毕后，在版面上排入图像，即可完成画廊的创建，如图 7-30 所示。

图 7-30　画廊的创建

选中画廊对象，按 F9 键，可在"互动属性"对话框中修改属性信息，如图 7-31 所示。"自动播放"复选框后可指定延迟时间和间隔时间的值，滚动速度有快、中、慢三种类型可以选择。选中"手动滑动图像"复选框后，阅读时通过手工单击缩略图来切换图片，同时可以选择不同的图像切换效果。选中"切换至全屏"复选框后，播放画廊时为全屏的方式。

7．滑线动画

滑线动画提供在 iPad 上展示手指滑动或单击逐帧播放的效果（有滑动条）。首先，需要准备滑线资源包，即制作多组图像序列包，里面有多个文件夹，每个文件夹是一组图像序列。

单击"互动"→"滑线动画"选项，弹出浏览文件夹；选择滑线资源包，在右侧可以预览每组的资源，单击"确定"按钮，排入图像完成滑线动画的制作。单击编辑第 1 组，可以编辑文件夹中的图片，可以增加、删除、替换图片，如图 7-32 所示。

选中滑线动画，可在"互动属性"对话框修改属性信息，如图 7-33 所示。"滑线刻度示意

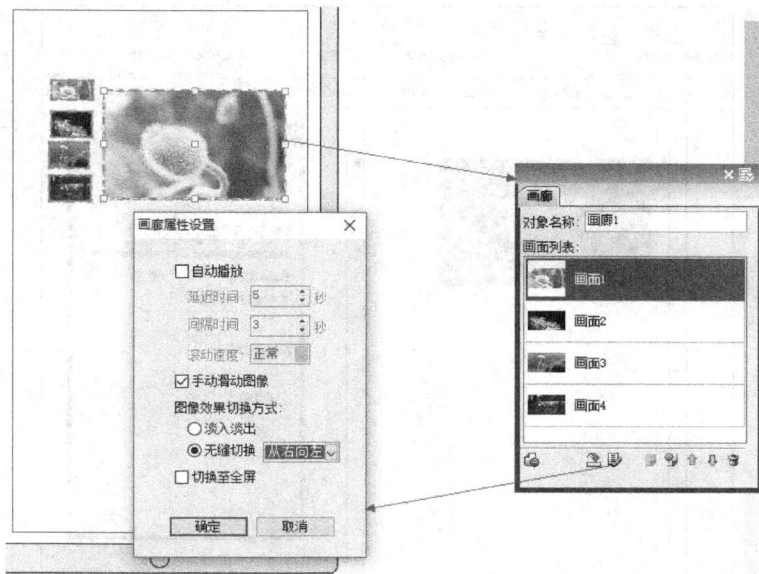

图 7-31　画廊的属性设置

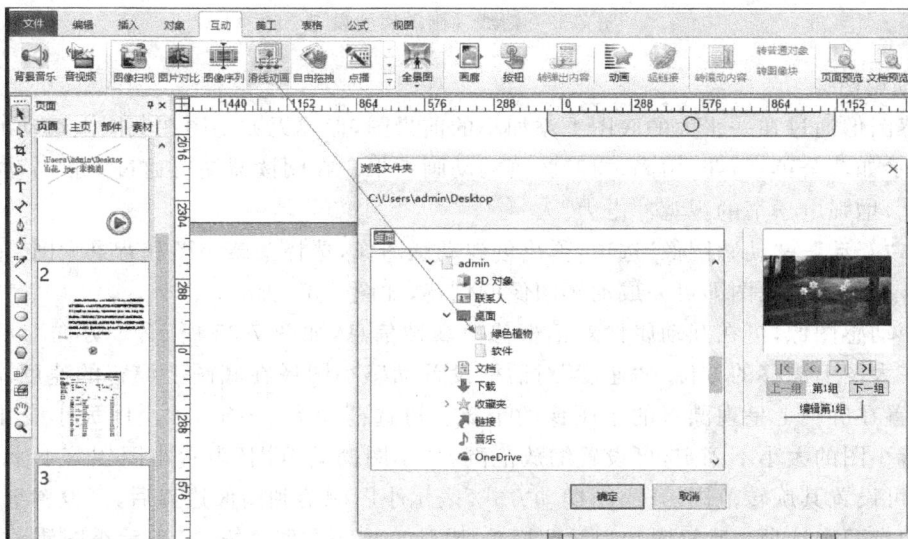

图 7-32　滑线动画的创建

图"表示资源包有多少组图像序列,就生成多少个刻度节点,默认平均分布到刻度线。从左到右的节点顺序,依据资源夹中的每组图像序列的排列顺序。"节点数"表示资源包有多少组图像序列,就有几个节点数。比如,文件夹下包含 3 个图像序列文件夹,下拉列表中就有1、2、3 三个数。选中节点数,刻度示意图上高亮显示对应的节点。"节点名称"和"位置"表示选中节点,可以设置节点的名称以及位置。"节点加载 MP3 文件"表示与节点的图像序列同时播放,在阅读器端默认方式播放。为空时,表示无音乐。"加载滑线图标"表示可以自定义滑线图标在阅读器端呈现。

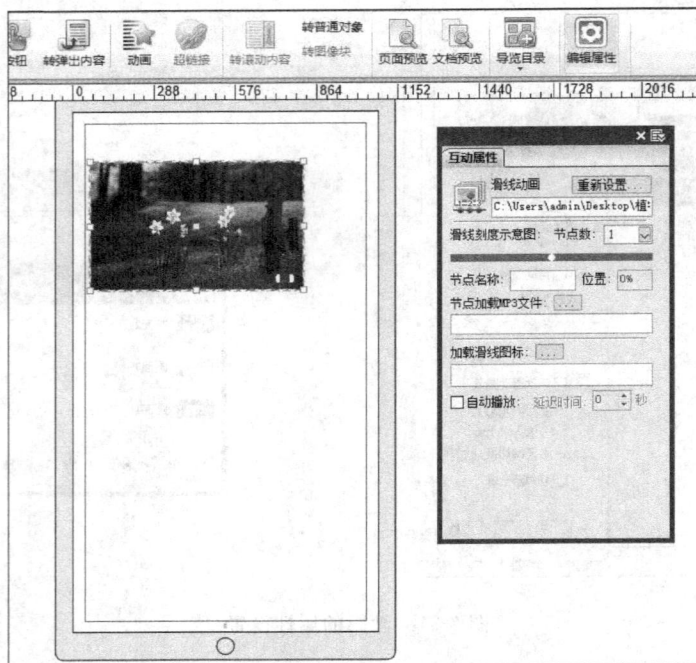

图 7-33　滑线动画的属性设置

8. 动感图像

动感图像通过在一张大的底图上添加小的前景图,形成无数小图在底图上运动的效果。比如,展示如蒲公英、雪花、雨滴、树叶飘落的动画效果。在阅读器端可通过手指与动感对象进行交互,增强电子书的视觉冲击力。

单击"互动"→"动感图像"选项,弹出创建动感图像,选择动感小图和背景大图,单击"确定"按钮,排入背景大图即可完成动感图像的创建,如图 7-34 所示。

选中动感图像,可在互动属性对话框修改属性信息,如图 7-35 所示。"方向"设置动感小图像在大图上漂移的方位。"速度"对话框设置动感小图像在底图上漂移的速度。"小图个数"设置在屏幕上呈现漂浮的小图像的个数。可选范围为 1～50。"小图大小变化范围"表示飘落小图的大小不固定,可设置缩放范围。"小图摆动范围"表示小图飘落下来的角度不固定,可设置其旋转范围。"小图摆动方式"表示小图飘落到图像边界后,可设置继续摆动的方式。有两个选项:反复摆动和循环摆动(默认)。"小图路径方式"表示小图飘落下来的路径,可设置为直线或曲线。"手势交互参数"可设置用户在阅读器上对小图进行交互的方式。

9. 全景图

全景图提供了一种身临其境浏览图像的视觉效果。比如,用户可以看到汽车内部立体展示的效果或一个位置的周边景象。单击"互动"→"全景图"选项,弹出"创建全景图"对话框,如图 7-36 所示。

10. 按钮

按钮是其他对象的触发,当单击按钮时,跳转到或者弹出指定的对象。

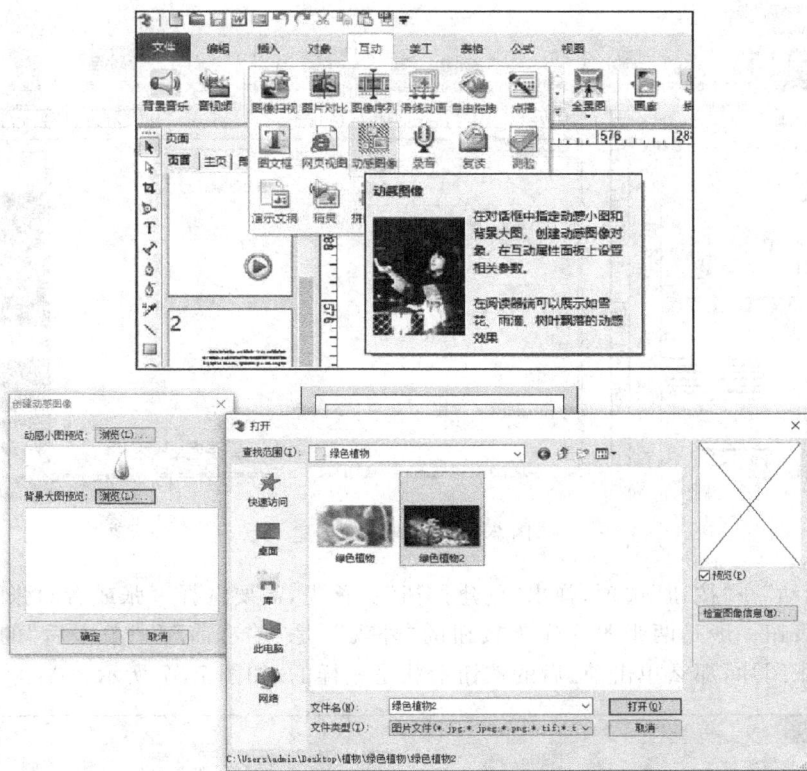

图 7-34　动感图像的创建

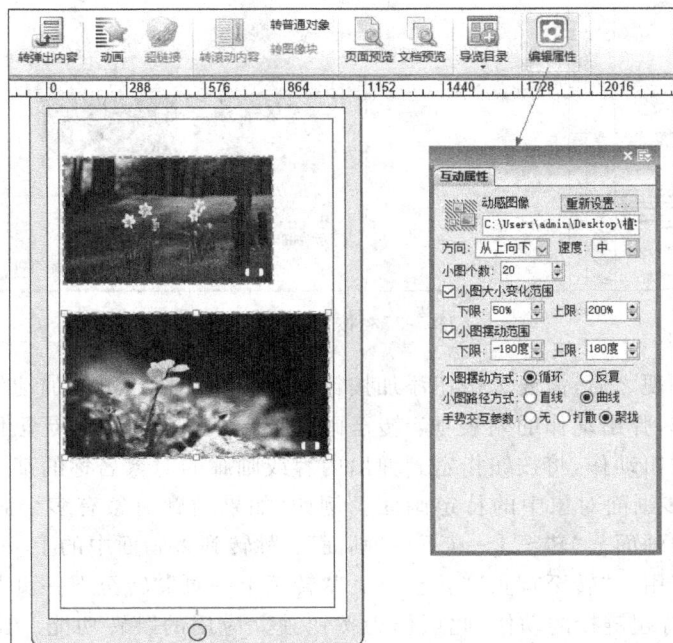

图 7-35　动感图像的属性设置

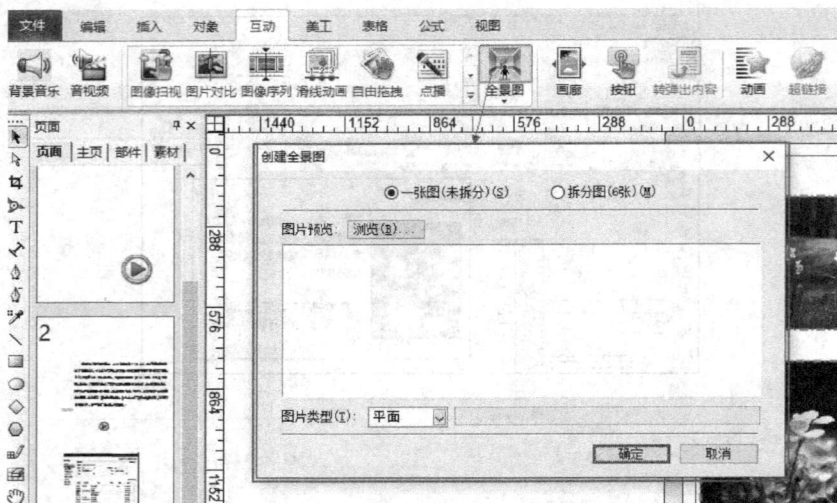

图 7-36　全景图的创建

　　单击"互动"→"按钮"选项,弹出"创建按钮"。首先,需要选择一张或者两张图片作为按钮的外观。按钮一般是两张图片作为按钮的"外观",是"单击前"和"单击后"的两种形状。如果只选一张图片,那么单击前、后的按钮形状是一样的,如图 7-37 所示。

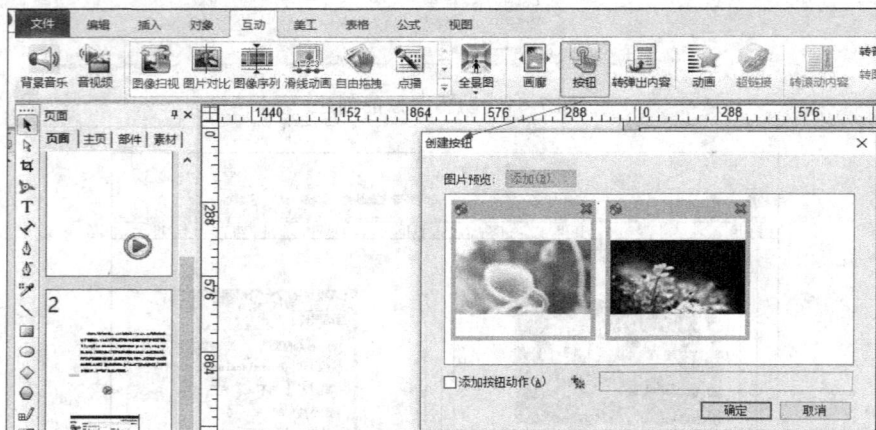

图 7-37　按钮的创建

　　在选择按钮外观之后,需要为按钮添加按钮动作。如果按钮不添加动作,就没有实际用途。单击添加动作,弹出动作的列表项:转至画面、转至上一画面和转至下一画面,用于弹出内容或画廊的按钮动作,将按钮指定到弹出内容或画廊的对象名称的某一个画面上。"转至画面":跳转到多画面对象中的特定画面。例如,如果画廊对象有多个画面,则可以使用此动作显示特定的画面。"转至上一(下一)画面":跳转到多画面中的上一个或下一个画面对画廊对象尤为有用。"转至首页""转至末页""转至上一页""转至下一页""转至指定页"和"转至 URL"是支持超链接的动作,此项作为按钮独立应用的跳转功能。比如,目录页上的图片转换为按钮就可以添加动作转至某一页,实现跳转;选择"转至 URL"可指定网页地址。单击"确定"按钮,排入图片完成按钮的创建,如图 7-38 所示。

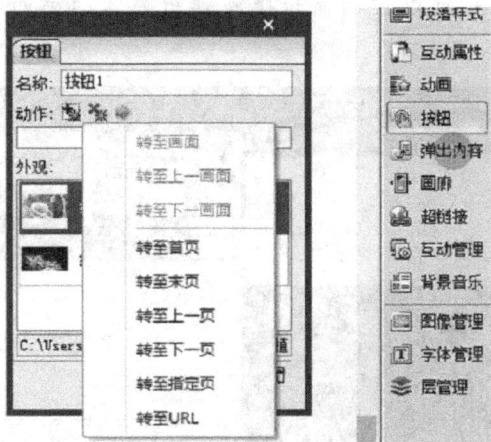

图 7-38　按钮的属性设置

这里有一个小技巧,那就是为文字制作透明按钮。在文字周围画一个无边框的图元块,在互动选项卡上转为图像块,右键菜单转为按钮。选中按钮修改属性信息。在"动作"中单击"添加",可修改按钮关联的动作;单击"移除",可移除按钮关联的动作;单击"跳转至目标",可跳转到按钮关联的对象。选中按钮,单击切换外观图像的上下位置,可改变单击前和单击后按钮图标的外观形状。

11. 弹出内容

弹出内容指在浏览器中只显示图标按钮,隐藏需要弹出内容的对象,用户需要时,才单击按钮展现,适用于对某个产品的局部进行详细介绍与动态展示。

选中版面上的一个或多个对象,单击"互动"→"转弹出内容"选项,转为"弹出内容"对话框。在"弹出内容"对话框中修改属性信息,如图 7-39 所示。

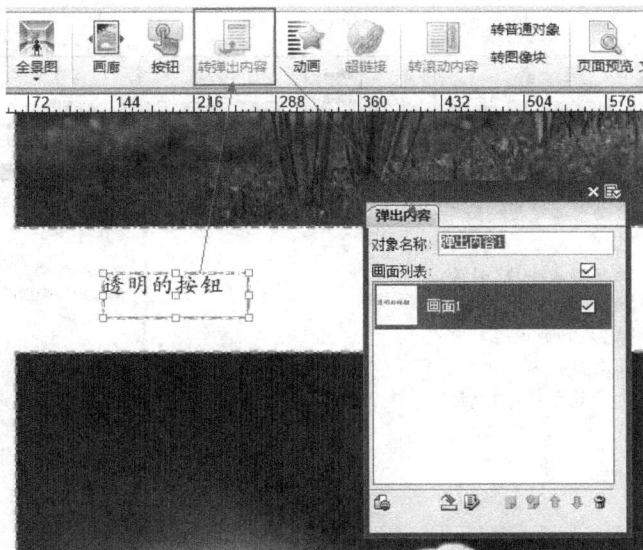

图 7-39　弹出内容的创建

说明：画面右边的方框可以控制显示隐藏弹出内容的画面，方便操作其他画面，如图 7-40 所示。

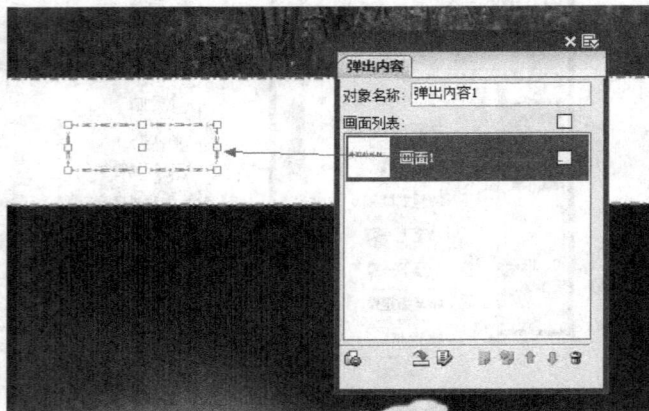

图 7-40　弹出内容的属性设置

画廊与弹出内容的区别在于，画廊是对图片在同一区域播放的效果，而弹出内容是任何一个或多个对象在同一位置或不同位置弹出展现的效果。弹出内容更灵活，应用场景更丰富。

12. 滚动内容

滚动内容是将版面某一区域内带有续排标记的矩形文字块，转为滚动内容对象。在阅读器端，用户通过滚动可查看更多内容。比如一个产品的介绍，用户不必转到下一页，轻扫即可滚动查看全部资料内容。

选中带续排的文字块，单击"互动"→"转滚动内容"，将文字块转为滚动内容。这里需要说明的是，异形文字块不能制作为滚动内容，否则将在阅读器上呈现为空或效果不对，如图 7-41 所示。

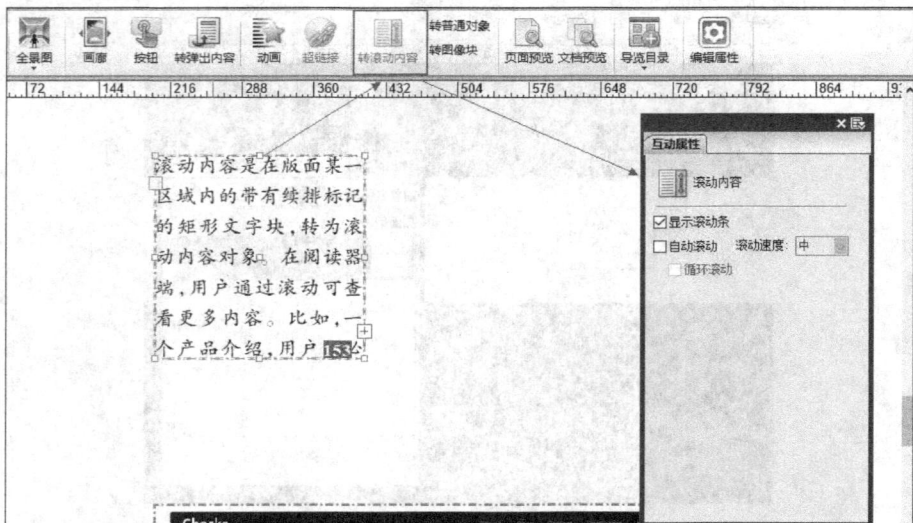

图 7-41　滚动内容的编辑设置

选中滚动内容,在"互动属性"对话框可设置属性信息。是否选中"显示滚动条"复选框"自动滚动"复选框及设置"滚动速度",及是否需要选中"循环滚动"复选框。

13. 自由拖曳

自由拖曳主要针对读者比较关注的图像进行全屏显示、查看细节等操作。在阅读器端可以通过手指将图片在页面上任意移动、进行放大或缩小,如图 7-42 所示。

图 7-42　自由拖曳的创建

单击"互动"→"自由拖曳"选项,弹出"打开"对话框,选择一张或几张图片,单击"确定"按钮排入图片,即可完成自由拖曳的创建,排入的图片在阅读器端都可以进行自由拖曳。在"互动属性"对话框可替换图片。若选中"不允许拖曳"复选框,就形成一种新的互动组件效果:图片在阅读器上不能拖曳,只能放大或缩小图片,如图 7-43 所示。

图 7-43　自由拖曳的属性设置

14. 网页视图

通过网页视图互动功能,用户可在视图区域内查看网页内容,而不必使用 IE 浏览器。比如,指定 Web URL 或本地 html 文件,可用于产品介绍等。在这里,结合飞翔的功能,给大家介绍几种网页视图交互制作的方式。

（1）内嵌式：单击"互动"→"网页视图"，弹出创建网页视图，在文本框中直接输入目标地址（比如 http：//www. founder. com. cn）或加载 html 文件；选择占位图，单击"确定"按钮，排入占位图片即可完成网页视图的创建。网页会以页面内置的方式呈现，网页使用阅读器内置浏览器打开，并被自动缩放以适应屏幕的大小，读者可以手动捏合缩放网页，如图 7-44 所示。

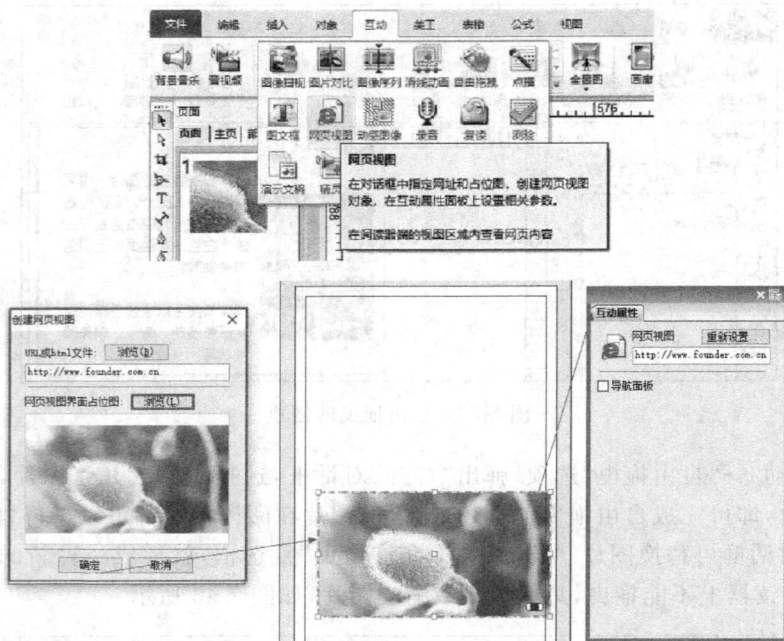

图 7-44　内嵌式网页视图的创建

（2）弹出式：通过选择"超链接"来创建 URL，网页会以弹出的方式呈现。可通过选择"阅读器内置浏览器"或"设备默认浏览器"打开网页，网页不会被缩放。弹出式网页不响应读者旋转屏幕的操作，如图 7-45 所示。

这里需要注意的一点是，在制作网页视图的过程中，html 或 htm 文件不能单独放在根目录下，一定要和相关资源放在同一个文件夹中，否则，会把无关资源输出，增加无用的数据量。另外，在进行页面预览时，在 PC Viewer 中会显示默认占位图，单击占位图才能打开网页。

在"互动属性"对话框可修改属性信息，如图 7-46 所示。

15. 测验

提供在 iPad 上展示互动测验的效果，实现对选择题、填空题或简答题进行答题和核对答案。单击"互动"→"测验"选项，弹出"创建测验"，加载测验资源包，选择占位图，单击"确定"完成测验的创建，如图 7-47 和图 7-48 所示。

测验资源包是由专门的工具制作，通过"创建测验"对话框中的下载地址获取并安装制作工具。测验组件的弹出式效果，可以用弹出内容来实现，比如将测验组件再转为弹出内容，通过按钮来控制弹出，就是弹出式，如图 7-49 所示。

选中"测验"，可在"互动属性"对话框中修改属性信息。单击"测验编辑器"可以对资源包进行编辑。

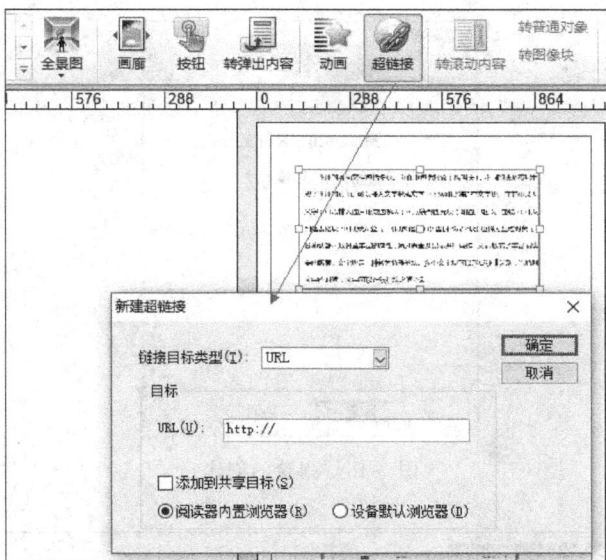

图 7-45　弹出式网页视图的创建

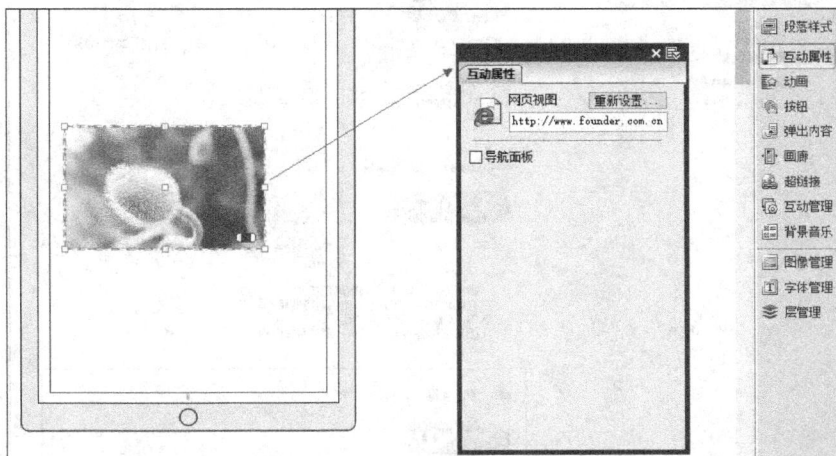

图 7-46　网页视图的属性设置

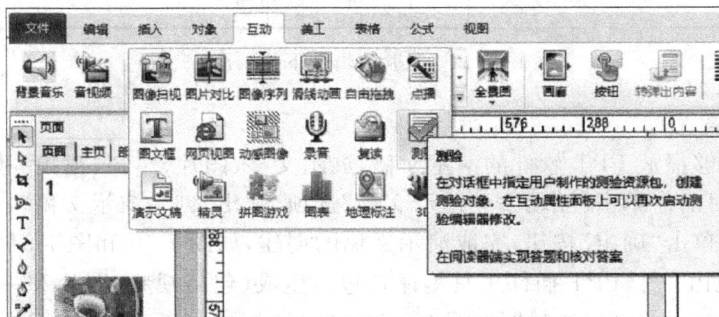

图 7-47　测验

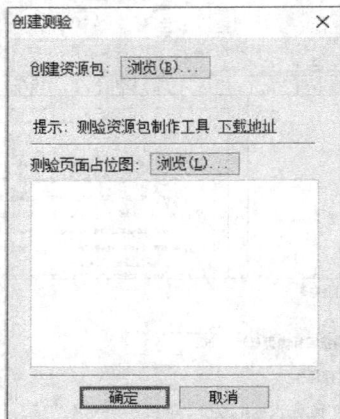

图 7-48　测验的创建

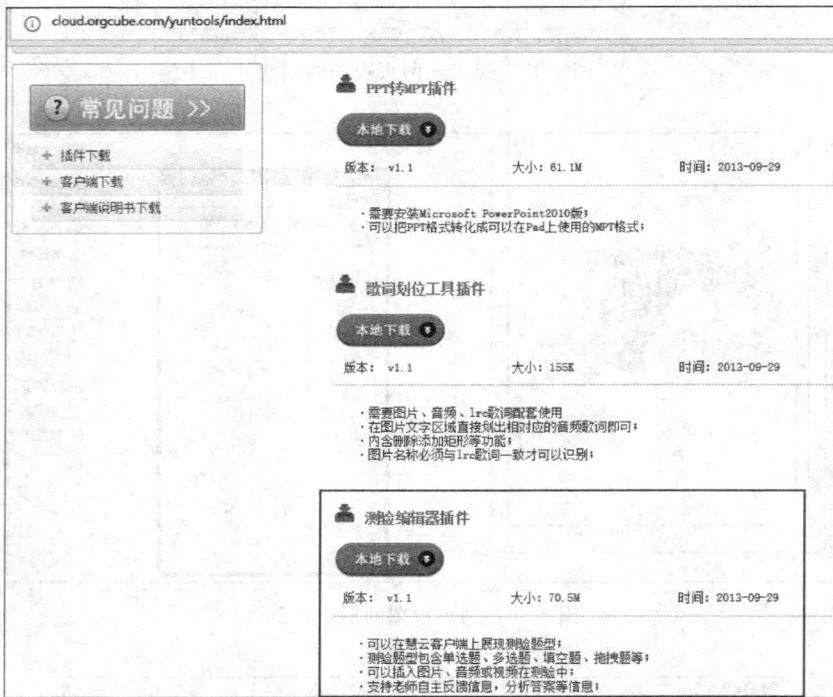

图 7-49　测验编辑器下载页面

16. 演示文稿

　　演示文稿能够播放 PPT 软件的演示文稿,展示文字、图片、声音、视频等媒体,达到做报告、说明问题的目的。单击"互动"→"演示文稿"选项,弹出"创建演示文稿",加载 PPT 资源包,选择占位图,单击"确定"按钮,完成演示文稿的创建,如图 7-50 和图 7-51 所示。

　　PPT 资源包由一个 PPT 插件工具编译打包后生成(包括视频、图片和一个 xml 描述文件),文件格式为 mpt。可以通过"创建演示文稿"对话框中的下载地址获取并安装 PPT 插件,如图 7-52 所示。

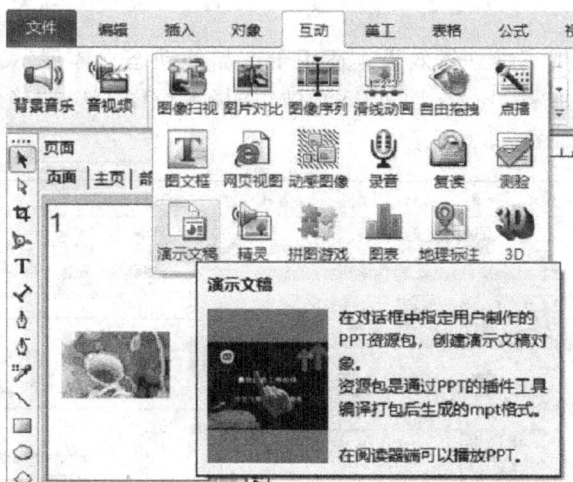

图 7-50　演示文稿

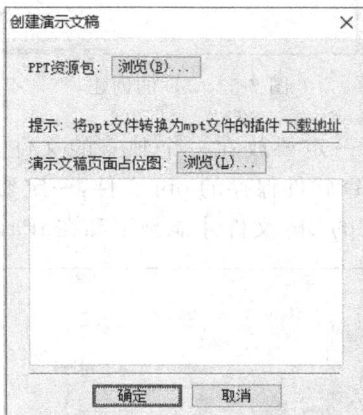

图 7-51　演示文稿的创建

图 7-52　演示文稿编辑器下载页面

17. 3D 图展示

3D 在阅读器上展现三维立体效果。适用于产品的动态立体展示。单击"互动"→"3D"选项,弹出"创建 3D",加载 obj 格式的 3D 文件,选择占位图,单击"确定"按钮,排入占位图即可完成 3D 的创建,如图 7-53 所示。

图 7-53　3D 的创建

3D 的 obj 文件与相关文件一定要放在一个独立的文件夹中。否则,会把无关资源输出,增加无用的数据量。通过 3D 软件保存的 obj 文件,一定要选择"相对路径"保存,不能选择"绝对路径",只有"相对路径"的 obj 文件才能预览和在 iPad 上正确显示,如图 7-54 所示。

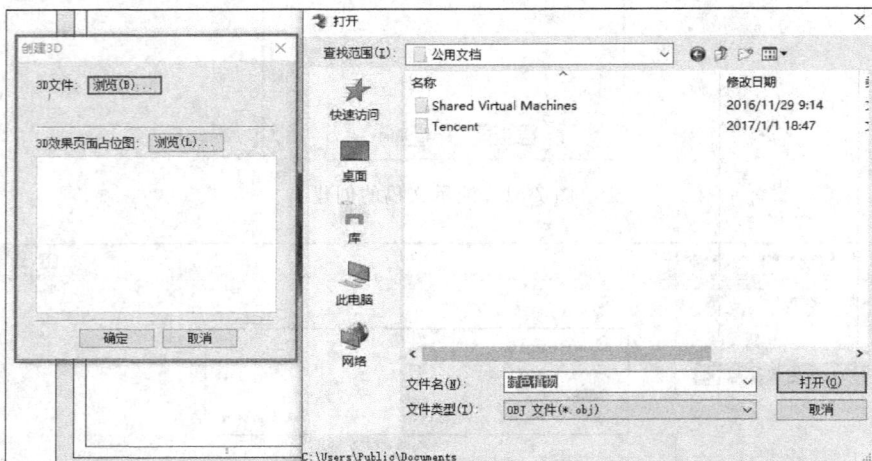

图 7-54　3D 的文件保存路径

18. 动画

动画是任意静态或互动对象的一种属性。需在版面对象中预设动画参数,使其具有从屏幕的某个方向缓缓飞入或退出时的动感效果。比如,在阅读器上,读者翻到某一屏时,屏幕上的一些文字、图像和互动对象,按照飞翔排版设置动画的持续和延迟时间以及动画曲线,动感有序地自动出现的效果。常用于弹出内容显示时的动画效果以及在阅读器上按顺序动态地呈现标题。

选中版面中的对象，单击"互动"→"动画"选项，弹出"动画"对话框，单击"添加效果"，选择"进入"或"退出"，如图 7-55 所示。

触发事件：载入动画效果的时机。

载入页面：每次切换到该页面，触发动画。载入先后，通过延迟时间控制。延迟时间相同表示同时出来。

单击：每次单击（页面），触发动画。

与上一动画同时开始：第二个动画和上一个动画同时或延迟开始播放。延迟时间为 0，表示与上一个动画同时开始。

在上一动画之后开始：第二个动画会在上一个动画播放完之后开始播放。

延迟时间（进入）：触发后到动画开始播放的时间间隔。时间的先后顺序控制对象进入时的顺序。

延迟时间（退出）：动画播放完后到退出动画开始播放的时间间隔。控制对象退出的顺序。

方向：对象进入或退出过程的运动轨迹。有的动画效果是内置的曲线路径，不需设置方向。

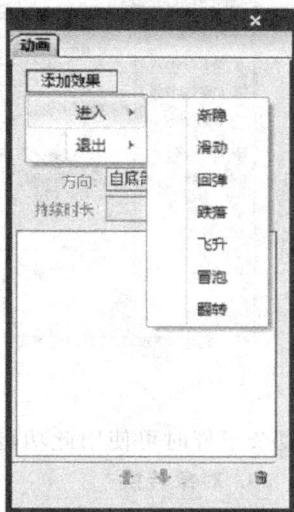

图 7-55　动画效果的添加

持续时长：动画持续的时间。

提示：动画效果仅提供固定的运动曲线，不支持自定义路径。互动对象建议不要设置退出动画。只有 jpg 和 png 格式的图像设置动画后，才有效果。

19. 超链接

飞翔中可以创建超链接。在阅读器上单击某个超链接热区即可跳转到同一文档的其他页面位置、其他文件或网页（URL）。超链接对文本非常有用，方便用户快速阅读。图像也可以使用"按钮"实现超链接效果，如图 7-45 所示。

选中文字流或对象，单击"互动"→"超链接"选项，弹出新建超链接。"链接目标类型"有 URL、页面、电子邮件、文件和共享目标几种选择。"页面"可以超链接到本文档或其他文档的某一页；"共享目标"创建指向 URL、文件或电子邮件地址时，选择"添加到共享目标"后就保存起来，作为重复使用的超链接目标。"URL 浏览器"是阅读器内置的浏览器（INAPP 预览），表示通过阅读器内置浏览器来浏览。

设备默认浏览器（Safari 预览）：支持 Safari，表示通过设备默认浏览器来浏览。

说明：一个超链接源只能跳转到一个超链接目标，但可以有任意数目的源跳转到达同一个目标。

选好所有选项后，单击"确定"按钮即可完成超链接的创建。

超链接源显示设置如下。

（1）文字样式：针对选中文字创建的超链接源显示的文字样式，初始为程序自带的超链接文字样式。用户也可以在飞翔的"文字样式"面板中自定义样式或选择无文字样式，如图 7-56 所示。

（2）对象外框线：针对超链接源为图像块的外框线。

（3）显示：勾选时，显示版面上对应的对象；不勾选时，隐藏版面上对应的对象。在制

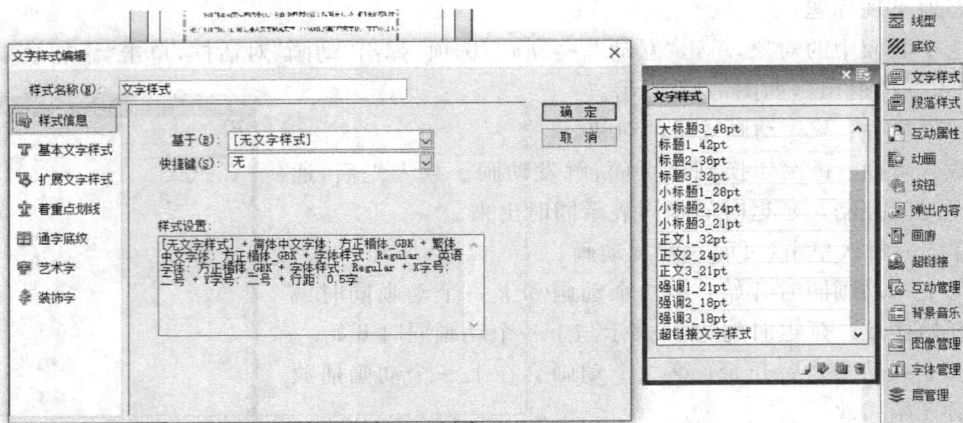

图 7-56　超链接文字样式的设置

作复杂组件时可使用此功能。

20. 对象转换

飞翔提供了快速制作互动效果的功能,也提供了方便快捷地转换为普通对象的功能,即去掉互动属性,成为静态对象。制作互动对象大部分需要以图片为载体,飞翔提供了将图元或成组对象转为 PNG 图片,制作按钮或其他互动对象。

(1) 转普通对象

选中互动对象,单击"互动"→"转普通对象"选项或者选择右键菜单中的"转为普通对象",可以把页面中的互动对象转为普通对象,方便快速地去掉互动属性,如图 7-57 所示。

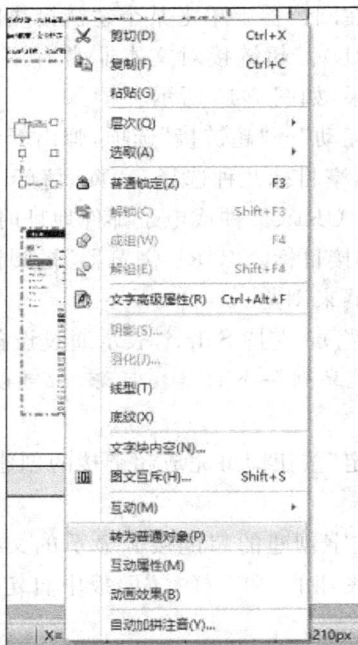

图 7-57　互动对象转为普通对象的操作

（2）转图像块

选中任何对象，单击"互动"→"转图像块"，可将选中对象转为一个图像块。

比如制作矢量文字按钮，在文字上画一个空线无底纹的图元块，转为图像块，右键菜单转为按钮，即可制作完成文字的透明按钮，如图 7-58 所示。

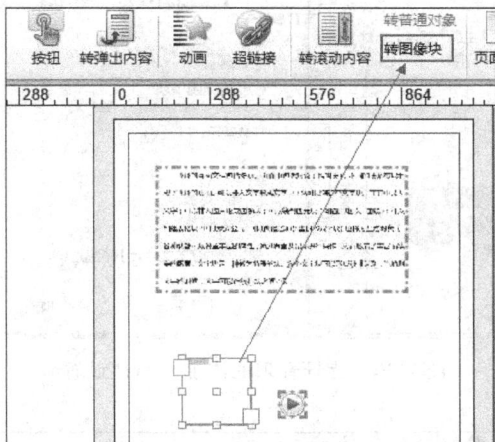

图 7-58　互动对象转 图像块的操作

（3）互动效果预览

飞翔提供预览功能，预览与阅读器端效果相同，可以检查制作的效果是否与预想的一致。

单击"互动"→"页面预览"或按 F5 键，可以预览当前页面的排版效果，还可以通过简单的交互，查看互动对象制作的互动效果。单击"互动"→"文档预览"选项可以对当前文档所有页进行预览，能够前翻页或后翻页，如图 7-59 所示。

图 7-59　预览的界面

（4）添加背景音乐

单击"互动"→"背景音乐"，弹出"背景音乐"对话框，选择 MP3 格式的音乐，可以使用在整体文件中，也可以应用在特定的页面范围内，如图 7-60 所示。

21. 文字的艺术效果

飞翔可以实现勾边、空心、立体、阴影、羽化、透明等多种文字效果，还可以制作田字格、米字格、心形等装饰字，设置通字底纹。

阴影、羽化和透明等功能可以给图像、文字和图形等对象添加阴影、羽化、透明等经常使用的图像效果，解决了 Photoshop 复杂操作带来的烦恼，如图 7-61 所示。

22. 设置屏幕自适应

由于设备尺寸千差万别，因此飞翔设置了不同的适配方式，默认以及目前最流行的适配方式是"宽度适配，垂直居中"，出于某种考虑也可选择"包含""覆盖"等其他适配方式，如图 7-62 所示。建议选用"宽度适配，垂直居中"。

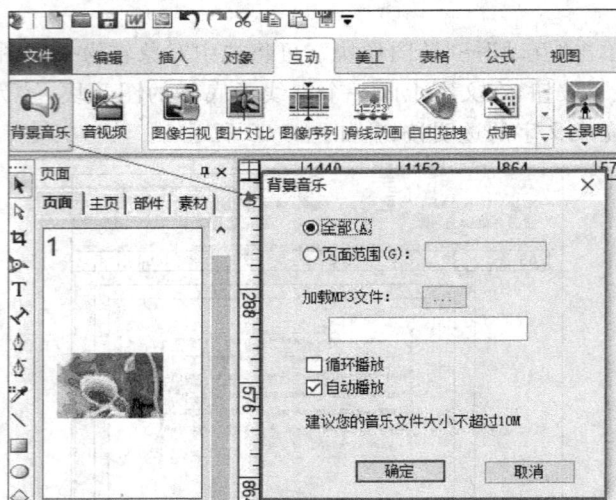

图 7-60　背景音乐的添加和属性设置

图 7-61　文字效果菜单

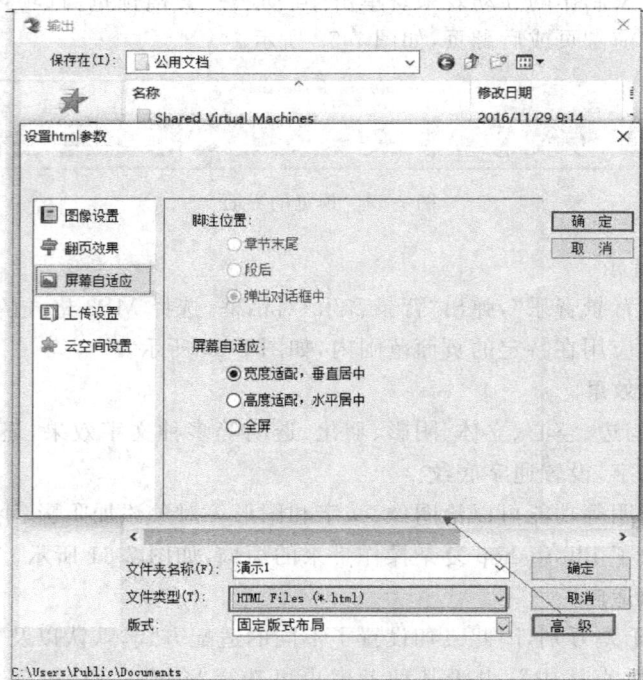

图 7-62　屏幕自适应的属性设置

（1）宽度适配，垂直居中：以宽度来等比例放大或缩小作品，以 320px 宽度做的，那么在屏幕上显示就是 320，通过改变作品的高度，来适配用户的屏幕；如果用户的手机比较窄，就会把作品的上下两端截掉。

（2）高度适配，水平居中：以高度适配宽度，如果手机比较窄，也会把两端截掉。

（3）全屏：无论在什么屏幕播放，都可以完整显示作品的内容。

7.4　使用"飞翔 HTML 5 云服务"进行 HTML 5 作品的发布与管理

7.4.1　"飞翔 HTML 5 云服务"方式

在飞翔中完成的作品，可以同步到"飞翔 H5 云服务"平台，并在云端进行预览，可以满足作品发布、管理的需要，并可以提供对运营方面的数据支持。

H5 云服务平台与飞翔云平台互通，采用浏览器在线登录的方式，可以保证随时随地进行作品的更新和传播，如图 7-63 所示。

图 7-63　飞翔 H5 云服务平台首页示意图

7.4.2　HTML 5 作品的同步、预览和发布

1. 将 H5 作品同步到云服务平台

完成 H5 作品的制作后，单击"保存并同步至云端"，作品将会同步到飞翔 H5 云服务平台"我的作品"中。在同步进度达到 100％时单击"查看"按钮，可自动跳转到个人作品页，如图 7-64 所示。

2. 在"飞翔 H5 云服务"中进行作品预览

文件同步到平台后，作品状态为"未发布"，用户单击"预览"按钮，可在浏览器上预览手机端的 H5 页面效果，单击✔图标可翻页浏览。也可以单击作品封面预览 PC 端或移动端的展示效果。

注意：此时生成的是临时链接，会在 24 小时后失效，不适宜进行大范围和长时间的发布。

3. 在"飞翔 H5 云服务"中进行作品发布

利用发布功能可以将 H5 作品发布出来，在发布作品时可自定义修改标题、作品描述、

图 7-64 同步 H5 作品到云服务平台

缩略图,图片像素比不得小于 300dpi×300dpi,图片可拖曳调整至正中心位置。发布后,在右侧区域顶部位置可以看到作品名称和作品发布完成的时间。

发布的形式表现为一个二维码,通过二维码扫描,读者可以进行 H5 观看,并分享到微信朋友圈。可自定义在微信里转发给朋友或朋友圈时的转发标题、转发描述和朋友圈的转发标题,如图 7-65 所示。

7.4.3 在"飞翔 H5 云服务"中进行作品管理

在 H5 云服务平台进行作品管理时,单击"管理作品"按钮,或者"个人中心-我的作品",即可查看现有的作品,如图 7-66 所示。

将光标移动到作品封面后,可以看到操作按钮,对未发布的作品,可以进行预览、发布或者删除。单击作品封面可进入查看作品细节。在作品细览页面,可以进行自定义信息的输入并进行发布管理,如图 7-67 所示。

同时,在"我的账号"中,可以看到已有作品的浏览量和访客数,并且可以自定义时间进行某个时间段内访客数和浏览量的查询,便于对某个作品的传播效果进行简单的分析和总结,如图 7-68 所示。

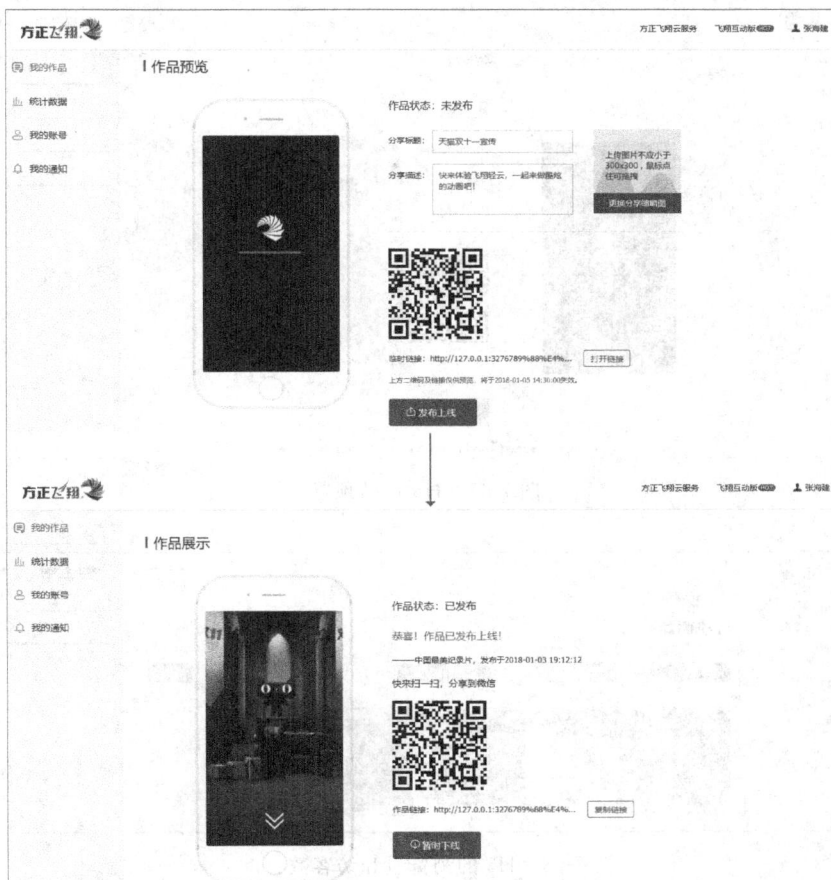

图 7-65　通过二维码发布 H5 作品

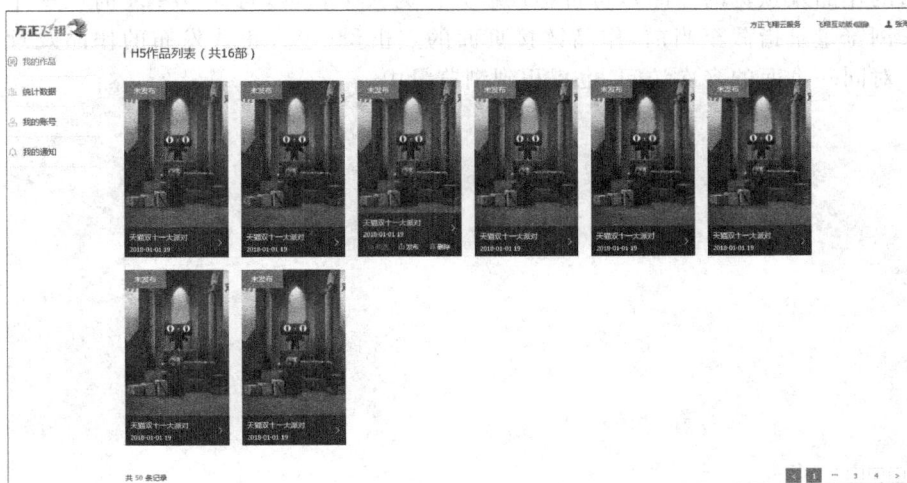

图 7-66　H5 作品管理

图 7-67　H5 作品预览

图 7-68　H5 的浏览量和访客数查询

　　这里的访客数是指截至当前,通过 PC 端、移动端浏览访问作品的自然人总数量(包含正式发布的作品及预览的作品),每台客户端只作为一个访客,每天 0～24 时同一个访客只算一次。浏览量是指截至当前,作品链接页面的点击量(包含正式发布的作品及预览的作品),用户对同一页面的多次访问,也累积到浏览量中。

第 8 章

3R 产品的制作

这里的 3R 指的并不是一种产品,而是基于虚拟现实技术的 3 种产品形式,分别是虚拟现实产品、增强现实产品和混合现实产品。

虚拟现实(Virtual Reality,VR)是利用计算机技术进行现实场景的三维仿真,同时利用传感器技术、人机交互技术配合硬件,营造逼真的、类似于现实世界的虚拟场景,让体验者可以更好地融入这个场景中。其中涉及的硬件包括图像现实设备、声音设备和交互传感器等。虚拟现实技术的结果呈现的是虚拟的场景。

增强现实(Augmented Reality,AR)是一种实时地计算摄影机影像的位置及角度并加上相应图像、视频、3D 模型的技术。这种技术的目标是在屏幕上把虚拟世界套在现实世界并进行互动。增强现实是在现实基础上呈现部分虚拟的场景。

混合现实(Mixed Reality,MR)是由"智能硬件之父"多伦多大学教授 Steve Mann 提出的介导现实,当时称为 Mediated Reality,指的是合并现实和虚拟世界而产生的新的可视化环境。VR 是纯虚拟数字画面,AR 是虚拟数字画面加上裸眼现实,MR 是数字化现实加上虚拟数字画面。从概念上来说,MR 与 AR 更为接近,都是一半现实一半虚拟影像。但传统 AR 技术运用棱镜光学原理折射现实影像,视角不如 VR 视角大,清晰度也会受到影响。MR 技术结合了 VR 与 AR 的优势,能够更好地将 AR 技术体现出来。

8.1 VR 产品

VR 产品目前在游戏行业、虚拟视频、教育领域以及产品宣传方面被广泛应用。

8.1.1 游戏行业

从文字游戏到 2D 游戏,再到 3D 游戏,再到虚拟现实游戏,随着画面和技术的进步,游戏的拟真度和代入感越来越强,不仅使游戏更具有逼真效果,也更能让玩家沉浸其中。

由于虚拟技术还在初期,技术的不成熟会带来一些问题,最大的问题就是游戏玩家在体验过程中会出现身体不适,例如头晕。因为通常虚拟现实游戏中玩家都以第一人称视角移动,因此很可能会产生不同程度的眩晕反应,这主要是因为当人在移动头部时,设备需要及时检测到头部的动作并且响应调整显示角度才能带给人真实的临场感觉。目前的设备大多通过运动追踪感应器来实现这一功能,但使用过程中有时还是会出现画面跟不上头部动作的情况,因此会给玩家带来明显的眩晕和不适,如图 8-1 所示。

图 8-1　VR 游戏玩家在玩游戏

8.1.2　虚拟视频

同样，在视频领域，虚拟技术也为用户带来了更加不一样的体验。相比于 2D 视频和普通戴眼镜的 3D 视频，虚拟视频能够为观众带来 360°的观看体验，让场景更为真实。

8.1.3　教育领域

在实际教学中，利用虚拟现实技术制作的课件，能够将平面中无法显示的知识如人体器官的分布、动植物的结构以及山川河流的位置全方位地呈现在学生的面前；同样可以建设实训基地，利用虚拟的设备与部件，帮助学生在虚拟的学习环境中全身心地投入到学习中去，非常有利于学生的技能训练。虚拟技术还可以根据需要随时生成新的设备，减少新实训设备建设的成本。

目前虚拟教学典型的应用场景包括军事作战技能、外科手术技能、教学技能、体育技能、汽车驾驶技能、果树栽培技能、电器维修技能等。虚拟的训练系统无任何成本与危险，学生可以反复练习，直至掌握操作技能为止。例如，在虚拟的飞机驾驶训练系统中，学员可以反复操作控制设备，学习在各种气候情况下驾驶飞机起飞、降落，通过反复训练，达到熟练掌握驾驶技术的目的。

8.1.4　产品宣传

在商业推广中，为了达到吸引眼球的目的，让自己的产品更具有品牌感染力，提高用户的购买意愿，商业公司对于热门的、新奇的营销手段一直都持有很开放的态度。

选择不同的 VR 展示方式、拍摄技术、影像长度以及发行计划平台等都会为品牌带来不一样的宣传营销效果。品牌想要推广的产品或服务的特征在很大程度上决定需要怎样的 VR 体验。

如果只是想介绍一款简单的产品或者服务，普通的 360°全景拍摄就可以；如果需要让客户更加理解产品的理念并进行相应的操作，就需要更加复杂的技术。根据产品服务的不同，也需要不同的拍摄制作方案以及交互实现的体验方案。尽管概念和技术仍然不完善，但是 VR 营销俨然已经成为很多品牌的首选战略。

8.2　AR 产品

随着技术的不断发展,AR 技术在数字出版领域应用越来越广泛。下面,我们将给大家展示 AR 技术在以下 5 个方面的应用。

8.2.1　童书类 AR 资源

AR 技术和纸质童书相结合,可以大大提高童书的趣味性。例如我们可以将一套少儿故事绘本开发制作成 AR 绘本,用户只需要 AR 绘本对应的 APP 或者打开微信,打开 AR 摄像头,对准纸质的绘本进行识别,然后移动设备的屏幕上就会呈现出对应的 AR 效果,这时用户可以与画面进行交互操作(点击、放大、缩小、360°旋转),也可以播放声音,还可以和 AR 模型进行合影并分享图片到微信、微博。而且用户还可以在纸质绘本上进行涂色,然后用 AR 摄像头识别,识别成功后,对应的 AR 模型也会改变成纸质绘本涂的颜色。图 8-2 是示例效果图。

图 8-2　AR 技术示意

8.2.2　建筑类 AR 资源

AR 资源也可以应用到建筑方面,例如将滕王阁这样的建筑通过 3D 建模,结合 AR 技术做成 AR 资源,不管在手绘地图上展示,还是在科技馆内展示,都会有不错的效果,如图 8-3 所示。

8.2.3　机械类 AR 资源

很多工科类教材涉及很多实操类的内容,而这部分内容非常适合做成 AR 资源。例如学生在课堂上或者在实习车间没有完全掌握整个机床的安装过程,那么课后就可以通过 APP 扫描教材上的 AR 识别图,如图 8-4 所示,调出对应的机床 AR 资源,然后观看、互动操作整个机床的安装过程,从而更好地掌握相关技能。

8.2.4　化学实验类 AR 资源

AR 技术也可以应用到化学实验中。例如 AR 资源图 8-5,展示了如何用氯酸钾和二氧化锰产生氧气的实验过程,学生不用去实验室实际操作,就可以学习整个实验的原理。

图 8-3　建筑类 AR 示意

图 8-4　机械类 AR 示意

图 8-5　化学实验类 AR 示意

8.2.5　旅游类 AR 资源

随着中国旅游业的发展,旅游景点的手绘地图越来越多,但是用户不能通过手绘地图提前知道旅游景点的景色,AR 技术的出现,让用户有了更多的选择。现在用户只要用手机扫描一下手绘地图中的景点,手机上就会出现景点的 3D 模型,可以 360°查看景点模型,还可以听景点的音频介绍,让传统的地图变成了手绘 AR 地图,更加受到游客的喜欢,如图 8-6

和图 8-7 所示。

图 8-6　旅游类 AR 示意(1)

图 8-7　旅游类 AR 示意(2)

8.3 MR 产品

虚拟物体的相对位置是否随设备的移动而移动,如果移动就是 AR 设备,如果不移动就是 MR 设备。AR 设备创造的虚拟物体,可以明显看出是虚拟的,比如 FaceU 在用户脸上打出的虚拟物品,MR 设备直接向用户呈现的虚拟物体和真实物体几乎是无法区分的。AR 和 MR 所应用的技术和达到的效果目前来说是有所区别的。如果 AR 设备未来也会使用 MR 现在采用的技术,那么 AR 也就演化为 MR 了。

目前全球从事 MR 领域的企业和团队都比较少,很多都处于研究阶段。目前,领先的 MR 技术公司为 Magic Leap(https://www.magicleap.com/),期望 MR 最终实现图 8-8 的效果。

图 8-8 MR 宣传图片(图片来自 Magic Leap 公司公开宣传图片)

这是 Magic Leap 期望给用户呈现的最终效果,即虚拟世界和现实世界的无缝衔接,达到裸眼 3D 效果。这个效果据说是后期视频合成的,但是仅仅凭借一个效果图,该公司就获得了 23.5 亿美元的投资。现在他们的技术已经能够呈现多种场景的信息,当然,还需要借助投影设备,其效果明显会比终极效果差很多,如图 8-9~图 8-11 所示。

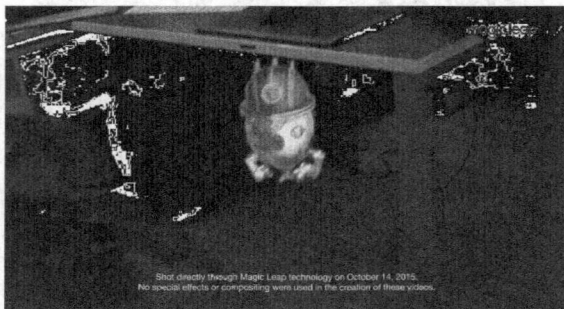

图 8-9 MR 示例图(1)

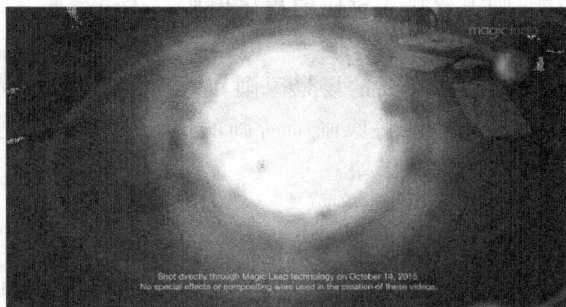

图 8-10　MR 示例图(2)

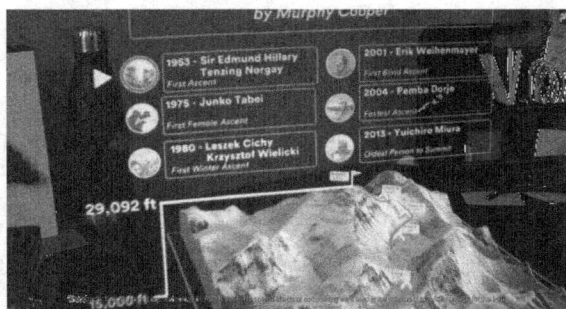

图 8-11　MR 示例图(3)

8.4　产品制作案例

下面以 AR 为例讲解数字资源产品制作的工具和方法。

8.4.1　AR 产品制作流程

一般 AR 资源有网络视频资源、3D 资源、互动交互资源 3 种类型。

网络视频资源的播放一般采用 Unity 原生接口,提供.mov、.mpg、.mpeg、mp4、.avi、.asf 等格式支持。

3D 资源的展示通过加载场景接口、所需场景和模型实现,如场景里有人物和动作,则调用相应的骨骼动画接口播放动画。

互动交互资源是对特定动作类的交互需求,系统根据场景配置文件的解析结果,动态显示几种对应的动作播放按钮,单击按钮播放相应的动作。同时,模型在制作时也要加入相应的骨骼动画供程序调用;对于 360°旋转功能则通过手势功能实现,单指滑动屏幕,模型对应旋转相应的角度以实现 360°旋转。下面对整个 AR 资源的制作及调用流程进行讲解。

1. AR 功能的触发

在 APP 客户端内预制一个 AR 标签,该标签会被 APP 客户端解析为一个按钮和对应的 AR 场景,单击后 Unity 以子视图的形式被启动并加载 AR 场景,完成必要的组件和管理器的初始化,并显示该场景,完成 AR 触发阶段功能。如果选用 Unity 2017 三维引擎完成前端 AR 展示和交互功能,则需要接入对应的程序模块。

2. 建模

根据需求,原画师绘制建模所需要的场景原画和人物原画,同时建模师用 3D 建模软件进行场景和人物的建模,然后建模师将原画师所画的原画整合到 3D 模型中。如果模型需要交互功能,则需要加入相应的编程模块。

3. 图片识别图和模型进行关联

为了 AR 阅读器可以成功触发到对应的 AR 资源,需要每个 AR 资源都匹配一个识别图,这个识别图通过 AR 资源管理系统绑定后,当 AR 阅读器扫描识别对象时(比如一个书上的一张图片),AR 阅读器会将扫描到的图像和标准识别图像进行对比,识别成功后,会调出识别图对应的 AR 资源。

4. AR 资源分享

AR 资源分享功能有以下两种实现方案供选择。

(1)采用实时渲染场景的方式

在这种模式下,通过第三方分享工具,首先生成一个与用户信息和场景绑定的唯一 URL,该 URL 指向服务器对应的场景页面,该页面通过 Web3D 技术(如 three.js)加载该场景到 APP 的 WebView,可以实时渲染出该 AR 场景,同时在 3D 窗口下面可以显示出分享人的用户信息,最后添加一个按钮指向 APP 下载页面。该模式具有还原度高、效果真实的特点,但开发难度相对较高。

(2)采用录播 AR 场景的方式

在这种模式下,单击分享后可以录下当前的 AR 场景,例如 5 秒,作为小视频上传到服务器,然后再生成与用户绑定的唯一 URL,指向该短视频。用户信息和下载按钮与第一种方式相同。该模式具有实现简单、还原度相对较低的特点。

5. 整合、测试、上线

AR 阅读器、AR 资源制作、识别图关联、AR 资源分享都完成后,就需要把每个模块整合起来,然后经过测试修改,最后成功上线。

8.4.2　AR 产品制作环境安装

1. 环境安装

所有安装程序均需要以管理员身份运行。

2. 安装 Unity 程序

双击 UnitySetup64-5.6.1p1.exe 进行安装。

3. 安装 Android 和 iOS 操作系统

(1)双击 UnitySetup-Android-Support-for-Editor-5 安装安卓操作系统。

(2)双击 UnitySetup-iOS-Support-for-Editor-5.6.0f3.exe 安装 iOS 操作系统。

4. 安装 Vuforia Unity SDK

(1)选择 Assets→Import Package→Custom Package,如图 8-12 选择菜单操作。

(2)在弹出的窗口中选择 vuforia-unity-6-2-10.unitypackage,如图 8-13 所示。

(3)在弹出的对话框中选择 Import,完成 vuforia sdk 的导入,如图 8-14 所示。

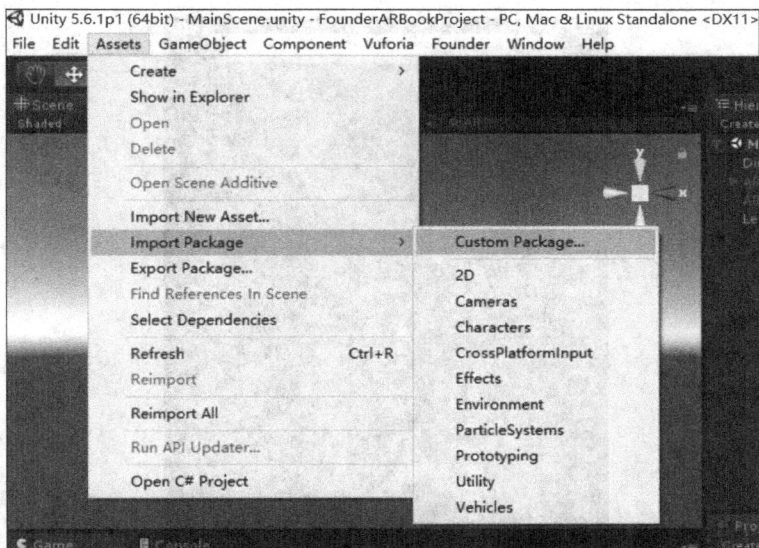

图 8-12　安装 Vuforia Unity SDK 操作

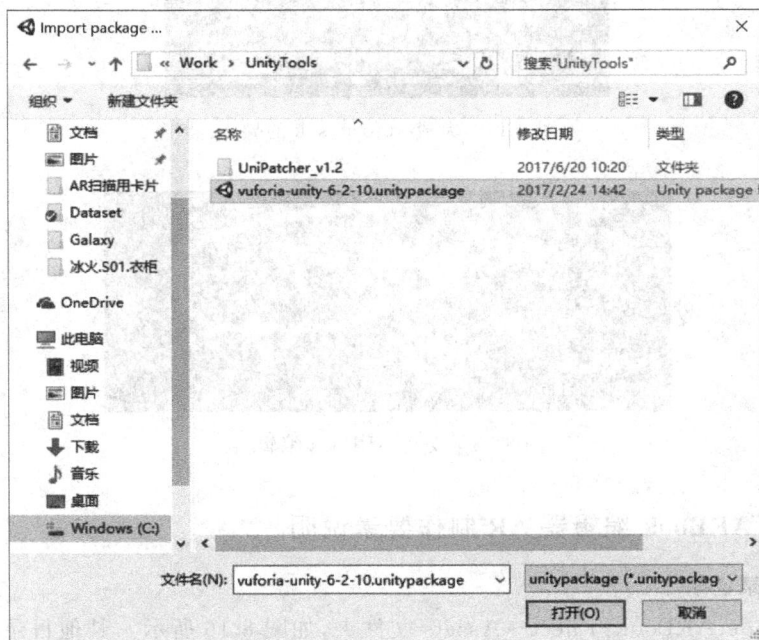

图 8-13　选择 vuforia-unity-6-2-10.unitypackage

5．安装 ARBook 编辑器

按照安装 Vuforia SDK 同样的方式导入 ARBook 制作工具包。

导入完成后，在 Project 视图中图 8-15 所示位置输入 MainScene，找到 MainScene 文件，双击打开。

打开后即可开始进行 ARBook 制作。

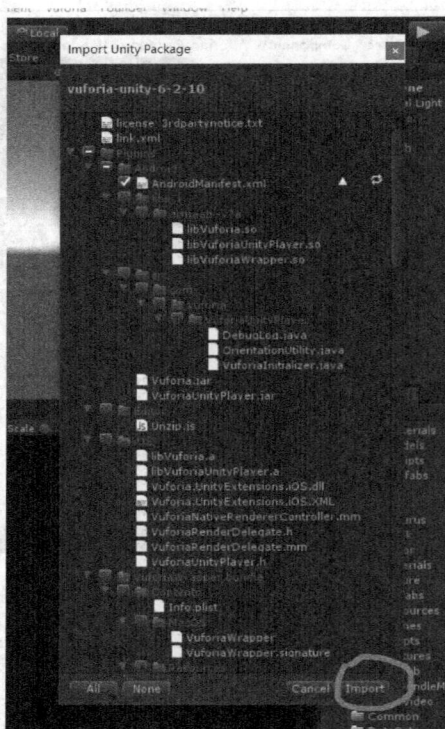

图 8-14　完成 vuforia sdk 的导入

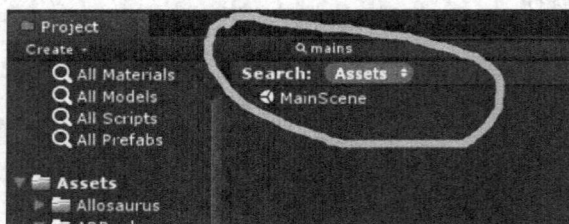

图 8-15　安装 ARBook 编辑器

8.4.3　方正 ARBook 编辑器 AR 制作要素说明

1. 工程目录说明

打开 FounderARBookProject→Assets 文件夹,如图 8-16 所示。其他目录不需要修改,需要注意的只有 ARBook 和 StreamingAssets 目录。

2. StreamingAssets 目录说明

StreamingAssets 目录用于存放资源制作时需要用到的音视频文件(用于 AR 音视频组件)和网页文件(用于 AR 网页组件),如存放一本名叫 Galaxy 的书所需要的资源文件,如图 8-17 所示。

在 StreamingAssets 下新建 Galaxy 目录,将对应的文件拷贝进去即可。

ARBook	2017/6/19 15:05	文件夹
AssetBundleManager	2017/6/19 15:05	文件夹
AVProVideo	2017/6/19 15:05	文件夹
Common	2017/6/19 15:05	文件夹
DataSets	2017/6/19 15:17	文件夹
Editor	2017/6/19 15:05	文件夹
LeanTouch	2017/6/19 15:05	文件夹
Plugins	2017/6/19 15:05	文件夹
Resources	2017/6/19 16:04	文件夹
StreamingAssets	2017/6/20 18:25	文件夹
UnityPackages	2017/6/19 15:05	文件夹
UniWebView	2017/6/19 15:05	文件夹

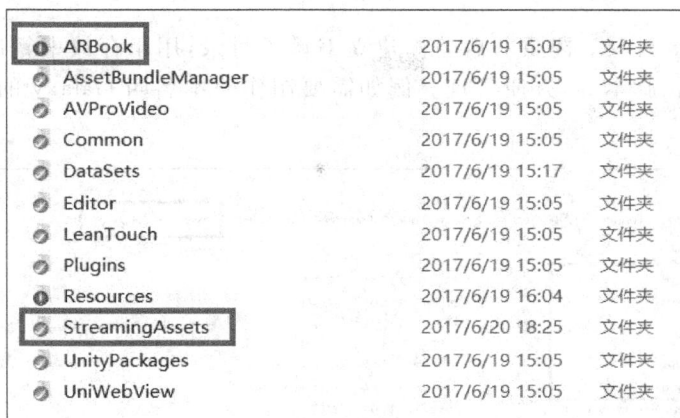

图 8-16　打开 FounderARBookProject→Assets 文件夹

ndows (C:) › Work › Founder › ARProject_git › Sourcecode › FounderARBookProject › Assets › StreamingAssets › Galaxy

名称 ^	修改日期	类型	大小
1.mp3	2016/8/26 9:30	MP3 文件	163 KB
1.mp3.meta	2017/6/19 15:30	META 文件	1 KB
World.mp3	2016/6/8 14:54	MP3 文件	5,053 KB
World.mp3.meta	2017/6/19 15:30	META 文件	1 KB
zsh.mp3	2017/6/6 10:20	MP3 文件	3,430 KB
zsh.mp3.meta	2017/6/19 15:30	META 文件	1 KB

图 8-17　存储资源文件

3. ARBook 目录说明

单击 Assets→ARBook 打开如图 8-18 所示目录,其中 Prefabs 目录下存放着 AR 书籍中各个组件的预设体,如图 8-19 所示。一共提供了六种类型的预设体:①ARBook, AR 书籍组件;②ARPage,AR 单页组件;③ARImageTarget,AR 识别图片组件;④ARObject3D,AR 3D 模型组件;⑤ARObjectHtml,AR 网页组件;⑥ARObjectVideo, AR 视频组件。

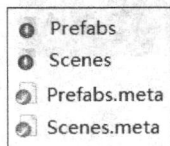

ARBook.prefab
ARBook.prefab.meta
ARImageTarget.prefab
ARImageTarget.prefab.meta
ARObject3D.prefab
ARObject3D.prefab.meta
ARObjectHtml.prefab
ARObjectHtml.prefab.meta
ARObjectVideo.prefab
ARObjectVideo.prefab.meta
ARPage.prefab
ARPage.prefab.meta

Prefabs
Scenes
Prefabs.meta
Scenes.meta

图 8-18　打开 ARBook 目录　　　　　　图 8-19　AR 组件

4．其他说明

建议在 Assets 目录下按照书籍名称建立书籍子目录，用于存放书籍制作需要用到的 3D 模型、图片素材、脚本等，方便管理。例如需要制作一本名叫 Galaxy 的书籍，如图 8-20 所示。

图 8-20　示例分类

建议按照以下目录进行分类。

（1）Materials：材质存放目录。

（2）Prefabs：预设体存放目录。

（3）Scripts：脚本存放目录。

（4）Shader：着色器存放目录。

（5）Texture：纹理存放目录。

（6）book-galaxy. unity：Galaxy 书籍场景。

5．MainScene 框架场景说明

MainScene 提供制作框架场景，在制作 AR 图书时，可以根据此框架场景作出丰富的 AR 图书场景。打开 MainScene，如图 8-21 所示，可以看到有如下四个元素。

图 8-21　MainScene 框架元素

（1）Directional Light：场景光源，无须修改。

（2）ARCamera：场景中的 AR 摄像头，无须修改。

（3）ARBook：AR 场景代表 AR 图书的元素，需要修改。

（4）LeanTouch：场景中控制 3D 模型移动、旋转等的插件，无须修改。

如何根据 MainScene 制作一本 AR 图书详见"方正 ARBook 编辑器 AR 书籍制作步骤"。

8.4.4　方正 ARBook 编辑器 AR 组件说明

AR 制作工具包中提供了六种组件，分别为 ARBook、ARPage、ARImageTarget、ARObject3D、ARObjectHtml、ARObjectVideo，详细说明如下。

1. ARBook 组件

ARBook 组件代表 AR 图书，用于 AR 图书籍理，在 MainScene 的 Project 视图中单击选中 ARBook，如图 8-22 所示，在右侧会显示出 ARBook 的内容。

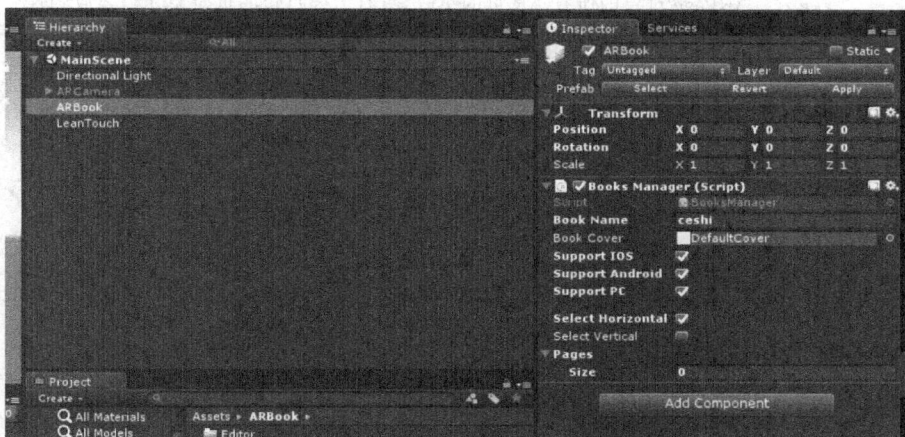

图 8-22　ARBook 的内容

ARBook 中需要编辑的参数说明如图 8-23 所示，表 8-1 未说明的参数请不要进行修改。

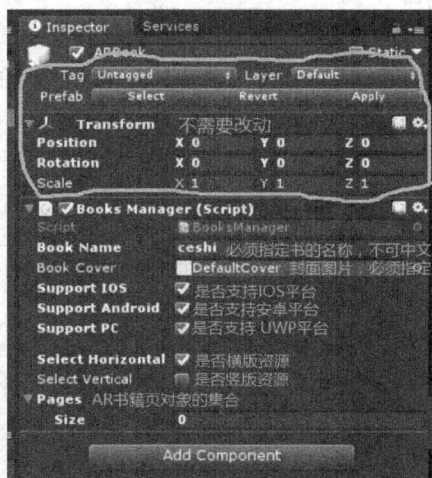

图 8-23　ARBook 可修改的内容

表 8-1　ARBook 可修改参数说明

参数名称	说　　明
Book Name	图书名称,不支持中文,必须指定
Book Cover	图书封面图片,必须指定,指定图片的格式可以为 jpg 或 png。注:指定的封面会显示在商城上作为图书封面
Support iOS	是否支持 iOS 平台阅读,默认勾选
Support Android	是否支持安卓平台阅读,默认勾选
Support PC	是否支持 PC 平台阅读,默认勾选
Select Horizontal	资源是横版
Select Vertical	资源是竖版
Pages	ARPage 对象即所有 AR 页的集合,只有需要打包的页对象才需要放到这个集合里

2. ARPage 组件

ARPage 是 AR 书的单页对象,用于 AR 页管理,在 MainScene 的 Project 视图中单击选中 ARPage,在右侧会显示出 ARPage 的内容,如图 8-24 所示。

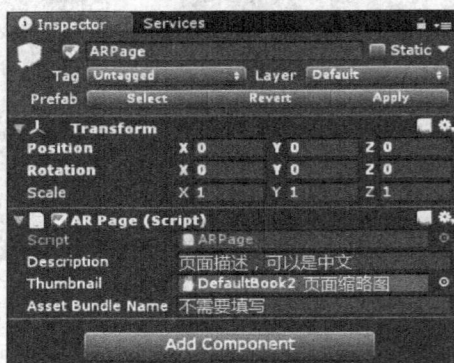

图 8-24　ARPage 可修改内容

ARPage 中需要编辑的参数说明如表 8-2 所示,表中未说明的参数请不要进行修改。

表 8-2　ARPage 可修改参数说明

参数名称	说　　明
Description	图书页的描述,可以省略
Thumbnail	图书页缩略图,必须指定,指定图片的格式可以为 jpg 或 png

3. ARImageTarget 组件

ARImageTarget 是特征图片对象,即待识别的目标对象,用于识别目标的管理,在 MainScene 的 Project 视图中单击选中 ARImageTarget,如图 8-25 所示,在右侧会显示出 ARImageTarget 的内容。

ARImageTarget 中需要编辑的参数说明如表 8-3 所示,表中未说明的参数请不要进行修改。

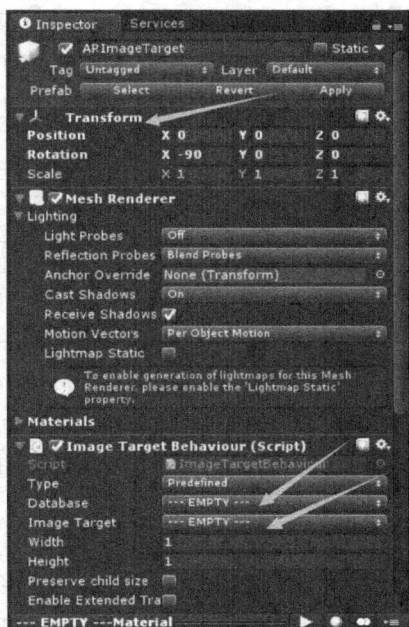

图 8-25　ARImageTarget 可修改内容

表 8-3　ARImageTarget 可修改参数说明

参数名称	说　　明
Transform	特征图片对象在场景中的坐标矩阵,需要调整,其中 Position：特征图片对象在场景中的坐标位置,需要根据实际情况调整 Rotation：特征图片对象在场景中的旋转方向,需要根据实际情况调整 Scale：特征图片对象在场景中的缩放比例,需要根据实际情况调整 注：组件给出的默认值符合大多数的情况
Database	特征数据库,必须指定。含义详见 8.4.5 小节中特征图片集的制作
Image Target	特征图片对象,必须指定。含义详见 8.4.5 小节中特征图片集的制作

4. ARObject3D 组件

ARObject3D 是 3D 模型组件,适用于显示一个多或个 3D 模型的应用场景。在 MainScene 的 Project 视图中单击选中 ARObject3D,如图 8-26 所示,在右侧会显示出 ARObject3D 的内容。

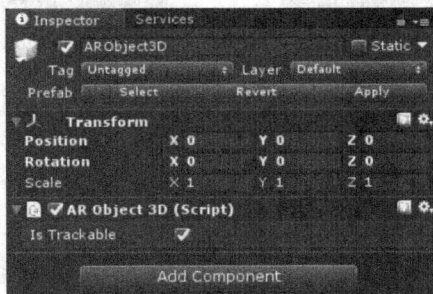

图 8-26　ARObject3D 元素图追踪模式

如果取消选中 Is Trackable 复选框,会多出 Is Rotate 的选项,如图 8-27 所示。

ARObject3D 中需要编辑的参数说明如表 8-4 所示,表中未说明的参数请不要进行修改。

表 8-4 ARObject3D 可修改参数说明

参数名称	说 明
Is Trackable	是否可追踪,勾选表示为追踪模式,不勾选表示为脱离模式
Is Rotate	是否可旋转,只有在脱离模式下才可选择。勾选表示支持旋转,即当模型出现时,可以通过触屏操作旋转模型。不勾选表示不支持旋转

5. ARObjectHtml 组件

ARObjectHtml 是网页模型组件,适用于显示一组网页的应用场景。网页支持 H5 标签。在 MainScene 的 Project 视图中单击选中 ARObjectHtml,在右侧会显示出 ARObjectHtml 的内容。

注意:

① 网页组件只支持全屏显示,不支持局部显示;支持 H5 标准。

② 网页组件支持两种资源来源,一种是打开本地资源包;另一种是打开远程资源包。

③ 远程协议只支持 HTTP 和 HTTPS,且在指定远程地址时必须显性指定协议为 HTTP 或 HTTPS,不可省略。

④ 组件的 Transform 不用修改。

(1) 打开本地资源包

选中 Is Local 复选框,表示要打开本地资源包,如图 8-28 所示。

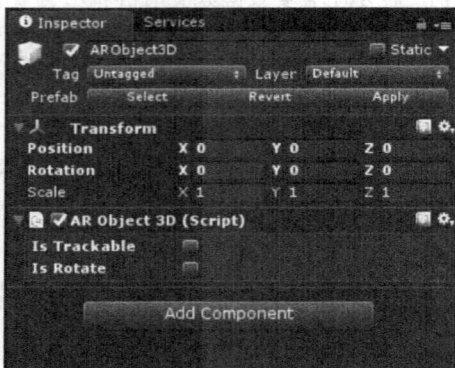

图 8-27 ARObject3D 元素图脱离模式　　图 8-28 ARObjectHtml 打开本地网页资源包

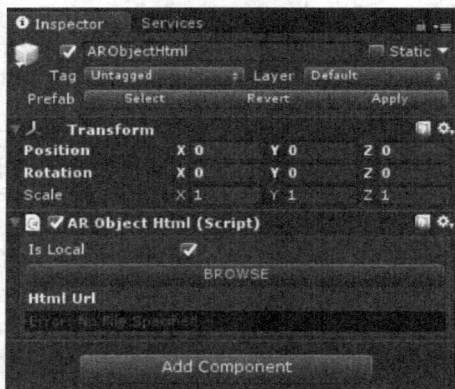

此时 Html Url 是不可编辑状态,单击 BROWSE 按钮,在弹出的对话框中选择本地网页资源包,如图 8-29 所示。

注意:

① 只支持网页 zip 包。zip 包不能自行重命名。

② 默认会打开 StreamingAssets 目录,但网页资源包可放在任意目录下。建议将网页放在 StreamingAssets 目录下,方便管理。

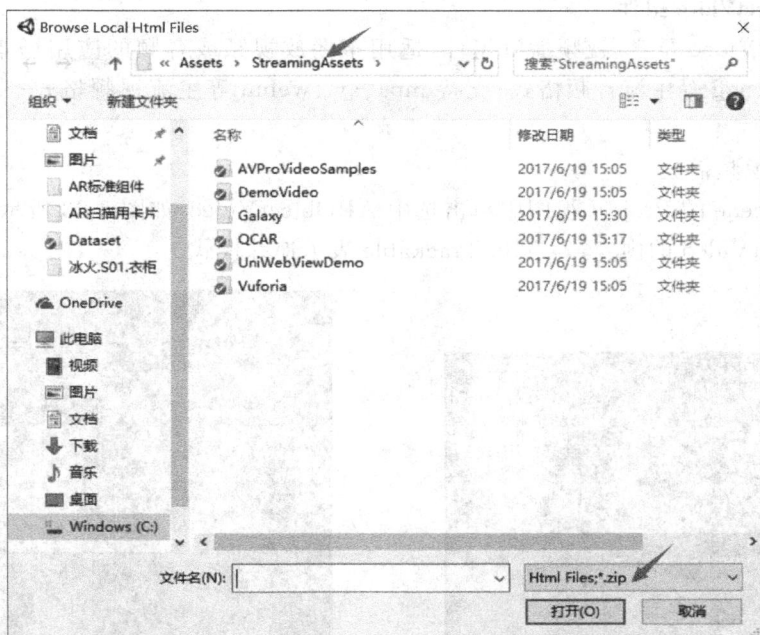

图 8-29　ARObjectHtml 选择本地网页资源包

选择完成后如图 8-30 所示。

在 Html Url 中会显示当前选择的 zip 包的全路径。

（2）打开远程资源包

取消选中 Is Local 复选框，表示要打开远程资源包，如图 8-31 所示。

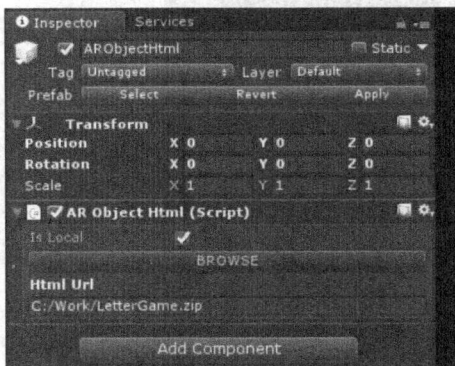

图 8-30　选择完成后 StreamingAssets 目录

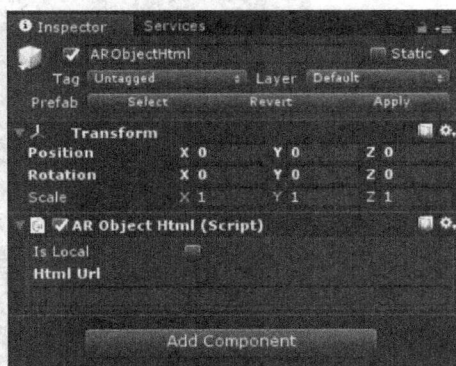

图 8-31　ARObjectHtml 打开远程网页资源包

此时 Html Url 为可编辑状态，输入或复制远程网页地址如 http://www.sina.com.cn，如图 8-32 所示完成设置。

注意：

① 只支持 HTTP 和 HTTPS 协议。

② 必须在 Url 中指定 HTTP 或 HTTPS 协议，不可省略。

6. ARObjectVideo 组件

ARObjectVideo 是音/视频播放组件，适用于播放视频或音频的应用场景。其特点包括：支持 mp3、ogg 等主流音频格式；支持 mp4、avi、webm 等主流视频格式；支持播放全景视频。

（1）普通视频播放

在 MainScene 的 Project 视图中单击选中 ARObjectVideo，如图 8-33 所示，在右侧会显示出 ARObjectVideo 的内容，勾选 Is Trackable 表示追踪模式。

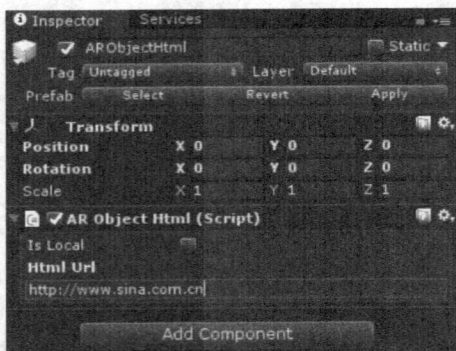

图 8-32　完成远程网页地址的设置

图 8-33　显示 ARObjectVideo 内容

单击 BROWSE 按钮选择视频所在的路径，视频必须放在 StreamingAssets 目录下。选择成功后会显示出视频所在的路径，如图 8-34 所示。

图 8-34　显示视频所在路径内容

（2）全景视频的播放

取消选中 Is Trackable 复选框会出现全景视频选项，如图 8-35 所示。

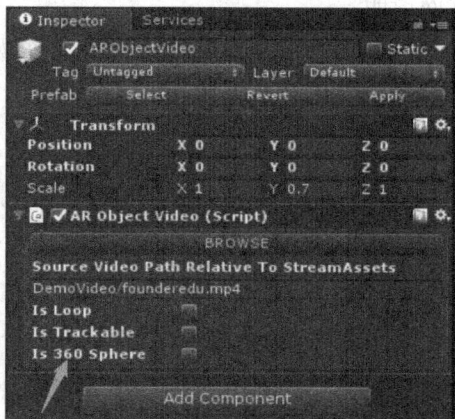

图 8-35　全景视频选项

如果勾选，表示要播放的是全景视频。

ARObjectVideo 中需要编辑的参数说明如表 8-5 所示，表中未说明的参数请不要进行修改。

表 8-5　ARObjectVideo 中需要编辑的参数说明

参 数 名 称	说　　明
Transform	视频对象在场景中的坐标矩阵，需要调整，其中， Position：视频对象在场景中的坐标位置，需要根据实际情况调整 Rotation：视频对象在场景中的旋转方向，需要根据实际情况调整 Scale：视频对象在场景中的缩放比例，需要根据实际情况调整 注①：3D 全景视频为全屏播放，调整 Transform 无效；此外，音频播放场景下，调整 Transform 也无效 注②：组件给出的默认值符合大多数视频播放的情况
Source Video Path Relative To StreamAssets	通过 BROWSE 指定视频路径，视频必须放在 StreamingAssets 目录下
Is Loop	是否循环播放
Is Trackable	脱离模式还是追踪模式
Is 360 Sphere	是否是 360°全景视频

8.4.5　方正 ARBook 编辑器 AR 书籍制作步骤

一本 AR 图书制作分为以下几个步骤：

（1）特征图片集的制作；

（2）建立 AR 图书场景，导入并激活特征图片集；

（3）设置 ARBook 和 ARPage 中的参数；

（4）编辑并预览 ARPage；

（5）生成并导出 AR 资源包。

1.特征图片集的制作

更详细的说明请参考官网说明：

https：//library.vuforia.com/articles/Training/Image-Target-Guide

特征图片集制作步骤如下。

（1）打开如图 8-36 所示的 Vuforia 开发者网站。

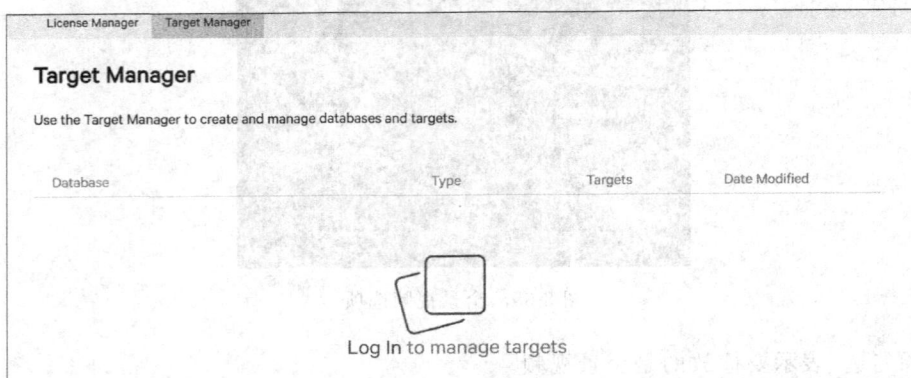

图 8-36　Vuforia 开发者网站

（2）登录网站，如果没有 Vuforia 开发者账号需要自己创建。

（3）登录成功后，选择 Add Database，如图 8-37 所示。

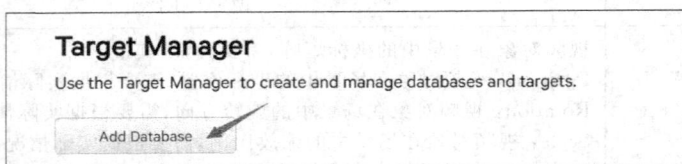

图 8-37　选择 Add Database

（4）创建数据库，类型选择 Device，注意名称只能为英文，如图 8-38 所示。

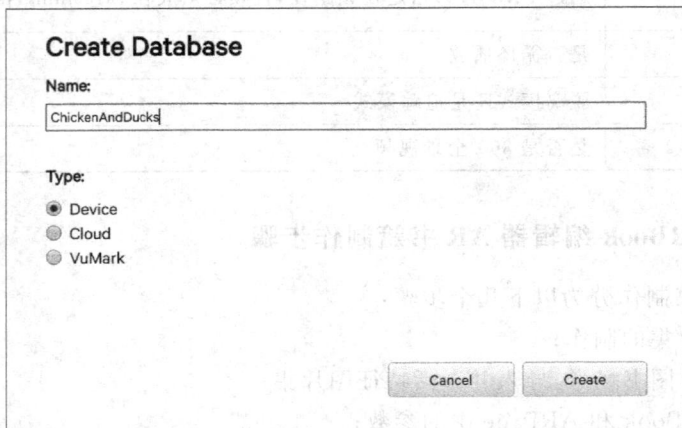

图 8-38　创建数据库并选择类型

（5）创建成功后显示有 0 个对象，如图 8-39 所示。

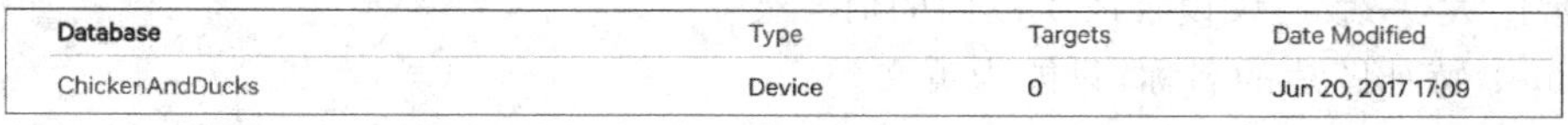

Database	Type	Targets	Date Modified
ChickenAndDucks	Device	0	Jun 20, 2017 17:09

图 8-39　数据库对象

（6）单击数据库名称，如图 8-40 所示，往数据库中添加对象。

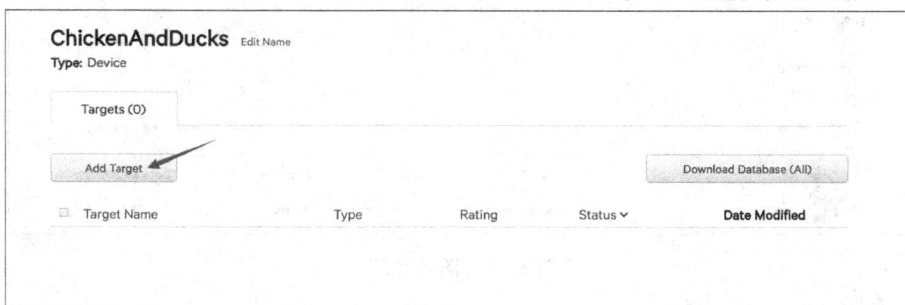

图 8-40　添加对象

单击 Add Target 添加特征图片，如图 8-41 所示。

图 8-41　添加特征图片

Type：选择 Single Image。

File：通过单击 Browse 按钮，浏览本地目录选择一张图片。

Width：目标图片在场景中显示的宽度，注意单位为米，所以不要设置过大，否则在场景中会非常巨大，一般建议设置成 1 以内的值。

Name：特征图片的名称，只能为英文。

（7）目标图片评级。对象添加完毕后，网站上会显示此目标图片的评级，星级越高代表识别率越高，如图 8-42 所示。

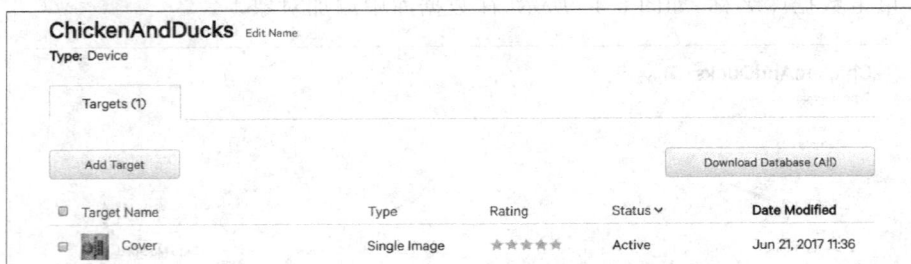

图 8-42　图片评级

建议保证特征图片都有 4 颗星以上的评级。

（8）导出特征图片数据包。勾选需要导出的图片，并选择 Download Database，如图 8-43 所示。

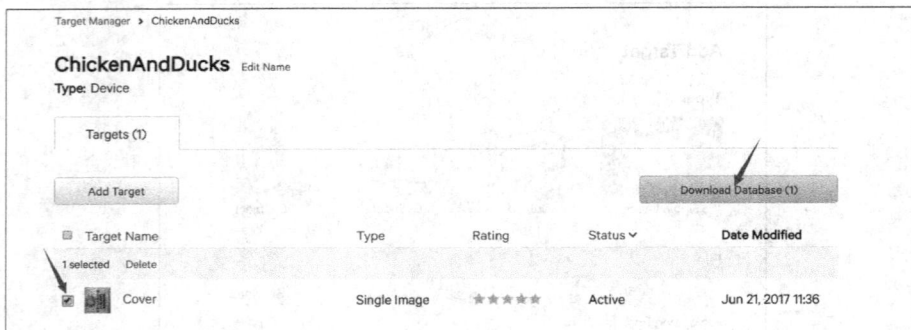

图 8-43　导出图片特征包

在弹出的对话框中选择 Unity Editor，如图 8-44 所示。

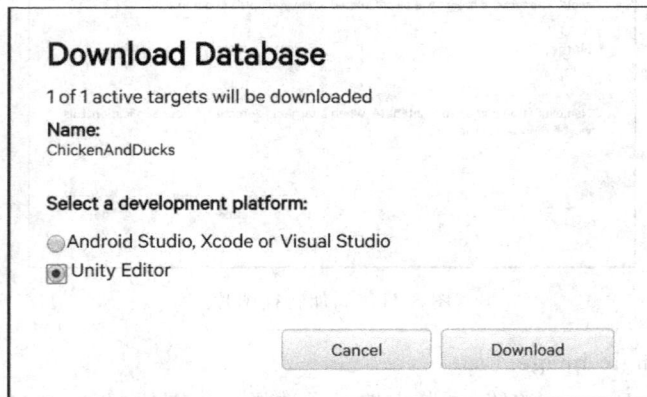

图 8-44　导出特征图片包

然后单击 Download，会得到以数据库名称命名的特征图片数据集包，如图 8-45 所示，制作完成。

2. 建立 AR 图书场景，导入并激活特征图片集

创建一本叫 Girl 的图书，步骤如下。

(1) 在 Assets 目录下新建 Girl 目录。

(2) 将 MainScene 另存为 book-Girl. unitypackage，具体步骤如下。

① 单击 MainScene→Save Scene As，如图 8-46 所示。

图 8-45　特征集图片包

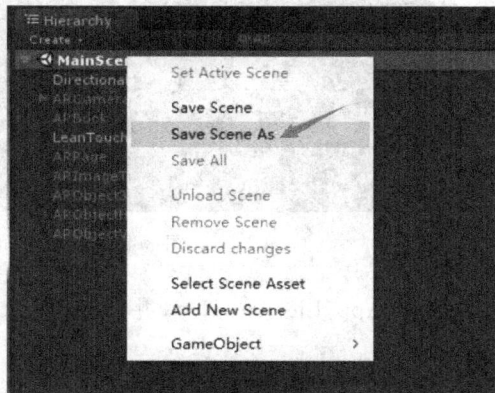

图 8-46　保存 Scene

② 将名称为 book-Girl 的场景存到 Asset→Girl 目录下，如图 8-47 所示。

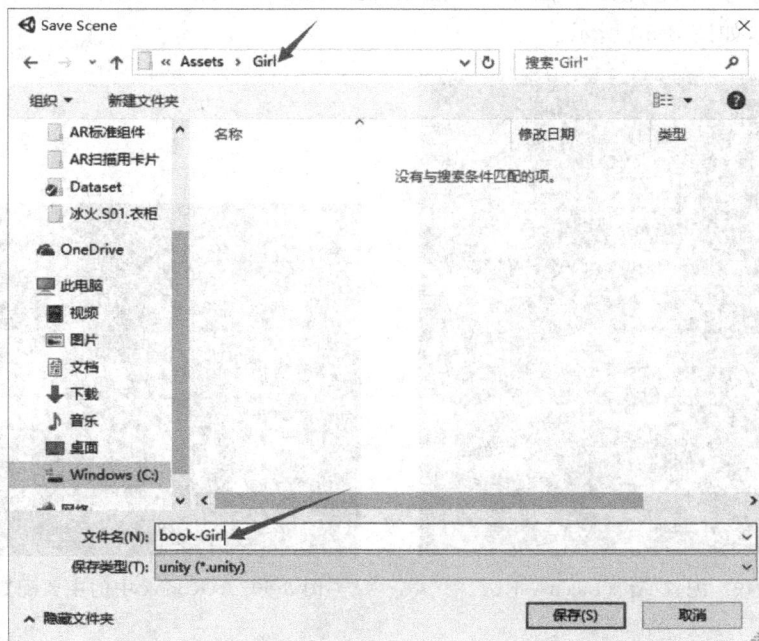

图 8-47　保存场景

（3）用安装 Vuforia SDK 同样的方式导入制作好的 Database。

（4）激活 Database。

① 单击 ARCamera→Open Vuforia Configuration，如图 8-48 所示。

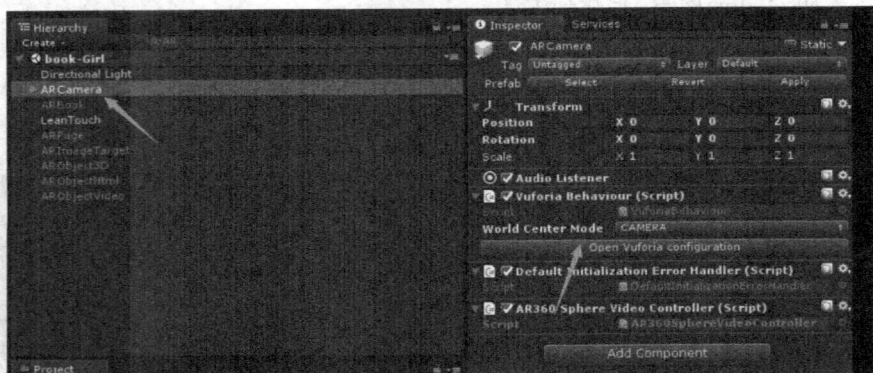

图 8-48　打开 Vuforia Configuration

② 填写 App License Key，并且选中 Load ChickenAndDuck 和 Activate 复选框，如图 8-49 所示。

App License Key 需要登录 Vuforia 官网申请，具体参考官网指南：

https：//library. vuforia. com/articles/Training/Vuforia-License-Manager

3. 设置 ARBook 和 ARPage 中的参数

ARBook 中主要配置以下四个参数：Book Name、Book Cover、Select Horizontal 和 Select Vertical，如图 8-50 所示。

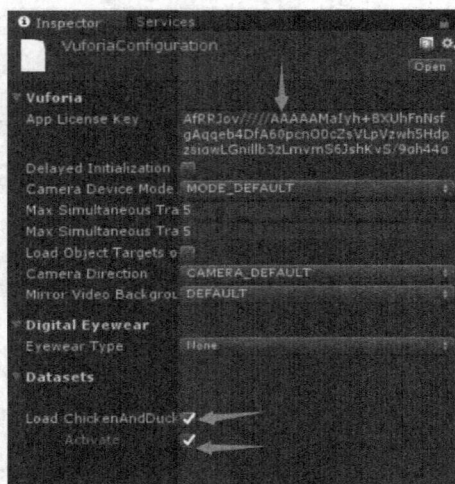

图 8-49　配置 App License Key

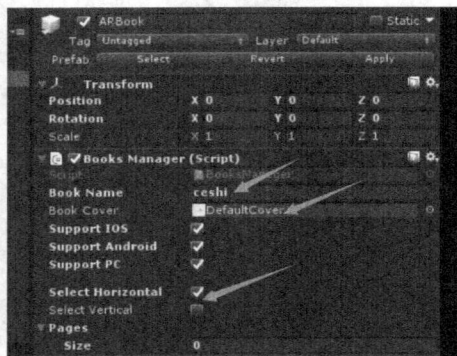

图 8-50　ARBook 中的主要配置参数

参数的含义详见 8.4.4 小节 ARBook 组件中的参数说明。平台建议选择三个平台都支持。

ARPage 中主要配置 Description 和 Thumbnail 两个参数，如图 8-51 所示。

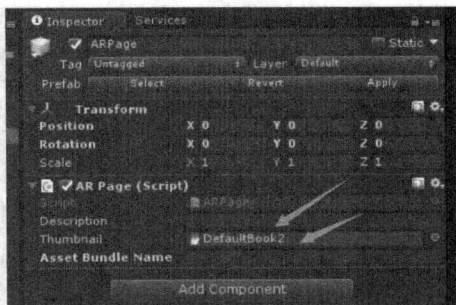

图 8-51　ARPage 中的主要配置参数

参数的含义详见 8.4.4 小节 ARPage 组件中的参数说明。

4. 编辑并预览 ARPage

具体步骤如下。

（1）在图 8-52 所示位置输入 arimagetarget，找到 ARImageTarget 组件。

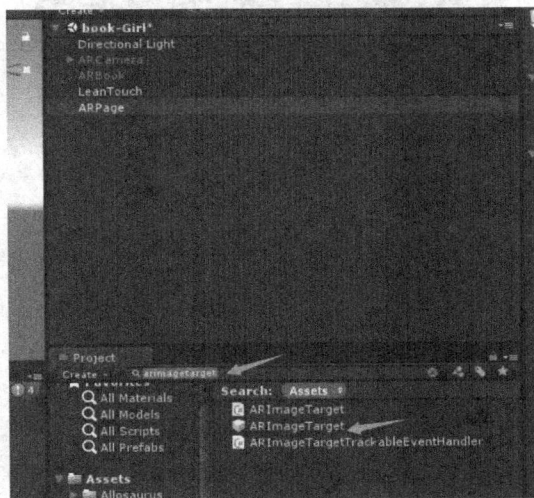

图 8-52　ARImageTarget 组件

（2）用鼠标拽住这个组件到场景中，使之成为 ARPage 对象的子对象，如图 8-53 所示。

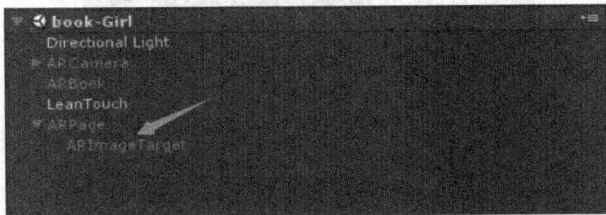

图 8-53　ARPage 对象的子对象

（3）单击 ARImageTarget，并选择数据库，如图 8-54 所示。

（4）根据需要将 ARObject3D/ARObjectHtml/ARObjectVideo 组件拖到场景中，使之

图 8-54　选择配置数据库

成为 ARImageTarget 对象的子对象，如图 8-55 所示。

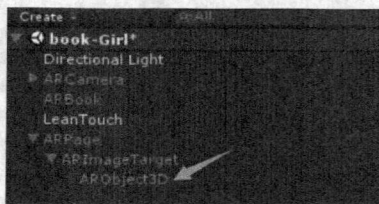

图 8-55　设置 ARImageTarget 对象的子对象

（5）根据需要将模型、音/视频、网页等资源进行配置，如果是 3D 模型，将 3D 模型设置为 ARObject3D 的子对象，如图 8-56 所示。

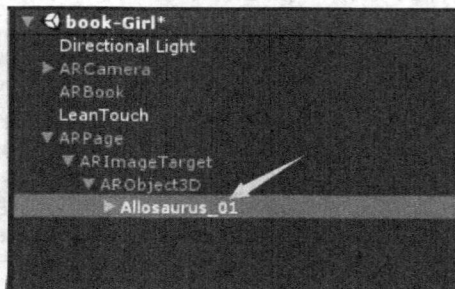

图 8-56　设置 ARObject3D 的子对象

其余资源的设置方法详见 8.4.4 小节。

单击如图 8-57 的按钮可以进行预览。

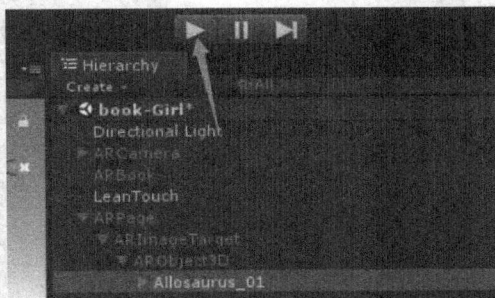

图 8-57　进行预览

5. 生成 AR 资源包

生成 AR 资源包需分为以下两步。

（1）如图 8-58 设置需要打包的 ARPage。完成后，就能看到 Pages 中新增了一页，如图 8-59 所示。

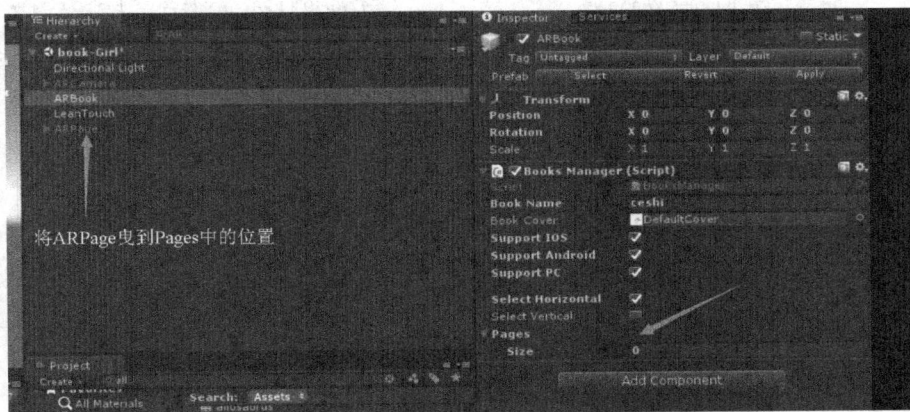

图 8-58　设置需要打包的 ARPage

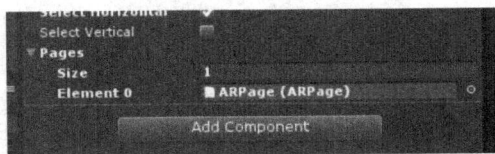

图 8-59　查看新增页面

（2）打包资源包。如图 8-60，选择 Founder，从下拉菜单中就可以导出对应平台的资源包了。

导出资源包的位置在 Asset 同级目录下，如图 8-61 所示。

按照不同的 Book Name 区分，后缀为 .iar 文件即是 AR 资源包文件，如图 8-62 所示。

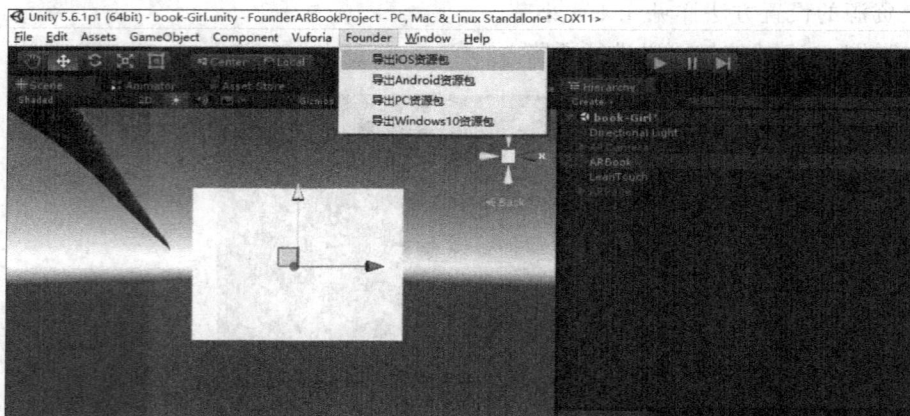

图 8-60　导出对应平台的资源包

图 8-61　保存导出的资源包

图 8-62　AR 资源包

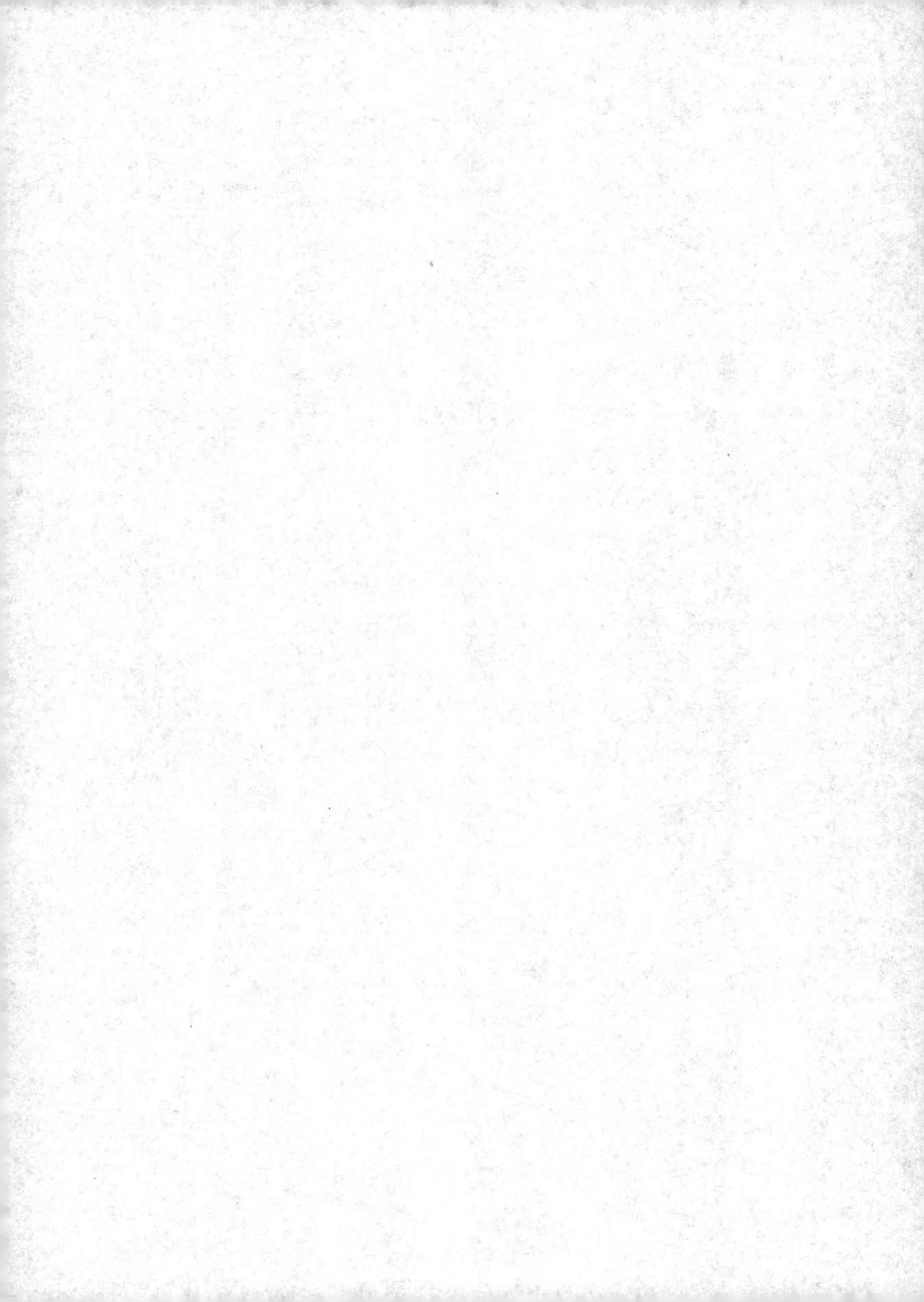